暗趋势

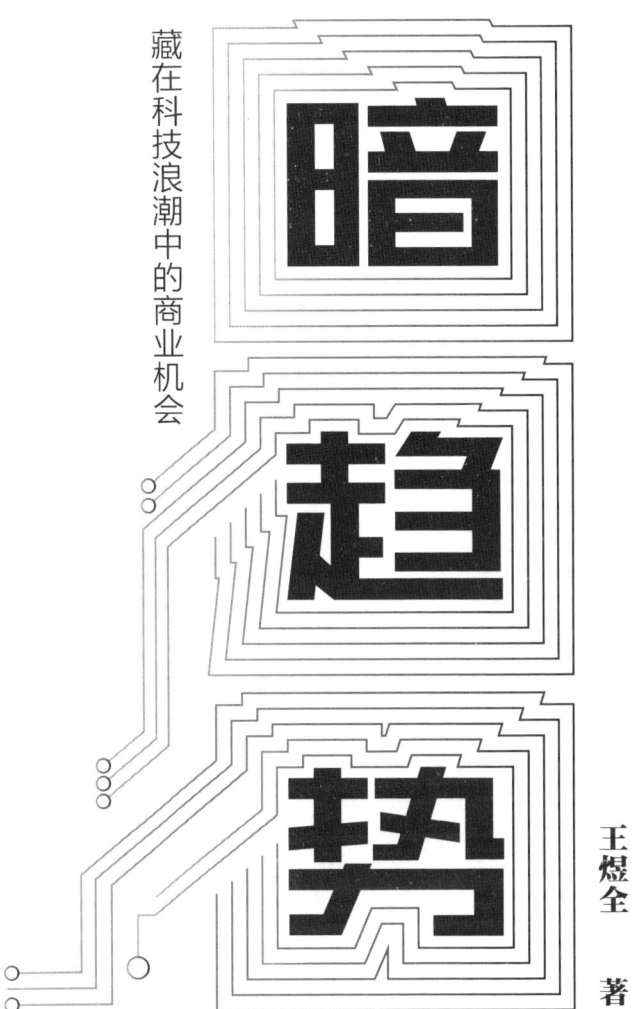

藏在科技浪潮中的商业机会

王煜全 著

中信出版集团·北京

图书在版编目（CIP）数据

暗趋势：藏在科技浪潮中的商业机会 / 王煜全著 . -- 北京：中信出版社，2019.1（2020.1 重印）
ISBN 978-7-5086-9846-5

I.①暗… II.①王… III.①科学技术 - 关系 - 企业发展 - 研究 IV.①F272.1

中国版本图书馆 CIP 数据核字（2018）第 266771 号

暗趋势：藏在科技浪潮中的商业机会

著　者：王煜全
出版发行：中信出版集团股份有限公司
　　　　　（北京市朝阳区惠新东街甲 4 号富盛大厦 2 座　邮编　100029）
承 印 者：北京盛通印刷股份有限公司

开　　本：787mm×1092mm　1/16　　印　张：20　　字　数：223 千字
版　　次：2019 年 1 月第 1 版　　　　印　次：2020 年 1 月第 4 次印刷
广告经营许可证：京朝工商广字第 8087 号
书　　号：ISBN 978-7-5086-9846-5
定　　价：59.00 元

版权所有·侵权必究
如有印刷、装订问题，本公司负责调换。
服务热线：400-600-8099
投稿邮箱：author@citicpub.com

在我们生活的时代，你不需要拥有超能力，只要擅于运用新科技，就有机会成为这个时代的超级英雄。

序　言
把握趋势如何成为每个人的必备能力

　　如同经济学不是研究发财致富的学问一样，趋势洞察也不是研究未来的学问。经济学思考未来的变化，趋势洞察预测未来变化，但是我们依然应关注当下。因为决定未来趋势的，是我们今天的选择和行动。

　　然而，只关注眼前一城一池的得失，过于急功近利，因此我才一直提倡"大局观"的思考方式。我曾经在《大局观》这本书中这样解释，"大局观"是在充满不确定的年代，能够让你获得深度安全感和掌控感的认知能力。

　　现在看来这样的能力尤为重要。今天的中国处在一个极为关键的历史节点，中美贸易摩擦带来的风险、国内投资收紧的压力、经济增长放缓的不可预知，这些问题让人们普遍焦虑。这些问题的核心，并不是我们今天的经济发展到底在怎样的一个阶段上，而是我们对未来预期的不确定性比以往任何时候都要大。

　　面对不确定性加剧，洞察趋势，从"大局观"的角度思考我们的未来，是这个时代每个人都应该具备的技能。理解趋势，顺势而为，并不是企业家、创业者、投资人才能掌握的"秘密武器"，它应该成为大众的基本认知。人人都需要锻炼一种能力，培养一种思考方式，那就是在芜杂的信息世界中找到线索，透过错综复杂的表面发现潜在的趋势规律。

越是在未来不确定的时代，在风险和机遇不能简单判断的时代，越需要掌握洞察趋势的能力。风险加剧，率先发现暗藏的未来趋势的人，将冲破时代的局限，创造一个崭新的未来。

改变未来的趋势往往"藏"在两个时代转换之间，那些代表新生的力量，起初都很难被发现。假设我们身处在白垩纪晚期，会看到恐龙正在灭绝。那个时候我们可能想，连地球霸主恐龙都要灭绝了，世界末日肯定就要来了。

如果我们从未来的视角看，其实不必这么悲观。仔细观察，我们会在阴暗潮湿的洞穴里，发现一只丑陋而胆小的小动物，也许它像老鼠一样畏畏缩缩。但这只像老鼠一样的动物，没准儿就是这个地球的未来希望，甚至可能是包括我们人类在内的所有哺乳动物的祖先。

结合王煜全的书来看，这是对潜藏在大变革时代背景下未来趋势的最好隐喻。这就是暗趋势的价值，它帮助我们在时代变迁与范式革命中找到潜在的新兴力量。当全球化趋势不可阻挡，创新的竞争越来越激烈，当今天传统巨头正在丧失创新精神，传统产业面临巨大危机的时候，别着急，看我们谁能发现那只"老鼠"。

因为那些孕育着未来希望的机会，一定"藏"在那些还没有被人关注的地方。

这就是王煜全在《暗趋势：藏在科技浪潮中的商业机会》这本书里提出的洞察所得。我和王煜全就中美贸易关系紧张带来新的机遇与挑战的问题，做过多次交流。我们都认为中美贸易摩擦未来可能是一个常态，中国企业想要适应这一新变化，必须要不断地自我调整。换句话说，中美贸易问题的解，其实不仅仅在贸易和经济，更在于我们未来如何通过中国的制造业优势，成为可以给全世界创新赋能的力量，进一步提升全世界的创新效率。

中国企业接下来如何主动拥抱变化，关键一点是需要发现那些真正可以引领未来的暗趋势。王煜全这些年一直在美国从事创新科技的投资，他的真知灼见是真金白银投资的实战所得，是难得的理论与实践相结合的洞察所得。

尤其这几年，他带着中国学者、企业家考察了很多一般人很少关注的美国创新区域，有很多一手资料和独家方法体系，相信这本书一定会给每一个有志于推动中国企业科技化和全球化的朋友，带来更多思考和启发。

何　帆
2018 年 12 月

前　言
每个洞察趋势的人，都将实现自我的创新

这本书收尾的时候，正好是2018年年底。坦率地说，这一年，中国企业界承受着前所未有的焦虑。从中美贸易的国际趋势变化，到国内宏观政策的调整，任何风吹草动都挑战着中国企业家的神经。

很大程度上，这确实进一步加剧了中国企业家的焦虑感。仅从产业层面来看，我们这个时代正经历前所未有的挑战：潜在的机会好像无处不在，人人都有可能创造财富与价值，又好像随时都会"踏空"，无法跑赢时代。人们怕错失改变命运的机会，这可能是今天人们焦虑的最大缘由。

顺势而为是任何一个时代的成功法则，只是今天我们要面对的趋势越发难以判断和取舍。这个时代的另一个特色是，趋势变化快速而且主题非常丰富。以前一个时代的主题似乎相对单一，从个人计算机时代到互联网时代，再到移动互联网时代，产业变化代际区别明显，趋势很少重叠。但是如今是什么"时代"呢？既可以说是人工智能时代，也可以说是生物技术时代。你说是航天时代也没有错，无人驾驶时代、新能源时代等好像也可以。

迅速到来的各种产业变革让人很难从容面对，焦虑成为快速发

展时代人们的现实问题。焦虑不是坏事，学习并且学会与焦虑同行，可能是未来的常态。

要缓解焦虑，就要想办法理解、跟上甚至引领这个时代。在这种情况下，我们往往能发现更多的机会，而不是错过。所以我很不赞同一些人的观点"2018年是创业黄金时代结束的一年"，因为伴随趋势的融合，创业的黄金时代将真正到来。

为什么这么说呢？2016年6月，受好朋友罗振宇的邀请和鼓励，我在"得到"App（手机应用程序）上开设了一档音频栏目——《前哨·王煜全》。该栏目基于我和海银资本这些年在海外做高科技投资的经验，系统地为用户梳理全球科技创新趋势。

在做栏目的过程中，我逐渐接触到更多的企业家、投资人和创业者，发现他们的焦虑感很强。一方面，整个社会都在推崇创新创业尤其是年轻人创业，年轻人只要做跟移动互联网相关的项目，好像就能改变世界了；另一方面，事业有成的中年人都在看未来的机会在哪里，他们觉得自己曾经的成功大部分的原因是中国经济成长带来的机会，这样的机会在"新常态"的社会中并不那么容易把握，但是新的机会却并没有涌现出来。

在海外做高科技投资，除了能够看到更具科技实力的项目，还有一个好处是能够近距离地观察和研究一个跟我们国内完全不一样的创新生态环境。在这个环境中，模式创新并不那么普遍，真正有技术和专利基础的科技创新才受人追捧。

在我和薛兆丰教授合著的《全球风口》一书中，我们就一直推崇"积木式创新"模式，推崇"科学家+企业家"的"双长制"。"双长制"的成功要建立在对趋势的准确判断上：一方面，那些经过风浪的企业家，才能更准确地理解市场趋势，选择好应用方向；另一方面，那些专注自己研究领域的科学家，因为对技术趋势有深刻理解，才能更加坚定自己的研究方向。

掌握科技创新规律，是决定企业"生死存亡"的大事。中国有很多企业已经在全球科技创新的布局上先行一步。我一直推崇 TCL 在量子点技术上的战略选择。由于对产业趋势的准确判断，TCL 早在几年前就布局量子点技术，从技术的研发到生产工艺的提升，成功实现了产业化布局。正是对趋势的掌握和提前进行产业布局，TCL 今天才可以和三星（Samsung）共同引领全球量子点屏幕的发展趋势，赢得更多竞争的机会。

如果从全球范围来看，中国是最推崇创新的国度之一了。比如我们的移动支付，也许是因为国内信用卡支付"发育"实在不够充分，所以在移动互联网时代，以支付宝、微信支付为代表的移动支付迅速开拓出一个全新的市场，连菜市场里的小商小贩都可以从此告别零钱，很多来到中国的"老外"觉得自己有些 out（落伍）了。

中国不仅有全球最大的单一市场，有十几亿人的消费者，有开放的大规模制造业基础，有雄厚的资本，更重要的是，全民"迷恋"创新的气氛，让中国经济的未来显得生机勃勃。无人驾驶、人工智能等最先进的技术，都能在中国找到落脚点和试验场。

之前，有人说："你的对手不是竞争对手，而是整个时代。"现在看来，这句话还是很中肯的。因为个体也好，企业也好，乃至国家，成功的最终决定因素，是我们能否跟上时代的趋势。那些洞察趋势的先行者，赢得的不是一城一池，而是整个时代的机遇。

暗趋势：藏在科技浪潮中的商业机会

  从 2015 年开始，我每年都要带很多企业家朋友到美国做投资考察。从曾经的创新热门区域硅谷、波士顿，到那些以前中国人不怎么去的美国西南部小城市，大家在考察中不仅看到了值得投资的高科技项目，更看到了高科技创新以大学为中心遍地开花的生态，未来世界在这些创新区里被定义和建构。

  很多时候，我在想，趋势并不那么模糊和难以把握，而是我们没有走进科技创新的生态中去。当你真正深入其中，只要有足够的好奇心和热情，就会发现机会非常多，甚至会对未来感到无比兴奋和期待。

  然而，趋势的分布并不均匀，每个技术领域都有其特有的知识密度，每个产业领域也都有自己的应用特色，这时候就需要地图，需要向导。所以，请跟我一起，走进《暗趋势：藏在科技浪潮中的商业机会》，开启你的未来之旅吧！

王煜全
2018 年 12 月

目　录

引　言　范式转移时代的暗趋势　　/ 1

第一部分　世界运行的范式转移：不确定，更美好

第 1 章　宏观世界：大背景与大机遇　　/ 15
　　　　　全球化：信号与噪声　　/ 15
　　　　　中美经贸摩擦：挑战与机遇　　/ 18
　　　　　环境与气候：反复中前行　　/ 24
　　　　　人口问题：拥抱老龄化　　/ 30

第 2 章　微观世界：新范式与新趋势　　/ 36
　　　　　小公司崛起　　/ 36
　　　　　积木式创新时代　　/ 41

新经济形态　　/ 48

生活品质升级　　/ 61

第二部分　科技范式转移：寻找确定性机遇

第 3 章　量子计算　　/ 69

争夺量子霸权　　/ 70

关键公司：D-Wave 系统公司和量子计算商业化　　/ 74

光子计算机和生物基因计算机　　/ 80

未来计算机发展的 3 个趋势　　/ 82

第 4 章　云计算　　/ 86

抢滩云计算市场　　/ 88

关键人物：杰夫·贝佐斯和他的 AWS　　/ 92

关键公司：谷歌云平台　　/ 97

云计算走向何方　　/ 102

第 5 章　物联网　　/ 107

信息产业发展的第 3 次浪潮　　/ 107

关键人物：物联网之父凯文·艾什顿　　/ 112

物联网领域的新机遇　　/ 115

第 6 章　第 5 代移动通信技术　　/ 121

迎接万物互联的 5G 时代　　/ 122

关键公司：5G 时代的高通　　/ 126

如何抓住 5G 机遇　　/ 130

第 7 章　人工智能　　/ 135

人工智能：从风口到标配　　/ 135

人工智能革命　　/ 139

关键公司：深度思考　　/ 141

人工智能的机会在哪里　　/ 143

第 8 章　工业机器人　　/ 149

工业机器人时代　　/ 149

关键人物：罗德尼·布鲁克斯　　/ 154

关键公司：亚马逊机器人　　/ 159

人机协作的新机遇　　/ 163

第 9 章　自动驾驶　　/ 169

自动驾驶的现实状况　　/ 169

关键人物：塞巴斯蒂安·特伦　　/ 172

关键公司：无比视　　/ 174

自动驾驶还有机会吗　　/ 176

第 10 章　大航天时代　　/ 180

大航天时代：从国家主导到商业化　　/ 180

关键人物：伯特·鲁坦　　/ 185

关键公司：毕格罗航空航天　　/ 188

航天产业的机遇　　/ 191

第 11 章　混合现实　／ 197
　　为什么混合现实很重要　／ 197
　　关键人物：普拉纳夫·米斯特里　／ 200
　　关键公司：转型中的宏达国际及混合现实产业链　／ 203
　　混合现实的机遇　／ 207

第 12 章　新材料　／ 211
　　石墨烯材料　／ 212
　　碳纤维材料　／ 215
　　柔性电子材料　／ 218
　　纳米材料　／ 222

第 13 章　生物医疗　／ 227
　　基因编辑　／ 227
　　精准医疗　／ 233
　　癌症疫苗　／ 240

第三部分　思维与行动的范式转移：活在未来

第 14 章　企业思维与行动指南　／ 249
　　迎接"科技军备竞赛"时代　／ 249
　　构建科技创新思维　／ 251
　　尽早觉醒，及早行动　／ 260
　　新国际化：善用全球资源　／ 265
　　传统企业的应对策略　／ 268

第 15 章　个人思维与行动指南　/ 276
　　未来已来,活在未来　/ 276
　　中期未来:抓住未来 3~5 年的机会　/ 281
　　长期未来:掌握未来的力量感　/ 287
　　短期未来:把握眼前的机会　/ 296

引 言
范式转移时代的暗趋势

为什么必须要改变世界观

著名天体物理学家斯蒂芬·霍金（Stephen Hawking）写过一本享誉世界的名著《时间简史》（*A Brief History of Time*），这本书的第一章是这样开头的：

> 一位著名的科学家［据说是伯特兰·罗素（Bertrand Russell）］曾经做过一次关于天文学方面的讲演。他描述了地球如何绕着太阳运动，以及太阳又是如何绕着我们称之为星系的巨大的恒星群转动。演讲结束之时，一位坐在后排的矮个子老妇人站起来说道："你说的这些都是废话。这个世界实际上是驮在一只大乌龟的背上的一块平板。"这位科学家很有教养地微笑着答道："那么这只乌龟是站在什么上面的呢？""你很聪明，年轻人，的确很聪明，"老妇人说，"不过，这是一只驮着一只、连续驮下去的乌龟群啊！"

大部分人会觉得，这个老妇人的说法很可笑，根本不值一驳。不过这个说法以及类似的说法在人类历史上占据主流的时间，可要比我们现在知道并且深信不疑的宇宙观占主流的时间长多了。不仅如此，很多现在看起来很荒谬的认知，其实常常是出自当时最为重要的科学家之口。例如，希腊的亚里士多德（Aristotle）就认为地球处于静止状态，而太阳、月亮以及所有的星星都在围着地球转动。这一观点后来被克罗狄斯·托勒密（Claudius Polemaeus）进一步完善，发展出一套完整的地球中心说理论。但今天，就连小学生都知道，地球不仅在自转，而且还在围绕着太阳公转。

当然，今天的我们完全没有必要对这类荒谬认知嗤之以鼻或冷嘲热讽。毕竟从历史发展的角度来看，人类那时是在不具备完全信息，甚至数据非常稀缺的情形下，建立起对自己、对社会，乃至对世界的认知系统的。而更为重要的是，随着掌握更多的信息和更多的数据，人类会快速纠正自己的错误，转换认知的视角，进入新的认知阶段。而在这一过程中，科学本身也获得了新的发展。

从科学发展的角度来看，视角转换的意义重大，因为我们常常会错误地认为，人类的行为是受科学指引的，但历史事实却告诉我们并非如此。实际上，真正指引人类行为的其实是我们的认知系统，是不同的视角引发了不同的行为。正因如此，从某种意义上说，我们看世界的视角可能比科学事实更为重要。

关于视角变化的重大意义，著名的科学哲学家托马斯·库恩（Thomas Kuhn）在他不朽的著作《科学革命的结构》（*The Structure of Scientific*）中进行了详细的解释。在他的眼中，科学革命的重要意义就在于完成了视角的转换。他把这种视角的转换称为范式转移

(paradigm shift)。

托马斯·库恩是一位享誉世界的科学史家和科学哲学家。在大学毕业时，这位哈佛大学（Harvard University）的物理系高才生的梦想是成为一名出色的理论物理学家。然而，在仔细研究了亚里士多德、伽利略（Calileo Galilei）、牛顿（Isaac Newton）等人的物理理论及物理发展的历史之后，库恩对传统的科学认知理论和流行的科学基本原则产生了怀疑：那些认为科学和知识是在通过不断的直线累积实现发展的观点，与历史呈现的实际状况并不相符。受此观念的影响，库恩决定放弃自己的物理学生涯，转向对科学史理论的研究。

1962年库恩的《科学革命的结构》一书出版，迅速引起了学术圈的轰动。在这本书中，库恩第一次明确使用了"范式"的核心概念，并且认为科学的实际发展就是受到范式制约的常规科学以及突破旧范式建立新范式的科学革命相互交替的过程。

用库恩自己的话说，所谓范式，就是一种被公认的模型或模式；转移则意味着改变。顾名思义，范式转移就是一种公认模式的改变。举个简单的例子，人类从认为"地球是平的"到"地球是圆的"这个认知模式的转变，就是一种范式转移。范式就是我们看待事物的"方式和视角"，"它决定了我们如何看待事物，把事物看成什么，在事物中看到什么、忽视什么"。

当然，作为一名严谨的科学哲学家，库恩对范式及范式转移的定义有着更为系统化的描述。例如，他认为一个范式的转移要经历如下几个阶段：

首先，科学界存在着一种公认的模式，按照这种公认模式运转的科学就是"常规科学"，而在常规科学下，大多数科研人员从事的是一些"解谜"类的常规工作。这类工作看起来比较稳定，但是会显得有些教条化。

其次，当公认的模式出现无法适应现实状况时，我们就会发现有很多"反常"的现象发生，对现有模式的质疑和争论也会随之而起。如果这样的情况不断延续，反常现象得不到有效解决，那么现有常规范式就会变得虚弱不堪，进入一种"危机"状态。

最后，在反常等力量的持续推动下，"科学革命"发生了，与此同时，一种新的认识也通过竞争和选择逐渐建立起来，也就是说，一种新的范式形成，范式发生转移。

当然，范式完全转移之后，科学又进入新的常规状态。而这种常规科学等待的，正是下一次的"反常"、"危机"、"科学革命"以及"范式转移"。科学本身正是通过这种方式，不断取得突破和前进，而这也正是库恩所说的"科学革命的结构"要义。

从科学革命的过程中，我们注意到范式及范式转移其实还具有如下几个鲜明特点：

第一，一旦一个范式形成，它就可能束缚我们对事物的想象力，让我们变得更为按部就班；但范式转移则意味着打破原有的束缚和限制，为人们的思想和行动开创新的可能性。

第二，范式转移不是一蹴而就的，而是一个过程。新范式出现的时候往往如同一株幼苗，不能立刻被确认是否会长成参天大树，而追随老范式的人会坚决抵制新范式。有时候这种新旧之间的斗争会非常惨烈，例如宣扬哥白尼日心说的意大利思想家乔尔丹诺·布鲁诺（Giordano Bruno）就被当时的教会烧死，而另一位著名科学家伽利略遭到软禁，笛卡儿（René Descartes）不敢公开他自己支持日心说的著作。

第三，范式转移还有一个非常重要的特点，就是这种转移不是一种简单的替代。经过革命产生的新科学和旧科学是不相容的（被库恩称为不可通约性）。不仅如此，范式转移更是让科学家世界中的"鸭子变成了兔子"。科学家在新的范式下看到的是一个完全不一样的世界，正因如此，科学革命也就是科学家"世界观的转变"。

库恩的范式转移说在整个科学界引起的轰动是非常震撼的，即使是50多年后的今天，整个科学界也仍在深受这一理论的启发。而正是因为范式转移是一种世界观的转变，是一种公认模式的改变，因此这一理论早已超出科学研究的范畴，成为从学界到产业界以及商业界都在认真学习和领悟的思想。

不确定时代的范式转移：从科学到世界

范式转移是世界观与认知视角的转变，是打破原有束缚，充分发挥想象力和创造性，因此其威力不容小觑。

任何一个行业都有无数范式转移的精彩故事。当年，数字唱片刚出来的时候，很多人，尤其是那些听黑胶唱片的老玩家，对数字唱片非常不屑，在他们眼里，数字唱片精度不如模拟唱片，音质也不好，绝不可能颠覆黑胶唱片的地位。随着数字唱片的计算方式对曲线的拟合越来越好，直至完全拟合，数字唱片在精度上已经远远把传统唱片甩在了后面。同样，当史蒂夫·乔布斯（Steve Jobs）和全球音乐公司的大老板提出要把音乐按首下载出售的时候，几乎所有人都认为这是一个糟透了的主意，因为在旧的范式之中，音乐必须有"完整性",因此必须按专辑出售。

交通行业也有一个很著名的例子。100多年前,美国纽约和英国伦敦这些大城市的主要交通工具是马车,据说当时仅伦敦就有几十万匹马。但马的增加也给城市带来了负担,因为当时这些马每天产生约3 000吨马粪、30万升马尿。一些人士对此担忧,并惶恐地认为整个城市将因此陷入一场"马粪危机"。1894年《泰晤士报》(*The Times*)甚至预测,在接下来的50年里,伦敦将被高达3米的马粪淹没。然而历史却并没有按照这种预测发展,因为汽车的发明和生产使得马车大量减少,马粪危机自然也就不再是一个值得担忧的问题了。汽车代替马车的这个例子,不仅展示了范式转移的威力,也充分说明新世界观和旧世界观往往是完全不相容的特性。新范式绝不是旧范式的自然发展,而更像一种毫无关系的飞跃和质变。

我们最近接触的一个范式转移的例子,应该是互联网对世界和我们人类思维和行为的改变。例如,70后、80后被称为"互联网移民",而90后和00后则被称为"互联网原住民",这是因为前者是在成长后期才接触互联网的,后者则是彻底的互联网一代。不仅如此,与互联网接触时间的不同也导致这两代人存在着某种截然相反的认知视角。比如那些秉持着传统二分法的互联网移民,他们即使接受了互联网,也要以线上和线下来划分世界,并且偏向于认为线上骗子多,不可信。但互联网原住民从小就伴着互联网长大,他们的世界里没有这种区分,他们会说,不论线上还是线下,骗子都有不少,关键是你要学会识别骗子,这样才可以保证在线上、线下都安全,否则哪儿都不安全。

范式转移的威力之大，让我们不得不关注它，而实际情况是，我们到了一个范式转移迫在眉睫的时刻。

首先是客观世界正在变得越发不具有确定性。在过去的几十年中，全球化一直是全世界的主流趋势，而改革开放已有40年的中国，也因为积极参与全球化而成为其中的受益者，并且在制造业等方面建立了强大的优势。但在近几年，这种情况正在发生变化。由于各国的发展不平衡以及地缘政治等因素影响，单边主义、孤立主义及反全球化思维开始出现一定的反弹，很多国家开始走向自由贸易的反面。中美贸易摩擦正是在这种全球大趋势下的一种显著现象。通过过去几十年的快速发展，中国已经成为仅次于美国的全球第二大经济体，但这种快速发展也导致中美之间出现了诸多摩擦，未来中国发展的外部不确定性因素越来越多。这种客观形势的变化，迫切需要我们改变传统的应对策略，实现世界观的范式转移，以便在一个不确定的时代，寻找到更为确定的发展方法。

其次是科技行业内的趋势变化。总体而言，过去20年是互联网行业发展的黄金期。众多大型科技企业及互联网企业之所以取得今天的成绩，无不是因为抓住了这一轮持续多年的互联网及移动互联网的增长红利。但随着这种红利的逐渐消退，全球的企业开始面临新一轮以科技为核心的竞赛挑战。智能化、大数据航天及新能源等产业推进，客观上要求未来所有的企业都变成科技企业，没有一技之长的企业将彻底被淘汰出局。正因如此，所有的中国企业迫切需要一场科技创新的变局。

但是，在认知层面范式转移和科技产业发展节奏调整的关键时刻，发展趋势却并不容易被识别，这就是我们所讲的"暗趋势"——

等到趋势明朗的时候，机会早就被别人"抢夺"了。要想明辨"暗趋势"，提前做好产业布局，中国现在亟须在应对全球化和科技化两大主题上，寻找到新的认知模式，实现革命性的范式转变。

在面对世界的方法上，我们应该改变过去简单地以本土为主的思路，而应该更加具有全球化的胸怀。越是在一个不确定的时代，中国的企业越应该敢于冲出国门，以四海为家。中国需要更多具有全球化思维和全球布局能力的企业，也需要通过和世界各国更为密切的合作来发挥自身优势，实现互利共赢。

科技的变革则要求我们改变传统看待科技创新的思路，将我们的目光转向更具活力和创造力的小企业身上。技术的发展降低了企业的外部成本，增加了小企业的发展潜力。通过积木式创新，中国的小企业可以通过不断发展核心竞争力，并通过与全球企业的强强协作来实现自身发展。除此之外，我们也要将目光从科学家转向企业家，我们对待科学的态度已经从单纯的研发转向了产业化，所以我们也必须更为重视科技产业化的最大功臣——企业家。

这两个范式转移对中国企业乃至中国经济的未来发展，甚至对每一个人来说都至关重要，或者说非常急迫。范式革命将会给我们带来崭新的世界，也会推动中国继续进步。

本书的结构：大环境与暗趋势

科技乃至世界的范式转移是本书的两大主线。全书主要阐释的就是为什么要进行变革世界观的范式转移，科技界乃至世界正在发生什么，以及作为企业或者个人到底应该如何应对这种变革。

引言 范式转移时代的暗趋势

本书的第一部分集中讨论世界的变革以及我们所面对的挑战与机遇。

在宏观世界部分，探讨全球化和中美贸易摩擦所带来的不确定性影响，以及我们如何应对这种不确定性。对不确定事件结果的任何预测都有可能出现失误，但对于我们来说，最重要的并非做出完全正确的预测，而是首先要在不确定之间找到那些更为确定的领域。除了讨论政治和经济，本书还会关注一些易被普遍关注的宏观问题，例如环境与气候变化，以及人口的老龄化问题。环境变化和老龄化对我们的持续发展提出了很多严峻的挑战，但是讨论这些挑战的目的不是引发恐慌，相反，是希望读者能从中看到被忽略的变化背后所隐藏的诸多机遇。

在微观世界部分，本书详细阐释了一些重要的"暗趋势"。与宏观世界的不确定性相比，这些隐藏得越来越深的趋势看起来更加具有持久性。首先是小公司的崛起：以往科技创新是大公司的专利，如今小公司正成为创新的主要力量。这种变化可以追溯到30多年前美国的《拜杜法案》（Bayh-Dole Act）。然而在中国，小公司崛起是正在发生的现象。

其次是积木式创新。技术的发展、小公司的兴起，让积木式创新的土壤变得更为肥沃，其在中国也同样具有前景。这一部分将对积木式创新做完整和系统性的说明，如果读者对"长板""搭积木""无缝拼接"等概念还不熟悉，那么不妨认真阅读相关内容。

除此之外，本书还对新型的经济形态做了选择性介绍。这些新型经济形态虽然未必是最近出现的，但得益于互联网和智能化，它们在近几年出现了爆发性的增长，并且表现出持续的增长潜力。

生活品质升级是我们从行为和需求入手，去了解经济增长、技术变革等给中国民众带来的变化。无论是从消费等级，还是资产管理需求的增长角度来看，中国人民的生活已经出现了全面升级，这种变化需要企业予以足够的重视。

从内容上讲，本书的第二部分是最重要的部分之一。秉持"一切只讲科技趋势不讲科技产业化时点的都是空谈"的原则，这一部分会介绍科技的最新发展动态，更会详细分析这种技术的应用机会。

例如，在介绍量子计算时，本书不仅会介绍量子计算的概念、原理，更重要的是会介绍这项技术的发展进程、成熟度以及应用范围等。

第二部分所介绍的科技突破是经仔细斟酌后，从几十个领域中精选出的。与一般性的科技突破相比，这本书中出现的科学技术要么更具基础性，要么更具广泛的应用可能性。例如，量子计算和云计算预示着计算的未来，第5代移动通信技术（5G）则可能在未来几年对我们的生活产生实际影响。除此之外，本书也会关注与我们自身健康相关的生物医药科技。当然，人工智能、物联网以及自动驾驶和工业机器人等密切相关的行业，也是本书要重点介绍的。虽然这些相关领域的最新关键知识，不能令读者变成专家，但这些介绍可能为读者打开一扇进入某一领域的大门。

为了让这部分内容更容易理解，更有趣味性，每一章节都给出了实例。这些实例有的是以"关键公司"或者"关键人物"的方式举出进行详细讨论的。这些被单独讨论的例子的主角，要么是某个行业的先行者，要么是取得了巨大突破的企业。本书希望这些企业或者企业管理人的故事能够帮助读者理解一项技术是如何转变为一个产品的，也更清楚地看到企业家在科技产业化当中扮演的角色。

本书的最后一部分则聚焦于思维和行动。世界在变,科技在变,其中有很多的挑战和机遇。本部分探讨的是如何抓住这些机遇,以及企业和个人应该选择的路径和方法。

今天,我们已经进入了一个科技竞赛的全新时代,某种程度上而言,所有的企业都必须变成科技企业,否则将很容易在竞争中被淘汰。

要避免被淘汰,企业就需要掌握创新的思维与方法,当然关键是要尽早展开行动,构建自己的壁垒。和过去不一样,未来企业只要具有长板,就可以在积木式创新中赢得一席之地。除此之外,本书还专门讨论了传统企业的科技化问题。传统企业一方面要用科技来改进自己的产品、生产、仓储物流与营销等,另一方面也要更加了解消费者的变化。

而个人则要"活在未来"。未来有长也有短,针对未来的不同阶段,书中给出了不同的意见和建议。这一部分介绍了笔者个人的成长经历以及创办企业的经历,希望这些真实的内容可以引起读者的共鸣。

无论企业还是个人,要想适应一个新的、不确定的、急速变化的环境,唯一的方法就是要摒弃传统的视角,拥抱新的世界观。当然,正如我们前面所说,新世界观的树立不是一蹴而就的,因为传统思维模式可能使你固化思考,让你无法做出革命性的决策。在这样的时候,企业和个人都应该具有一种勇气和智慧,擅于发现藏在时代滚滚洪流下的暗趋势,率先做出改变。因为只有敢于主动拥抱变化,你才能在一场快速的变革中获得先发优势,由此成为新范式的建立者和领军者。

当然，思维的转换固然是发生在前面的，但行动的落实永远是最重要的。范式转移意味着世界观的变化，而世界观的变化注定要影响和指导行为，否则新的趋势就永远无法形成。

洞察趋势，让行动更有价值。

第一部分
世界运行的范式转移：
不确定，更美好

世界总是在不断变化的，但这种变化并不稳定。有时候变化相对剧烈，有时候则相对平缓。

在过去的30多年，全球一直处在一种相对平和的变化之中。全球化一直是世界发展的主要特征，世界各国之间的贸易关系变得更为紧密，资本的流动也非常频繁，世界经济稳定增长，越来越多的人口摆脱了贫困，享受到全球化和科技发展带来的益处。

但这种情况在过去几年开始出现变化。2008年之后，全球经济增长逐渐呈现放缓趋势，贫富差距拉大、环境、人口等问题开始凸显；互联网带来的红利逐渐消退，新的颠覆性技术则处于孕育发展期；中国和美国之间的贸易摩擦进一步增加了全球经济未来的不确定性：我们的世界进入了一个剧烈变动时期。

悲观的人总是讨厌剧烈的变动，但对于乐观的人来说，越是剧烈的变动往往越意味着一个更大的机遇。在旧的模式逐渐失去动力之时，许多对未来有决定性影响的技术和商业模式正逐渐清晰起来。新的范式将让这个世界变得更加美好。

第 1 章 宏观世界：大背景与大机遇

全球化：信号与噪声

过去 30 多年，虽然全球化一直在不同时期遭受不同利益群体的抵抗，但对全球化的担忧却从来没有像今天这样使整个世界焦虑。

2016 年，英国通过公民投票决定脱离欧盟，从而令欧洲一体化之路遭遇前所未有的倒退。在大西洋的另一端，奉行孤立主义的特朗普（Donald Trump）一路披荆斩棘，不仅拿到了共和党的提名，更一举当选新一任美国总统。过去一段时间，这位新任美国总统的一举一动都令全球关注，而他动辄挥舞关税大棒，撕毁贸易协议甚至要在美墨边境修墙等举动，更对全球化产生不利的影响。除此之外，在整个世界，贸易保护、移民趋严、地缘政治风险也有不断加剧的趋势。

过去 30 多年，全球化一直是世界绝大多数国家所信任和追求的发展模式。从过去几十年的世界发展中，我们也可以看到，全球化的的确确改变了世界的面貌，让世界变得更加美好。

全球化推动了全球贸易和制造业的发展，让跨国公司和全球供应链变成了一种常态。正是因为全球化，苹果公司（Apple Inc.）才能实现苹果手机（iPhone）的美国设计、中国组装及全球销售。实际上，如果没有全球化，就可能不会有今天的苹果手机，因为组成苹果手机的众多部件，以及生产这些部件的原材料，来自全世界多个不同的国家和地区。

互联网也是全球化的一大重要组成部分。正是得益于互联网的快速发展，全球的信息交流变得前所未有的容易。从邮件到社交媒体再到视频通信，互联网将世界真正变成了一个"村庄"，而我们这些"地球村民"也因此可以实现实时的、立体的多媒体沟通。

全球化最重要的是改善了全世界大多数人的生活，以中国及印度为代表，中印两国的人口超过20亿，几乎占到全球人口的1/3。两个国家通过全球化等机会，经济得到大发展，改变了贫穷落后的面貌。全球化让制造业和贸易深入那些贫困的发展中国家，而这些国家的人民可以通过辛勤的劳动来改变自己的命运。

全球化确实给我们带来了非常多的福利，中国今天所取得的成绩，在很大限度上就是因为我们在40年前实行了改革开放政策，以及在2001年排除万难加入了世界贸易组织（World Trade Organization，简称WTO）。这也是今天我们在极力支持全球化的重要原因。

虽然全球化仍然是世界发展的主流，但我们确实听到了很多反对全球化的声音。这其中最鲜明的代表是美国现任总统特朗普。特朗普总统经常在正式或者非正式的场合抨击其他国家，指责它们实行了不公平的贸易,甚至说别的国家"偷走"了美国的工作机会、知识产权等。这些言论和行动形成了一股反全球化的逆流,让原本就涌动的反全球化的民粹思想变本加厉。

当然,这种反全球化的逆流本身也有其形成的背景,其中最为重要的一点是全球化确实使得一些人的利益受到了损害。这可能是因为制造业的外流、工厂的搬迁而使一些人失去了工作,也可能是因为廉价产品的涌入导致了本国产品价格下降。在一场全球化的竞争之中,总会有输家,相关的资源一定会流向那些具有比较优势的地区,这是不可避免的。但糟糕的是,这些受损群体所在的国家并没有采取得力的措施来为这种变化做出准备,更没有采取措施加以弥补。相反,它们更擅长将这种问题归因于外部,并且认为是"不公正"的贸易导致了这一切的发生。为了纠正所谓的不公平,它们采取的措施更多的往往是孤立、封锁和限制等消极的方法。

尽管全球化仍然是世界发展的主流,但是在这几年我们确实看到了很多反全球化行为。例如,跨国并购正在受到越来越多的审查和限制,不少国家甚至以安全为名拒绝其他国家的企业进入本国的竞争领域,而这在本质上不但可能侵害消费者的利益,而且更为严重的是阻碍了科技的交流和发展。

到目前为止,这种全球化和反全球化之间的角力没有任何停止的迹象,而这就是我们今天所面对的世界最大不确定性所在。尽管这些反对全球化的行为尚且没有给经济和科技发展带来颇为严重或者致命的伤害,但是我们的确应该对这种势态的发展保持关注。

很多噪声往往只是暂时的干扰,而消除噪声的过程往往是一个推动进步的过程。我们有必要对未来的世界保持乐观的心态,我们相信世界融为一体的脚步不会停止。而尤其关键的是，我们要做这种一体化的实际推动者，而不是阻碍者。

知 识 点

1. 全球化一直是全球绝大多数国家所信任和追随的发展模式。全球化改变了世界的面貌，让世界变得更加美好。但近年来，反全球化思维有所抬头，贸易保护、移民趋严、地缘政治风险也有不断加剧的趋势。

2. 跨国并购正在受到越来越多的审查和限制，不少国家甚至以安全为名拒绝其他国家的企业进入本国的竞争领域，而这在本质上不但可能侵害消费者的利益，而且更为严重的是阻碍了科技的交流和发展。

3. 互联网也是全球化的重要组成部分。得益于互联网的快速发展，全球的信息交流变得前所未有的容易。互联网将全世界真正变成了一个"村庄"。

中美经贸摩擦：挑战与机遇

2018年最为牵动我们的国际大事，莫过于中美之间的经贸摩擦。中美两国之间就经贸问题的一来一往，甚至唇枪舌剑，不仅牵动了中美乃至全球贸易者的心，也引起了两国甚至全世界普通民众的关注。除此之外，两国的资本市场也因为这种关系的变动而更具有波动性。毕竟美国是世界上最大的发达国家，中国是世界上最大的发展中国家，中美两国经贸关系的走向，会对世界经济产生重要影响。

2018年9月，中国政府发表了《关于中美经贸摩擦的事实与中方立场》白皮书。白皮书内容充实，让我们进一步看清楚了中美两国经贸紧密依存的关系。

根据白皮书的统计，中美之间的贸易额相当大。2017年，中美双边货物贸易额达5 837亿美元，是1979年建交时的233倍，是2001年中国加入世界贸易组织时的7倍多。目前，美国是中国第一大货物出口市场和第六大进口来源地，2017年中国对美国出口、从美国进口分别占中国出口和进口的19%和8%；中国是美国增长最快的出口市场和第一大进口来源地，2017年美国对华出口占美国出口的8%。

除此之外，中美双边贸易也表现出非常强的互补性。美国居于全球价值链的中高端，对中国出口多为资本品和中间品；中国居于中低端，对美出口多为消费品和最终产品。两国发挥各自比较优势，双边贸易呈互补关系。2017年，中国向美国出口的前三大类商品为电机电气设备及其零附件、机械器具及零件、家具寝具灯具等，合计占比为53.5%。中国从美国进口的前三大类商品为电机电气设备及其零附件、机械器具及零件、车辆及其零附件，合计占比为31.8%。

正是因为中美之间有着如此重要且互补的经贸关系，这次突起的贸易摩擦才会令我们错愕。众所周知，国与国之间经常会出现贸易纠纷，但这次贸易摩擦的程度之深、规模之大，的确超出了不少人的预料。

但随着事件的发展，我们也逐渐认识到，这种态势的发展，的确有一些客观的因素在起作用。

首先，这与特朗普本人的个性不无关系。我们知道，在美国，民主党和共和党虽然互相都会有一些不认同，但是总体来说，无论哪方执政，都会尽量保证美国政策的连续性。但是特朗普却非常不同，这位崇尚"交易的艺术"的总统是商人出身，此前几乎从来没有从事过政治活动，而这让我们对他的决策预测变得非常难。不用说对中国的政策，就是美国国内的政策、美国对长期盟友的政策，很多人也不知道特朗普到底是怎么想的，到底会怎么决策。

前面已提及他对全球化的态度。实际上，尽管我们仍然不知道特朗普对全球化的态度到底是什么（毕竟他自己在很多国家拥有业务，他还是德国移民后裔，他的太太也是外来移民），但作为一名深谙如何取悦民众、曾经参与制作过高收视率节目的总统，他知道不少普通美国人会认为是中国人抢了美国人的工作，损害了美国人的利益。不少人反对全球化，他知道如何讨好这些民众。

但这些美国人抱怨错了。实际上，美国是过去几十年全球化的最大受益者之一，只是从中受益最大的是美国的跨国企业，而很多美国普通民众既看不到也享受不到相关好处，所以有了怨气。但美国的跨国企业善于公关，它们自有一套说辞，而且把所有的问题都推到了像中国一样其实是帮跨国企业赚钱的国家身上。

中国的一些企业主要是为美国跨国企业代工的，跨国企业赚取了绝大部分的利润，而中国企业只是赚取微薄的加工费。正如中国政府发表的白皮书所说，中国对美出口的"高技术产品"大多只是在中国完成劳动密集型加工环节，包含大量关键零部件和中间产品的进口与国际价值转移。本来美国人民不满的是内部财富分配不公的问题，最后都成了中国的错，中国实在冤屈。

当然，中国及中国企业突然形象变"差"，甚至变成了美国的"敌人"，也不仅仅是特朗普一个人引发的，这也与中美企业之间实力对比的变化有关系。

过去很多年，美国一直有人挥舞着"301条款"企图制裁中国，每年都有人提，但每年都会被否决。这是因为美国有很多跨国企业在中国有经营活动，且业务一直在不断扩大，利润也非常丰厚，因此任何针对中国的制裁势必会影响它们的利益。那些跨国企业，尤其是世界500强企业会不断进行公关游说，以说服美国政府不要制裁中国。

但是这几年情况有所变化。中国企业的快速发展和实力壮大改变了中美企业的力量对比，而导致美国的跨国企业在中国赚钱越来越难，甚至有一些跨国企业还因为竞争失利而退出了中国市场。这对中国企业而言本是一件喜事，但也导致了意想不到的后果：那些曾经愿意替中国说话的跨国企业声音越来越小了，甚至干脆不愿意为中国说话了。这边声音变小，对面的嗓门就显得大了，结果质疑中国的声音就越来越大。

当然，很多新兴科技企业仍然和中国关系密切。比如说苹果手机就是在中国制造，中国市场也是苹果公司利润的主要来源地之一，因此苹果公司并不希望美国对中国进行制裁。但是总体而言，这些企业的声音很容易被其他的噪声淹没。

很多迹象都透露出，中美之间围绕贸易的争吵可能长期持续。但是这种争吵是否会恶化到伤害中美之间过去几十年建立的根本关系，却仍是个未知数。从个人的角度，笔者仍然相信这种争端有化解的余地。理由也很简单，那就是长期激烈的贸易争执其实对美方也非常不利。

当前，特朗普主要认为美国在全世界贸易关系中吃了亏，他不仅提及中国，还指责日本、韩国，乃至邻居墨西哥和加拿大。在他看来，这些国家的关税普遍比美国高，美国的关税则是最低的。

即便这种关于关税的说辞有些事实依据，其背后的最大受益者也是美国的跨国企业。以中美贸易为例，美国的跨国企业把部分制造业放到成本更低的中国，之后再利用美国的低关税把产品返销回美国，在这个过程中，美国跨国企业恰恰是两头受益者。

除此之外，尽管这些跨国企业并没有将自己的获益分享给普通民众，但廉价的中国制造却的的确确让美国民众享受到了低价商品的福利。有数据显示，在过去的十几年里，美国普通民众的平均工资并没有增长，但是他们购买的商品的价格却相应在下降，这在很大程度上是中国制造的功绩。

中美虽然有贸易摩擦，甚至可能持续或者加剧，但我们相信这种贸易摩擦不会恶化到两败俱伤的程度。因为一旦伤筋动骨，美国消费者的利益就会受到伤害，届时他们将不会支持特朗普政府"继续摩擦"的政策。

另外，特朗普敢于同中国叫板的底气在于目前美国资本市场仍然延续着良好的上涨势头。但如果贸易摩擦持续恶化到影响经济的水平，美国的资本市场也可能受到严重冲击，而这并不是特朗普想看到的局面。

中国人常讲危中有机，也就是说，我们总是愿意在悲观的时刻，寻找那些积极乐观的因素。对于中国而言，中美贸易摩擦虽然是一场巨大的考验，但是好的一方面是，这也给中国企业，尤其是中国科技企业的全球化发展带来了新机遇。

回顾改革开放的40年，我们参与全球化的主要模式是吸引外资，也就是把别人请进家门。中国有巨大的市场、庞大的人口红利，既能够支撑起大量外部企业的制造生产，也有足够的消费能力。而在引入外资力量的同时，中国自己的企业也在学习和竞争中成长起来。中国本土企业更了解本地消费者，因此在克服了最初的基础薄弱环节之后，能够迅速在本土市场的竞争中脱颖而出，在部分领域甚至已经站到了与全球巨头比肩的高度。

但截至目前，除了联想、华为等为数不多的公司，中国的大部分市场化企业仍然主要聚焦于国内市场，其全球化布局严重不足。一些在国内已经非常知名的企业，在国际上却依然默默无闻，尚未得到海外消费者的认可；还有一些企业则可能是满足于国内市场或者自己的现有定位，尚未将全球化纳入考虑范围。

然而，中美贸易摩擦却有可能成为这些企业改变现有策略或定位，进一步走向全球化的契机。这是因为，贸易摩擦让企业更有动力考虑分散化的全球经营，因为只有更为分散的制造基地和用户市场，才能增强企业应对不确定性的能力。

而经过多年的国内历练，中国的很多企业本身也具备了"出海远航"的能力。以中国的科技企业为例，虽然和美国科技企业相比，其科技水平仍有差距，但我们知道，科技水平本身并不是决定企业成败的唯一因素。在全球科技制造产业链中，中国企业的优势在于强大的制造能力，尤其是高科技制造能力。除此之外，中国企业还有强大的资本能力。因此，只要能将这种制造能力和资本能力同全球市场对接，那么中国科技企业照样具有走出国门，实现真正全球化的可能。

即便没有中美贸易摩擦，中国企业的全球化也是必然趋势，因为从发展来看，无论美国、日本还是德国，任何一个经济实力强的国家，都必然会诞生大量的跨国企业。但是，中美贸易摩擦的作用在于，它可能进一步加快这一趋势。

综上，虽然现在看起来中国处在贸易摩擦的烦扰之中，但是2018年却很有可能成为中国企业真正全球化的元年。

知 识 点

1. 美国是世界上最大的发达国家，中国是世界上最大的发展中国家，中美两国经贸关系的走向，会对全世界的经济产生重要影响。

2. 中美之间围绕贸易的争吵可能长期持续。但是这种争吵是否会恶化到伤害中美之间过去几十年建立的根本关系，却仍是个未知数。长期的、更为激烈的贸易争执其实对美方也非常不利。

3. 对于中国而言，中美贸易摩擦虽然是一场巨大的考验，但是好的一方面是，这也给中国企业，尤其是中国科技企业的全球化发展带来了新机遇。虽然现在看起来中国处在贸易摩擦的烦扰之中，但是2018年却很有可能是中国企业真正全球化的元年。

环境与气候：反复中前行

2018年5月28日，一只巨头鲸幼崽在泰国南部海岸被人发现，当时这只小鲸鱼已经奄奄一息，没过多久便死了。事后医生对这只鲸鱼做了尸检，发现它胃里居然有80多个塑料袋。这些塑料袋让这只鲸鱼根本没法进食，只能活活饿死。而更让人悲伤的是，当地的海洋学家说，在泰国的海里，每年都有很多海洋生物因为吃了塑料袋而死亡。

塑料是一种化学结构极为稳固的物质，尽管它的尺寸积年累月会变小，但到目前为止，就连浩瀚的海洋也没有能力完全分解它。而这意味着只要海洋生物吃了塑料，它就会在海洋生态的食物链里无限循环，但永远不会被消化吸收。

人类处在食物链的顶端，会吃海产品和其他动物，更要喝水，因此动物身体内的塑料和水中的细微塑料，也势必会被我们吞进肚子里。科学家对此做了确认，例如美国明尼苏达大学等研究团队在全球13个国家的自来水中，还有欧美和亚洲产的食盐以及美国产的啤酒中发现了"微塑料"。用媒体的话来说，"吃塑料已经成为我们生活的常态"。

塑料肆虐只是我们为寻求经济增长而付出的环境代价之一。实际上，人类现在面临的环境和气候问题还有很多：水污染、金属污染、空气污染、气候变暖……这些问题可以列出很多很多。

与政治变化和经济摩擦等短期问题相比，环境、气候以及人口的变化则对人类的生存和延续具有长期影响。然而，因为其影响的显现比较缓慢，我们对这些问题的关注度不足。我们可能为中美贸易摩擦带来的资产价格变动而焦虑，但我们却对长期吃塑料这种事情无动于衷——毕竟在我们大多数人的眼中，这是国家应该操心的事情。

在过去的一段时间，世界各国确实非常关注环境问题，包括中国在内的各国政府不仅制定和完善了本国的环保政策，还加强了对环境违规行为的监管。除此之外，全球主要国家还共同努力，签署了《京都议定书》（Kyoto Protocol）和《巴黎协定》（The Paris Agreement）等多个世界性环境保护协议。

中国对环境保护的积极性在不断提升。在过去的几十年，中国承担了世界工厂的角色，这让中国的数亿民众就了业，摆脱了贫困，但是中国也因此付出了不菲的环境代价。近几年，环保已经成为民众的心底呼声，"绿水青山就是金山银山"的理念已经遍布中国，深入人心。

然而，世界环保的进展并不是一帆风顺的。例如，2017年，美国总统特朗普意外地宣布退出《巴黎协定》。《巴黎协定》是在2015年12月12日举行的联合国气候峰会上通过的气候协议，该协议于2016年4月22日在纽约签署，旨在通过减少燃烧化石燃料产生的二氧化碳和其他排放物来限制全球变暖。特朗普本人是传统能源的支持者，他一直声称全球变暖实际上是削弱美国工业的骗局，《巴黎协定》给美国带来的只是工作岗位的消失和数万亿美元的经济损失。对于特朗普和他背后的美国传统能源工作者来说，眼下的就业和生活，远比未来的全球变暖和海平面上升要重要得多。

美国对环境保护的态度转变具有强烈的信号意义。据统计，美国现在的温室气体排放在全球占比近15%，是仅次于中国的全球第二大温室气体排放国。特朗普这个退出决定可能对未来的全球环保产生关键性的影响。

另外一个令人震惊的消息则是2015年德国大众汽车（Volkswagen）的"尾气丑闻"。为了在出厂检测的时候使尾气排放合格，大众汽车公司给一部分超标排放的柴油车安装了尾气检测作弊软件。这一事件被曝光后，大众的首席执行官（CEO）马丁·文德恩（Martin Winterkorn）被迫辞职，涉事的高管和工程师被判刑。2018年6月，德国政府对大众汽车公司开出了10亿欧元的罚单。

特朗普退出《巴黎协定》和大众"尾气丑闻"给予了我们深刻的警示，那就是环境保护问题虽然已经非常严峻，但无论是政府还是企业，都有可能和个人一样，因为短期利益而忽视长期问题。环境问题不能靠自觉，而是需要一套有效的机制。

运用更先进的科技来解决环保问题显然是一个非常明智的选择，毕竟科技终究是推动整个社会进步的力量之一。但是，利用科技解决环保问题的关键并不仅仅在于科技的进步程度，也事关技术的商业化进展，也就是说，新科技需要有人为其买单。

特斯拉（Tesla）电动汽车或许是这方面的一个最佳例证。如果对传统汽车尾气的严格检测只会让那些大型车生产商感到压力，那么最佳的环保举措也许就不是在一根排气管上做文章，而是考虑颠覆传统的汽油车和柴油车，直接拔掉车后的那根尾气管。

埃隆·马斯克（Elon Musk）领导的特斯拉就是这么做的。从2008年开始，特斯拉就致力于"加速全球向可持续能源的转变"，推出了其第一款运动型跑车。到2012年，其第二款汽车产品Model S跑车的全球走红则开始让电动汽车概念在全世界范围内深入人心。

然而，特斯拉的曲折发展历程也说明了科技环保并非一件容易的事情。新能源车的技术原理并不复杂，然而，要想生产出一台能够真正上路的汽车，却并非像找到几块新能源电池那么简单。汽车生产的高昂投资让马斯克几度濒临破产，为一款如此昂贵的电动汽车寻找买家也一度是让他头疼的事情。而即便到了今天，已有所成就的他仍不得不面对 Model 3 新款电动汽车难以足额量产的尴尬。

但幸运的是，特斯拉和马斯克坚持了下来，而更为重要的是，在其引领之下，新能源车制造已逐渐形成了星火燎原之势。尽管到目前为止，制造一台新能源车仍然不是一件简单的事情，但新能源车制造的成本正在降低，普通消费者对新能源车的接受程度也大大提升了。马斯克开启了高端电动车的先河，而传统车厂和其他的初创公司纷纷加入新能源车的制造大军，一个新能源车的时代已经在悄悄向我们走来。

当然，环保科技的提升未必一定会带给我们像特斯拉电动汽车这样颠覆性的产品。在更多的时候，环保科技带给我们的是一些看起来不起眼的细微改进，但这些改进仍能为这个世界带来重大的贡献。

举个例子，现在婴儿纸尿裤里常用的吸水剂叫作聚丙烯酸钠，它是从石油里提炼出来的，且无法自然降解。家里有小孩的人知道，婴儿纸尿裤的用量非常大。据统计，仅美国每天纸尿裤的用量就超过 1 800 吨，且这些纸尿裤最后会被丢到垃圾填埋场里。

针对这个问题，美国有一家叫泰希斯（TETHIS）的公司就研发出一种可降解的吸水剂。如果能将这种吸水剂替代现有的聚丙烯酸钠，那么仅这一微小的改变，就可以给这个世界带来巨大的变化。不仅如此，这种改变还可能带来整个产业链的更新：传统的基于石油的吸水剂材料厂商，需要海量的资金和几年的时间建立工厂，然而如果用泰希斯公司的技术来生产吸水剂，只需要投资一条小型的生产线就够了。

和特斯拉电动汽车可以以较高的价格卖给高端消费者不同，泰希斯公司这个项目的潜在用户是关注价格的普通家庭。因此，这个项目目前最大的挑战就在于如何降低成本，让它在价格上可以和现有的吸水剂相竞争。如前面所强调的，用技术推进环保，难点不仅在于技术的更新，也在于技术如何商业化。

此外，一套好的激励机制也能够有效促进环保技术的应用。美国加利福尼亚州（简称加州）的碳排放交易市场是一个典型案例。加州在2006年就通过了《加州应对全球变暖法案》（California Bill to Tackle Global Warming），提出建立碳交易制度，并在2012年正式启动了碳交易市场。截至2017年下半年，这个交易市场已经非常活跃，有些月份的交易额甚至超过了6亿美元。相比于用命令和监管或者直接补贴的方式来推动企业实施减排，碳交易模式无疑更能激励企业主动投资那些能够实现长期减排的设施。

知 识 点

1. 与政治变化和经济摩擦这些短期问题相比，环境、气候以及人口的变化对人类的生存和延续具有长期影响。然而，因为其影响的显现比较缓慢，我们对这些问题的关注度明显不足。

2. 无论是政府还是企业，都有可能和个人一样，因为短期利益而忽视长期问题。环境问题不能靠自觉，而是需要一套更为有效的机制。

3. 运用更先进的科技来解决环保问题显然是一个非常明智的选择。但是利用科技解决环保问题的关键并不仅仅在于科技的进步程度，也事关技术的商业化进展，新科技需要有人为其买单。细微改进也能够为这个世界带来重大的贡献。

人口问题：拥抱老龄化

尽管对中美贸易摩擦等问题忧心忡忡，但在中国的社交网站上，年轻人近来更关心的似乎是另外一个问题：到底要不要生孩子。

与前几年的舆论完全不同的是，鼓励多生育成了中国主流媒体和相关专家的主基调。携程的联合创始人梁建章就是其中一位，近年来，这位毕业于美国斯坦福大学的经济学博士一直在通过撰写文章和发表演讲等方式，鼓励中国进一步放开生育政策，并且给生育家庭予以适当的补助。但比他更激进的言论也有很多，例如，2018年夏天，一位著名大学的教授公开呼吁，要对不生孩子的个人或者家庭征税。这样的言论在网上引起了热烈的讨论，因为从目前的状况来看，年轻一代似乎并不愿意早早地生孩子，且他们大多数对于这种惩罚性的建议非常反感。

但无论是惩罚还是鼓励，这些建议背后其实都暴露出目前主流人口学者的一个共同认知：中国已经步入老龄化社会。

目前，中国已经成为世界上老年人口最多的国家，也是人口老龄化发展速度最快的国家之一。根据国家统计局的数据，2017年中国65岁及以上人口为15 847万人，占总人口的11.4%。对比之下，2000年，中国65岁及以上人口占比仅为7%。而根据联合国的估算，预计到21世纪中期，中国将有近5亿人口超过60岁，而这个数字超过美国人口总数。

中国当然不是唯一出现人口老龄化的国家,事实上,人口老龄化是全世界很多国家面临的现状。例如,日本就是一个常被提及的人口老龄化国家。日本总务省在2018年公布的人口统计结果显示,因战后婴儿潮时期出生的人口自2017年开始步入70岁,日本1亿多总人口中,70岁以上老人的比例达20.7%,首次超过两成。而据日本国立社会保障与人口问题研究所估算,2025年日本老龄化率(65岁以上老人占总人口的比例)将达到30%。除日本之外,韩国也陷入了人口老龄化。根据韩国国际广播电台(KBS)的报道,韩国目前65岁以上人口占总人口的比例已经达14.2%。

根据联合国人口署发布的《世界人口展望(2017年修订版)》(*World Population Prospects 2017*),2017年,全球60岁以上人口达9.62亿人,到2050年,这一年龄层的人口将是现在的两倍多,达21亿人。美国的著名作家泰德·菲什曼(Ted C. Fishman)则在他所著的《当世界又老又穷:全球老龄化大冲击》(*Shock of Gray*)中指出,老龄化正以极快的速度席卷全球,预计到2030年,65岁以上人口将达到10亿人。这将是人类历史上头一次65岁以上人口的数量超过17岁以下人口。

老龄化给我们提出了新课题,也带来了一些新的挑战。而在所有问题之中,养老可能是被提及最多的一个。过去的几十年,世界的主要国家都建立了较为完善的养老制度,但在少子化甚至不婚主义逐渐盛行之下,全世界各国的生育率都在持续下降。如果这个问题得不到有效解决,那么我们最终面临的是吃饭的比干活的人更多的局面,届时整个养老体系也将面临难以维系的局面。

而整个社会的老龄化和劳动适龄人口的减少,也会从其他方面影响民众的福利。为了解决劳动人口不足和养老金缺口问题，目前很多国家都开始酝酿延长普通劳动者的退休年龄。例如，日本为了解决劳动力短缺的问题，正在计划打造一个"永不退休"的社会，并呼吁公司取消退休制度。日本《高龄者雇佣安定法》规定，要保证有工作意愿与有能力的人员被雇用到 65 岁。但如今，这个国家则希望企业和机关的劳动者能够将实际退休年龄延迟到 70 岁。

俄罗斯也面临着同样的问题。俄罗斯政府宣布计划在 2028 年前将男性退休年龄从 60 岁提高到 65 岁，在 2034 年前把女性退休年龄从 55 岁提高到 63 岁。但和日本老年人更喜欢延迟退休相比，俄罗斯的民众对这个计划非常不满意。尽管后来总统普京将这个计划做了修订，将女性的最终退休年龄定为 60 岁，但许多俄罗斯人仍表示反对。

除此之外，人口老龄化和人口膨胀进一步给我们的环境带来压力。单纯的人口增长并不是一个很大的问题，例如过去 100 年，全世界的人口增长就远远超出了历史上其他任何一个时期。我们曾经认为人口爆炸会让地球不堪重负，但到目前为止，我们看到的是世界正在变得越来越好。尽管单纯的人口增长不可怕，但随着老龄化和人们消费水平的提升，全球人口对资源的消耗也在呈现指数级增长。我们每个人都想生活得更好，住上更大的房子，开上更好的汽车，但这个世界是否真的允许我们实现这样的梦想呢？这的确也是一个非常值得思考的课题。

一方面是实际的挑战，另一方面舆论也强化了民众对老龄化的负面情绪。现在只要一说到老龄化，有人就想到步履蹒跚、凄楚无助的生活，且不能退休，要一刻不停地工作。这反过来又会影响我们对未来的预期，我们的很多行为也会因此发生改变。例如，我们会因为过分担心未来而降低当下的消费，而如果消费不增长，整个经济也难增长，这就陷入了一个恶性循环。

对老龄化的恐慌和敌意是客观存在的。老龄化本身并不是一件坏事，一个经济体只有经济发达，各项医疗条件和福利提升，人口的寿命会延长，才会出现老龄化。从这个角度上来说，老龄化是经济发展和社会进步的一个必然结果，也是我们人类社会取得的一个前所未有的成就。目前，全世界逐渐进入老龄化，主要是发达的西方国家，还有像中国这样的各项医疗和福利水平不断提升的国家。

老龄化已是事实，老龄化带来的问题也是客观存在的，我们应该正视它，并找到化解风险、取得发展的办法。实际上，在许多时候，一种客观形势的变化基本是中性的，我们既可以从中发现问题，也能够从中寻找到机遇。例如，老年人口基数的增加，意味着社会需要为老年人提供更多的服务，因此有必要认真研究如何才能让整个社会对老年人变得更加友好，更好地满足人口变化的需求。

科技发展仍然是应对老龄化的最好举措。如今，在老龄化较早的西方社会已经有了一个专门研究如何提高老年人福祉的学科。这门学科的英文是"Gerotechnology"，中文可以译为"老年福祉科技"。

新科技可以为老龄人群提供诸多的服务可能性。首先，技术可以帮助改善老年人的生理健康。例如，美国有一家叫作克洛弗（Clover Health）的初创公司，其通过非结构化大数据分析方法实现对用户健康状况的监测和预测。通过保险理赔信息追踪用户的病史，克洛弗可以判断出哪些客户具有较高的疾病和理赔风险。在确定了高风险人群后，这家公司就会安排护理人员定期上门对客户进行体检，当客户中断了某个检查或者治疗，它还会提醒客户继续，避免疾病加重。这些举措大大降低了高风险老年人住院的概率，减少了医疗费用的支出。而且，即使客户最终住院了，克洛弗也会在客户手术后派护士上门，确保客户按时服用术后药物。

其次，科技可以丰富老年人的精神生活，给老年人带去快乐和慰藉。例如，早在10年前，英国纽卡斯尔大学（Newcastle University）一位教育技术教授就设计了一个名为"云端奶奶"（Granny Cloud）的志愿活动，鼓励老年人借助网络信息聊天工具Skype给印度贫民窟里的孩子们讲童话故事。而像佩珀（Pepper）这样的多功能机器人已经在日本、德国等很多发达国家的养老机构应用了。这些机器人不仅能够阅读和表达感情，甚至能担任医务工作者和保姆的角色，为老年人提供从情感到健康的多种服务。

当然，在为老龄人口提供更为适当与优质的科技服务的同时，一个被称作"银发经济"的新概念也在近几年走红。庞大的人口基数以及可预测的发展速度，让老龄化的经济机会变得清晰可见。以中国为例，依据中国国家社科基金《养老消费与养老产业发展研究》课题组的测算，2015年中国老年市场规模约为1.87万亿元，未来可能以每年大约10%的速度持续增长。这意味着当我们这一代人老的时候，仅中国的银发经济规模就将达到10万亿元的级别。

知 识 点

1. 目前，中国已经成为世界上老年人最多的国家，也是人口老龄化发展速度最快的国家之一。全球很多国家都进入了老龄化社会。老龄化是人类发展所取得的重大成绩，但也带来了养老和健康等问题。

2. 科技发展仍然是应对老龄化的最好举措。如今，在老龄化较早的西方社会已经有了一个专门研究如何提高老年人福祉的学科。技术可以在老年人的生理和心理健康方面发挥重要作用。

3. 一个被称作"银发经济"的新概念在近几年走红。庞大的人口基数以及可预测的发展速度，让老龄化的经济机会变得清晰可见。未来，中国的银发经济规模将达到10万亿元的级别。

第 2 章　微观世界：新范式与新趋势

小公司崛起

科技创新分三个层次：第一层是基础科研，第二层是产品化过程，第三层是应用扩展。但无论哪个层次，在我们的印象中，它们都是大公司的专利。例如，大名鼎鼎的贝尔实验室、杜邦研究院，或者施乐公司的帕克研究中心，都曾经研发出很多先进的科学技术或者产品模型。我们所熟知的晶体管、通信卫星、尼龙技术，以及人机互动界面等，莫不是这些实验室的手笔，并且经其背后的几家巨头公司实现了产品化。

大公司成为科技创新的主力的确合乎情理。首先，这些公司具备足够的财力，为科研提供庞大的资源和支持。其次，它们拥有将科技转化为产品并实现商业化的强大平台，而也正因如此，它们在整个产业链中就拥有了决定性的地位，包括对知识产权在某种意义上的垄断。

但时至今日,这种大公司主导科技创新的情况已不再是主流。实际上,科技创新的主力早已经从大公司转向了中小企业。

在美国,这种转变最早可以追溯到一部叫作《拜杜法案》的法律的通过。在某种意义上可以说,正是1980年通过的《拜杜法案》引发了美国各个产业领域的科技创新浪潮。

众所周知,高校一直是科技创新的主阵地,它们在长期的研究之中积累了大量的科研成果。然而,在《拜杜法案》通过之前,高校的科研因受到多方面的资助,在最后确定科研成果归属权时,往往有很多争议,以至于这些科研成果常常被搁置,从而不能被有效利用。因此,尽管美国高校的科研能力全球领先,科研成果颇丰,但能够实现产品化推向市场的却少之又少。

这个时期很多大公司也非常关注这个问题,因为按照当时的模式,它们要从高校拿到一项专利做商业转化,不仅时间长,成本也非常高——它们必须通过一次性买断来获取专利权,同时还必须接收所有的研究人员。为了改变此种状况,这些大公司不断游说政府,并最终让美国国会通过了《拜杜法案》。

根据这一新的法案,大学等科研部门可以继续保留研究发明的知识产权和专利所有权,但商业权益可以转让给私人企业。相比之前,新的转让费大幅降低,并且企业只要先交一笔不算高的首付款即可,剩下的款项可以等到产品最终上市后以每年支付一定比例的专利使用费的形式付清。

新法案的通过让美国的科技知识产权转让出现了爆发式增长,科技转化率提高了10倍。但在科技加速转化之余,一个更为戏剧性的情况发生了：虽然这个法案是大公司为了降低专利转让费而推动通过的，但是最终从这个法案中得益的却是那些初创小公司，因为现在的转让费下降了，小公司也能买得起科技创新专利了。

除了转让费降低，小公司的灵活性也让它们在专利权的争夺中占据上风。例如，大公司若要获得某项知识产权，派名律师和高校的教授洽谈，然后支付转让费。大公司收购大批专利往往只是为了防止被竞争对手买去，而不是想开发，真正运用这些专权。小公司则不然，它们会由首席执行官亲自出马进行商谈，且会表现得诚意满满。

除此之外，小公司甚至还会邀请这些专利持有人到公司里兼职做首席科学家，并许诺给他们股权或者期权。很多科学家在为自己的科研成果做产品化的公司里拥有百分之二三十甚至更高的股权，如果科研成果多，他们可以同时拥有多个企业的股权。这种激励制度的变化，突然改变了整个科技创新生态的重心，即最先进的专利都集聚在小公司手里，而大公司反倒拿不到最先进的专利了。

数据也证明了这一点。1980年美国《拜杜法案》通过之后，大公司的科研占比迅速下降。到今天为止，25 000人以上的大公司在整个产业界的研发占比已经跌至35%，几乎下跌了一半，剩下的增长则主要集中在员工平均不到1 000人的小企业里，它们现在的占比超过了20%。数以万计的小公司成了科技创新的主力军，它们不仅使科研成果推向社会的速度大大加快，而且企业自身发展也变得迅速。很多小公司用5~8年时间完成产品研发，用10年完成量产，再用10年就能跻身跨国大企业乃至世界500强的行列。

小公司的崛起与《拜杜法案》的施行有着密切关系，但又绝非只是因为这个法案的通过。实际上，小公司之所以能够替代大公司成为新的创新生态的主力，与近30多年来整个社会环境以及基础设施等的变化密切相关。

第一，小企业的爆发是对科技革新加速的直接呼应。大企业尤其是跨国公司曾经是市场的主宰，然而科技革新的加速也让它们的弱点暴露无遗。小企业天生的灵活性使它们更加适应快速的创新节奏，大公司却往往会在面对竞争时陷入"创新的窘境"。例如，数码照相技术的迅速普及就让胶片产业的巨头柯达（Kodak）迅速衰亡，而移动互联网的发展也让诺基亚（Nokia）遭到淘汰。相反，小企业则更加容易适应变革，并且迅速对变革做出反应。它们会迅速采用新的技术，倾其所有投入研发，力争早日使产品上市，并且最终凭借协同生态迅速转化成大企业。

第二，教育的发展普及创造了良好的科技创新环境，也让科技的转化变成了一件更为容易的事情。在知识被少数人垄断的时代，普通人很难逃脱被动劳动的状态。但是知识和教育的普及让人人创业变成了一种可能，让那些具有创业潜质的人脱颖而出。

第三，互联网的发展构建了一个能够孕育更多机遇和可能性的生态系统，进一步推动了协同和沟通，从而使得任何具备独特优势的企业都可以充分利用同他人的合作来实现自身的发展。正是因为协同的便利性，一个个大企业职能部门如今可以变成一个个独立的小公司，并且有机会成为更大规模的企业。

第四，各种互联网平台大大减少了信息的不对称性，同时也使得小企业和个人比以往更能建立起信用，而信用的建立恰恰能够进一步推动小企业的繁荣。例如，正是阿里巴巴的支付宝为交易建立起的信用体系催生了大量中小电商和网红；如果没有爱彼迎（Airbnb）平台的评价体系，我们也不敢去租住地球另一端的房子。

经济学家科斯（Ronald Coase）认为，企业尤其是大企业出现是因为很多事情在企业内部协调的成本会低于外部的市场成本。但时至今日，技术的力量让企业外部市场成本成为一个变量。高度的社会市场化会让外部成本大大降低，因此大公司不再有成本优势。在这样的情况下，企业就可能变得更小，甚至可以只有一个人。

互联网正是这样一个让外部成本大大降低的重要力量，近年来的新一波小企业发展浪潮正是互联网发展而掀起的。在美国，互联网的发展让人们相互合作的成本越来越低，效率越来越高，这让新的小公司层出不穷，自由职业者的数量也大幅增长。

新时代的初创公司也有新特征。例如，现在很多创业者不像以前扎在硅谷的某个民宅里，出门、吃饭都只能开车。相反，他们现在青睐纽约和旧金山等大城市，因为大城市的人才更密集，聚会交流也更方便。

时至今日，全球最先进生产力的代表早已经不是跨国企业，而是高科技小公司。对于中国来说，认清楚这一点具有特殊的意义。从某种角度而言，中国过去30年所取得的繁荣正是与世界最先进生产力结合的结果，而未来30年依然需要贯彻这个思路，那就是要转向高科技小企业，拥抱高科技小企业，并且积极培育高科技小企业，和它们一起成长。在国际上，我们要在谷歌（Google）还未成长为今天的谷歌时，在脸书（Facebook）还没有上市时，在苹果公司还没有推出苹果手机时，成为它们的合作伙伴；而在国内，我们也要创造各种条件，积极扶持和培育高科技小企业，让它们变成中国自己的"谷歌"和"苹果"。

知 识 点

1. 科技创新分三个层次：第一层次是基础科研，第二层次是产品化过程，第三层次是应用扩展。以往科技创新是大公司的专利，如今小公司正成为创新的主要力量。

2. 1980年通过的《拜杜法案》使大学等科研部门可以保留研究发明的知识产权和专利所有权，也可以将其商业权益转让给私人企业。该法案大大降低了中小企业的创新难度，引发了美国各个产业领域的科技创新浪潮。

3. 企业尤其是大企业的出现是因为很多事情在企业内部协调的成本会低于外部的市场成本。但时至今日，高度的社会市场化让外部成本大大降低，因此大公司不再有成本优势。在这样的情况下，企业就可能变得更小，甚至可以只有一个人。

积木式创新时代

小公司正在成为科技创新的主导者，然而，创新的实现却并非易事，它需要有一套系统的力量支持。这套让创新得以顺利完成的力量，被称为"积木式创新"。

积木式创新，顾名思义是在创新的过程中，像搭积木一样，将不同的要素进行组合，实现创新的模块化。按照这种方法，一个初创企业只要具备一个创新优势，就可以像搭积木一样，与其他具有不同优势的企业组合起来。

具体到科技初创企业，积木式创新的含义是：有经验的企业家拿到先进的"科技武器"，找到具有行业洞察力和执行能力的人组成团队，并找到好的协作企业形成生态式的协作，迅速掌握原来大企业才具备的研发、生产、营销、销售等能力和资源，把先进的科技产品推向市场，同时企业自身迅速壮大，并对跨国企业形成强有力的冲击和挑战。

积木式创新的发源地是美国。如前一部分所述，自20世纪80年代以来，中小企业迅速崛起，并且成为科技创新的主导。但中小企业击败传统大企业的方法并不是单打独斗，因为单凭自己的力量，连生存发展都很困难，更不用说要在某个领域击败大企业了。

中小企业，它们是采取了一种类似于搭积木的创新发展方式。这些小企业把自己打造成一块块标准化的、即插即用式的"积木木块"，这样不同小企业之间就可以很容易地实现兼容协作。别看一块块积木都很小，但玩过乐高的人都知道，只要我们善于组织拼插，一堆小积木也能搭建出一个非常庞大的体系。

积木式创新在一定程度上呼应着传统经济学的经典理论。例如，经济学鼻祖亚当·斯密（Adam Smith）就曾经在《国富论》（*The Wealth of Nations*）中强调分工的重要性：

> 一个未曾受过这个行业训练的工匠……即使竭尽所能地工作，一整天也许都做不成一枚别针，若想做20枚，就更不可能了……一人抽铁线，另一人拉直，第3人切断，第4人削尖，第5人研磨顶端以便装头；而制作针头则需要特别的工序……于是，制作别针的主要工作就这样大约分成18个特别工序。在

有些工厂里，这18个工序分别由18个特定的工人完成，但在有些工厂里，一个工人会兼做两三个工序。我曾见过一个小工厂，只雇用了10个工人，因此当中几个必须负责两个或三个工序。尽管他们很穷，一些必需的机械配备都不足，但如果他们努力工作，一整天下来却能做出约12磅的别针……等于每人每天做了4 800枚别针。

积木式创新所描述的积木拼接同样是对分工的强调，但也不仅仅是强调分工。它更为强调的是要首先确立自己的核心竞争力，并且要重点发挥这种核心优势。在木桶理论中，我们把一个组织最强的那部分称为长板，而在积木式创新中，一个企业必须先找到自己的长板是什么。正如前面所提到的，积木式创新首先要"有经验的企业家拿到先进的'科技武器'，找到具有行业洞察力和执行能力的人组成团队"，其核心含义就是企业要先找到自己的长板所在。

除了强调核心优势，积木式创新的另外一个特征则在于强强协作，这也是其与传统经济学理论有所不同之处。在游戏中，我们要想用积木构建一个伟大的作品，就必须保证每一块积木都是坚固的、适用的，甚至是完美的。企业与企业的积木式创新也遵循着同样的理念，那就是企业在建立自己强大优势的同时，也必须找到强大的合作伙伴。

从这个角度上讲，史蒂夫·乔布斯就是运用"积木式创新"的典范。2007年，苹果手机的推出彻底改变了世界手机产业，开启了移动互联网的新时代。但我们知道苹果手机并不是仅仅由苹果一家公司生产出来的，而是由苹果带动的整个强大生态链条共同制造产生的。在这个创造苹果手机的搭积木过程中，苹果靠其独一无二的设计规划优势起到了最主要的引领作用，但是如果没有其他公司发明出触摸显示屏材料，如果没有公司能提供定制的芯片，如果没有中国企业的代工制造，苹果公司根本无法将苹果手机这一构想变成现实。在搭建苹果手机这个积木作品时，苹果公司不仅仅在发挥自己的最大核心优势，同时它的合作伙伴也是各自领域内优秀的企业。例如，在这个世界上，我们或许根本找不到能和富士康相媲美的大规模手机代工工厂。

再举个例子，环宇太空公司（XCOR）生产的是私人航天飞行器，公司目前只有110人，但可以完成整个航天飞行器的设计、开发和制造。这并不是因为这110个人有多么聪明，而是因为他们利用了协作的力量，而且找到了同样具有强大核心优势的合作伙伴。XCOR航天器的起落架是美国一家专门设计战斗机起落架的公司帮助设计的，该公司的主要人员都来自洛克希德－马丁（Lockheed-Martin）或者波音（Boeing）等大公司的某些部门，他们脱离大公司之后，不仅可以为洛克希德－马丁这样的公司提供服务，也可以为XCOR这样的创新企业提供帮助。

积木式拼接必须是无缝对接，如果中间咬合不上，就不是积木，也拼不成一个像乐高玩具一样的作品。而实现无缝对接的前提是每一块积木都要做到足够标准化。正如前所述，互联网的普及降低了信息的不对称，也增加了企业之间远程对接的能力。而得益于此，不断涌现的小企业可以实现高效沟通，降低摩擦成本，无缝对接逐渐变得更具可行性。

当然，要做好积木式创新并不容易。为了能够真正实现积木式创新，一家企业必须着重关注以下三个层面的问题。

第一层，要有足够长的长板，别人才会与你协作。

积木式创新的本质是一块块长板重新拼接组成一个更大木桶的过程。在这个过程中，所有的参与者必须都有长板，这样才能找到相应的长板相互合作。试想如果你的核心竞争力不够，那么相对于其他众多的长板而言，你自己就变成了短板，没有人会愿意和一块短板合作的。

传统上，人们认为科技企业的核心竞争力只在其先进的科学技术，因此科研人员属于其最重要的资源。然而，科学家固然重要，但是其专长在科研，未必善于将科研成果转化为产品需求。也就是说，一般的科学家并不懂得如何进行研发管理，而后者恰恰是科技企业积木式创新关键的步骤。

积木式创新的真正核心是具有企业家精神的首席执行官。因为只有企业家才懂得如何将科技走向市场过程中的所有元素贯穿起来。他们善于发现一项新科技的商业前景，擅长为此建立一支强大的团队，打造企业的长板，并且找到好的合作伙伴进行强强协作。

当然，要找到具有企业家精神的首席执行官也并非一件容易的事情。相对而言，成功的经历是一个企业家能力的最好证明，那些以前经历越成功的领导者，拿到最前沿科技成果开展再次创业的可能性越大，创业成功的概率也更大。

第二层，需要有能力聚集各方面的人才资源，达成共同使命和目标，建立企业。

要想进行积木式创新，企业家首先要把企业打造成一家拥有长板的企业。而打造长板企业需要企业家有一张强大的人脉关系网，能够聚集众多各具长板的人才和资源。一个科技初创企业想要走向成功，既需要有经验丰富的首席执行官来运营企业，也需要掌握先进科技的科学家带来可商业化的技术，当然也不能忽视投资者在其中扮演的越来越重要的角色。

投资者的重要性在于其"连接者"的身份，他们能够把精通管理的首席执行官和掌握先进技术的科学家对接起来，在其中起到黏合剂的作用；他们能为企业的发展找到相应的投资资金，在不同的阶段帮企业引入不同的投资者；他们甚至还能帮助企业的产品寻找市场。

第三层，要有支持创新的完整生态，企业的成功率才能提升。

从某种角度上说，建立一个完整的创新生态比培养一批成功的创业者要重要得多。要构建积木式创新生态，我们需要各种必备的不同组成要素，包括高校、大企业、初创企业、各类孵化器和加速器、足够密度的创业环境、投资机构等，因为只有这样，才能搭建让普通人能够施展身手的创新生态，才能真正实现"大众创业，万众创新"。

以波士顿为例，为什么这座城市会拥有成千上万家创新公司，成为美国东部乃至全世界知名的创新之城？因为波士顿具有得天独厚的、科技企业需要的创业支持环境。

波士顿拥有全世界最好的大学。这里不仅有全球知名的哈佛大学和麻省理工学院（MIT），更有超过100所其他各种类型的院校。这里还有大量的科技教授。这些教授不仅具有优秀的科研能力，其产品研发能力同样出类拔萃。他们利用自己的科研成果，积极地创办公司，推进技术转化。

波士顿本地培育了大量优秀的公司。优秀的大公司往往是创业者的孵化器，因为成功的前辈，往往是后来者的榜样。著名生物制药企业健赞公司（Genzyme Corporation）就是在波士顿创立的。现在波士顿地区有1 000多家生物科技企业，其中有很多企业的企业家曾是健赞的员工。

此外，波士顿还有大量支持创新的相关机构，有足够的交流密度，当地的风险投资也非常活跃。这些条件综合起来，共同打造了一个有利于创新，也有助于创新成果转化的积木式创新生态。

从以上积木式创新实现的三大必要条件可以看出，任何一种创新模式的实现都并不简单。但是从历史发展的角度看，积木式创新毫无疑问代表了一种新的方向。

尽管今天还没有一家初创企业用积木式创新的模式完成复杂的核电站设计，也没能用积木式创新的模式生产出一架波音747飞机，但是，我们的确已经使用这种模式生产出复杂的手机、复杂的汽车，有的企业甚至使用积木式创新在生产飞行汽车和航天飞机。积木式创新系统将会越来越成熟，从趋势上来看，未来一定属于积木式创新。

与美国的硅谷或者波士顿相比，中国在积木式创新上仍显薄弱，尤其是我们仍欠缺适于积木式创新的生态和环境，但代表未来的积木式创新同样适于中国。在这轮创新向全世界扩散的过程中，中国如能抓住机，科技产业则会进一步走向成功。我们要在这个过程中不断地努力。

知识点

1. 积木式创新,就是在创新的过程中将不同的要素进行组合,实现创新的模块化。按照这种方法,一个初创企业只要具备一个创新优势,就可以像搭积木一样,与其他具有不同优势的企业组合起来。

2. 积木式创新的真正核心是具有企业家精神的首席执行官。因为只有企业家才懂得如何将科技走向市场过程中的所有元素贯穿起来。他们善于发现一项新科技的商业前景,擅长为此建立一支强大的团队,打造企业的长板,并且能够找到好的合作伙伴进行强强协作。

3. 与美国的硅谷或者波士顿相比,中国在积木式创新上仍显薄弱,尤其是我们仍欠缺适于积木式创新的生态和环境。但是代表着未来的积木式创新同样适于中国,它在中国有着广阔的前景。

新经济形态

在每一个重要的历史转折期,一些新经济的萌芽总会出现并演变成旧经济的替代力量。

"新经济"作为一个专有名词出现,最早可以追溯到20世纪90年代初期。当时正是互联网发展的第一波繁荣期,美国经济在其推动之下出现了罕见的持续高速增长。于是,当时建立在信息技术革命和制度创新基础上的经济持续增长,就被誉为一种新经济形态。

时过境迁，今天我们提到新经济的时候，可能想到的已经不仅仅是互联网和 IT（信息技术）驱动的新经济。毕竟在当下，各项技术的发展已经进入了一个新的时期（关于技术的内容，我们将在第二部分做充分详细的阐述），而经济也必然因此有新的驱动力。在新的时代，新经济更多的是被智能驱动，被想象力驱动，以及被人本身驱动：即新经济有了新的模式。

创意经济

创意经济也叫创意产业，是一种在全球化的消费社会背景下发展起来的、主要强调创造力的经济模式。总体上看，创意经济是文化产业发展到一定程度的产物。

创意经济的理念最早是应 1997 年英国首相布莱尔（Tony Blair）的倡议而出现的。从那以后，创意经济开始进入公众视野。时至今日，创意经济已经跟其他行业进行了深度"跨界"结合，迸发出巨大的能量。

在创意经济发展中，科技起着重要的推动作用。我们甚至可以说，创意经济的大爆发就是在技术推动下实现的。我们想象一下，如果没有创新产品孵化平台、没有社交媒体、没有社会化电商平台，今天或许就不会涌现出这么多个性化产品，大众也无法体会到创意带给生活的便利和快乐。

很多人认为创意经济只是拍脑袋就可以做成的事情，实则不然。产生一个创意确实容易，一场头脑风暴下来总会有数个创意。但想要把创意真正落地，开发成产品，并且实现热卖，就不是一件容易的事情了，这其中有两个重大的挑战。

第一，创意经济具有高风险的属性。因为创意必然是新的，而新的理念、新的产品，能不能得到市场认可是很难预测的。当然，高风险也意味着潜在的高回报。

第二，一件产品从形成创意到实际推出，需要依托于一条具备技术产品化能力的完整创意生态链。因此，仅有创意是远远不够的，为了将产品落地，我们还需要能实现创意的技术、平台和资源。

尽管面临着如上的挑战，创意经济在近几年的发展速度仍有增无减，这种发展势头主要得益于两方面。

一方面，技术的力量。开源技术和平台撬动了大众创新，让更多人能参与创意经济中来，也为创意经济的爆发提供了支持。技术的开源使得每个人都具有在已有框架上进行个性化开发的可能，每个人因此都能成为创意的源头。而为了建立平台，在创意经济中占据先机，人工智能时代的很多科技公司也十分乐于开源自己的代码。

另一方面，众筹模式的成熟及线下创客空间和创客教育的普及，大大降低了创意转化为产品的门槛。创意的实现离不开资金和各种资源的支持，而众筹和创客文化正好为创意的落地提供了条件。

平台在创意经济的落地方面具有举足轻重的地位。这一点，我们可以从创意众筹平台 Kickstarter 这个典型案例中获得更直观的感受。

Kickstarter 是一个众筹平台，在创建之初，就将自己的使命定为帮助创意人士，包括艺术家、音乐家、电影制作人、设计师等，为他们的创意项目提供资金。几年下来，这家网站取得了非常丰硕的成果。例如，截至目前，Kickstarter仅音乐项目众筹就超过了2万个，其中有15个获得了格莱美奖（Grammy Award）提名。不仅如此，Kickstarter还有11个项目入围奥斯卡奖（Academy Award）提名，其中的《流浪逐梦人》（Inocente）还被评为奥斯卡最佳纪录短片。目前，Kickstarter支持的创意项目不再局限于艺术相关领域，游戏、食品、科技硬件等创新项目也都加入了这个大平台。现在这家网站的标语是"让创意项目变成现实"（Bringing creative projects to life）。

除了给创意发起者们提供资金支持并传播他们的项目之外，Kickstarter还帮助众多初创公司检验市场需求。比如，很多原先不被风险投资人看好的项目，最后却在Kickstarter上变成"大热门"，这不仅"打了风投的脸"，也让创业者获得了融资谈判的筹码。另外，硬件创业这种需要大量前期投入且资本风险高的项目，特别适合利用Kickstarter的众筹模式来分散风险。通过把销售变为预售，这些项目可以提前获得收入，缓解资金压力。Kickstarter模式使不少创意最终成为优秀的产品和公司。例如，我们所熟悉的虚拟现实公司Oculus VR就是从这个平台走出来的，后来该公司成功被脸书以20亿美元收购。

当然，除了线上平台，线下的众创空间和创客教育也在推动创意经济。美国麻省理工学院发起建立的发明实验（FAB LAB）就是一个成功的创客空间案例。FAB LAB最早是由麻省理工学院的媒体实验室（Media Lab）联合发起的，截至当前，已经有 1 200 多家 FAB LAB 分布在全球各个学校和教育机构。在这种小型的数字制造实验室里，学生们可以利用开源的软件和 3D 打印机自己设计并制作出实物。

总而言之，在这个时代，技术降低了实现创意价值的门槛，每个人都有机会利用各种科技工具和平台，抓住社会发展的大趋势，放大自己的人生价值。

社群经济

在今天的中国，社群经济已经深入各个行业，如淘宝有电商社群、得到有知识分享社群、斗鱼直播有游戏主播社群。从某种意义上来说，社群如今已经成为中国新行业的一种标配。

社群当然不是新事物，从最原始的氏族社会到现在的互联网社群，社群的历史早已超越千年。但在以前，社群的经济属性并不明确，直到近些年，社群经济才作为一种新兴的商业形态发展起来。

1992 年，著名社会学家瑞格尔德（Rheingold）在《虚拟社群：定居在电子前沿》（*The Virtual Community：Homesteading on the Electronic Frontier*）这本书中第一次提出了"虚拟社群"的概念。按照书中定义，人们可以通过互联网相互连接，突破地域限制，彼此沟通交流，分享信息和知识，形成相近的兴趣爱好和情感共鸣，这种特殊关系网络就是"虚拟社群"。

其实，找到适合自己的精神共同体并从中获得存在感和归属感，是人类的本性，也是社群形成的驱动力。当一群人聚在一起时，他们自然而然会产生交流乃至交易，而交易的产生则意味着一个市场的形成，社群经济也就因此诞生了。根据统计，截至2016年年底，中国网络社群的数量已经超过300万个，网络社群用户的数量超过2.7亿个，而随着网民规模的扩大，社群经济的规模也会继续增长。

社群经济为什么会在当前这个时点爆发式发展呢？这其实与三大推动力有关：人性的需求、技术的支撑和消费能力的增长。

首先，从人性角度来说，网络社群经济满足了人类的天性需求。人类天生就有社交需求、被尊重的需求和自我实现的需求，依托于社交网络形成的网络社群恰好能予以满足。

其次，从技术的角度来说，以用户全面参与内容提供为典型特征的Web 2.0的出现，让志趣相投的人可以更便捷地交流想法。现在的社群经济，其实就是随着社交网络兴起的新的经济模式。尤其是移动互联网的出现和普及，更是大幅度降低了人们寻找同好的成本，而直播和短视频的流行也让社群经济进入了蓬勃发展期。高效连接手段的出现，为社群经济的发展提供了技术上的可能性。

最后，从消费能力的角度来说，过去十几年里，中国人的消费模式已经发生了巨大的变化。其中最为显著的一点，就是基本生活必需品的支出份额下降，精神娱乐消费层面的支出份额出现上升。如今，年轻一代会在得到App（手机应用程序）上购买知识服务，在网易云音乐App上下载某位独立歌手的新专辑，而这些都已经是标榜品位与身份认同的新潮流。

在三大力量的推动下，社群经济有着诸多新的鲜明特征。其中最为重要的，是它已经成为为普通人赋能的最佳方式，并且创造出

"网红"这一独特的经济现象。在过去,"粉丝"(fan)只属于明星,一个普通人想要拥有自己的"粉丝"群体几乎是不可能的,更别说让"粉丝"甘愿为自己买单。但是,基于社交网络的社群经济却给普通人制造了流量入口,让普通人拥有了获得"粉丝"的机会。那些因为某些特性而成为"网红"的个人或者机构变成了社群经济的实际领导者,而具有统一身份认同感的"粉丝"则会紧密地团结在他们周围,变成实际的社群经济支撑者。

技术的普及让社群经济的门槛变得很低,让这一模式看上去成为一个非常吸引人的机会。然而,门槛一低,自然就会有大量竞争者出现,即看上去容易的事情也就不再是唾手可得的果实。实际上,成功的社群都要依赖高质量的内容和高品质的运营,所以,怎样保证持续的、高质量的内容生产,是每个内容社群要面临的问题。我们要想抓住社群经济的机会,就必须认真思考如何充分利用自己的优势,培养和运营好一个社群。

从战略角度来看,社群成功的秘诀在于"个性化"。也就是说,你可以为用户提供独特的内容和价值。比如,知名的健康饮食社群"好好吃饭"就是通过不断分享健康饮食方面的"干货"来吸引用户的。这些文章的专业性、全面性和可读性都做得很好,因此一种健康向上的生活方式就成了它独特的气质。这种独特的气质会持续吸引用户,增强用户黏性。

当然,不仅是依靠互联网发展的网络社群能够有无限可能性,传统产品销售也可以依靠社群经济突出重围。

例如,喝过江小白白酒的人都知道,这种白酒的特点是"神似"二锅头的小瓶包装以及杰出的包装文案。当白酒市场中的其他竞争者都在把数以亿计的资金砸向广告时，江小白却凭借社群运营和品牌营销，从默默无闻一步步成长为青春白酒的代言人。它的销量在5年内从0增长到近10亿元。"江小白"之所以能够这么成功，就是因为它抓住了年轻群体的特点，用精心设计的文案和独特的卡通形象把自己的品牌深深地印在了消费者心里。

社群经济势必会在技术和消费升级推动下进一步渗透至更多的行业之中。但正如我们前面所提到的，社群经济看起来门槛低，但实际上却并非如此。如果用一句话来形容社群经济的未来方向，那就是："技术是入口，内容是引力，运营是王道。"

共享经济

2017年，全球最大的行业咨询公司弗若斯特沙利文（Frost & Sullivan）的全球总裁爱若普·查驰（Aroop Zutshi）曾经分享过一个他对未来社会大趋势的判断。在他看来，共享经济将成为一个重要的社会趋势，未来人们会越来越习惯拥有一项物品的使用权，而不是其所有权。比如，自己没有车不要紧，可以用优步（Uber），未来我们需要的将不是一辆车，而是一套出行移动解决方案。在未来，像优步这样的服务将会渗透到各行各业。

中国人对共享经济不陌生，因为这几年很多主题都被中国创业者进行共享尝试了。这些尝试，有的成功了，但大多数是失败的。目前看起来成功的共享领域有出行、租房等，而共享充电宝、共享办公等方面的发展势头在减缓。至于最失败的代表，则非共享雨伞莫属了。

共享经济不是一个新概念。早在1978年，美国的两位社会学教授费尔逊（Marcus Felson）和斯潘思（Michael Spance）就在他们的研究论文中第一次提出了"共享经济"。共享经济的本质是整合闲散的物品或者服务，用较低的价格提供给需要的用户。而共享经济的双方，就是在特定的时间内对物品的使用权进行流转。

尽管"共享经济"这个概念由来已久，但是真正的商业化比较晚。直到2000年，因为互联网的蓬勃发展，以吉普卡租车公司（Zipcar）汽车分时租赁平台为代表的共享经济公司开始涌现，随后各种其他共享平台也开始爆发式发展。但是直到目前为止，除了优步、滴滴以及爱彼迎等少数几家企业，共享经济在很多领域并未取得真正的成功。

既然共享经济是个大趋势，为什么成功的企业却不多？这与共享经济的底层逻辑不无关联。

作为共享经济的早期实践者，吉普卡租车公司的创始人罗宾·蔡斯（Robin Chase）曾经写过一本畅销书，叫《共享经济》（*Peers Inc: How People and Platforms Are Inventing*）。她在书中提到，共享经济的出现需要满足3个条件：供给过剩、共享平台，以及人人参与。

首先，供给过剩是共享得以产生的基础。供给过剩在很多情况下意味着价值的利用不足，也就是浪费。以汽车为例，在美国，汽车的平均闲置时间是95%；而在中国，平均每辆汽车每天的闲置时间是22个小时。这意味着你花了100%的钱把一辆车买回家，却只利用了它10%左右的价值。既然如此，我们可以把汽车这样闲置就不能产生价值的物品通过某种方式有效利用起来，以实现其价值最大化，这便成为优步和滴滴这样共享平台诞生的基础。

其次，共享经济须建立在共享平台之上。真正让共享平台成为可能的是互联网技术，尤其是移动互联网的出现。像维基百科（Wikipedia）这样的信息分享平台，像吉普卡租车公司这样的汽车共享平台，或像 GitHub 这样的代码开源平台，都诞生于互联网时代；而优步、滴滴这样的即时叫车平台及爱彼迎这样的房屋租赁平台则都是移动互联网时代的结晶。可以说，没有互联网就不可能出现真正的共享平台。

最后，共享平台相当于连接了每个人，并产生了分享者和使用者两种身份。对于平台来说，分享的人越多，就能带来更多的使用者，反之亦然。例如，对于打车的人来说，他们只有觉得用优步叫车很方便，才会使用优步。而对司机来说，只有觉得用优步叫车的用户很多，他才乐意开优步。平台能够连接的人越多，获利的可能性就越大，这是一个相辅相成的结果。

总之，产能过剩、共享平台以及人人参与这三个条件缺一不可，共享经济的底层逻辑因此可以用一句话概括，即利用技术来解决闲置资源的有效利用问题。

尽管我们非常熟悉摩拜、滴滴这样的共享经济企业，甚至我们的生活已经离不开共享经济，但是这并非共享经济的全部。实际上，这几年共享经济已经开始呈现出一个比较明显的特点，那就是共享的内容正不断趋向细分产业，而且专业化程度也在逐渐提高。

举例来说，2014 年 6 月，埃隆·马斯克在特斯拉公司的博客上发表了一篇标题为《所有专利都属于你》（All Our Patent Are Belong to You）的博文。在文章里，他宣布特斯拉所有的专利将免费分享给所有人。马斯克认为，在应用了开源策略后，特斯拉将会因此更强大，而不会削弱自己在电动汽车领域的地位。

为什么马斯克这么自信？因为特斯拉把专利技术全部开放，不仅希望公司能够引领电动汽车市场的发展，也希望在这种开放环境下，有更多的电动汽车制造商借助特斯拉的力量加入电动汽车产业中来。而加入者增多，将使整个电动汽车的产业生态更快得以完善。这实际上是运用开放的心态，把别人的成功转化为自己的优势。因此，将专利"拱手相送"，表面上看特斯拉是在免费送出自己的拿手绝活，而实际上也是在利用电动汽车厂商来帮自己进行生态布局。

与特斯拉相比，另外一家叫作 InfoStellar 的日本太空科技初创公司则更进一步，打算共享的是环绕在地球周围的卫星。卫星为什么能够共享？这也是因为满足了共享的基本条件：太空中有大量闲置的卫星，已经构成资源浪费；如果能够建立一个卫星共享平台，让越来越多的卫星和信号塔加入，则每一颗卫星的使用效率都能得到极大提升。

共享经济的持续发展，势必会带来三种最重要的社会变革：第一，个人崛起成为可能；第二，新型组织体系的诞生；第三，个人信用体系的建立。

共享经济会产生随机协作的可能性，你的闲置资源很可能是别人的稀缺资源，你觉得无足轻重的能力，可能对别人非常重要。这就意味着，在共享平台上，即使是个人也有分享自己的可能，届时每个人都将变成一家独立运转的企业。共享经济会让大量的个人崛起，但请注意，想要成为共享经济的获益者，你首先要拥有独特的且可供别人取用的价值。因此，不断精进，培养自己的"长板"是每个人的核心任务。

当个人价值被共享经济放大之后，传统的企业形式可能发生改变，诞生类似于维基百科这样的分布式协作生态。在未来，企业中的绝大部分任务可能都可以通过在共享平台上进行"外包"的方式来完成。

由于共享经济依托于互联网，所以在运作过程中将会产生大量的交易数据，特别是机器数据。通过这些数据，企业不仅能对每个人的信用进行打分和预期，还能深度地挖掘客户价值。这些信息还可以用区块链等技术手段进行加密保护，从而建立起个人信用体系和企业信用体系，而这两个体系的建立将会给未来商业的发展奠定坚实的基础。

共享经济是全世界的机会，对于中国而言，随着城市化的推进，共享经济毫无疑问是未来社会一个大的发展趋势。中国有全世界最大规模的互联网使用人口，有13个人口超过1 000万的超级大城市，还有喜欢追求创新、爱分享、爱社交的新消费群体，这样的"天时地利人和"为共享经济在中国的发展创造了最佳的土壤。我们完全有理由相信，未来共享经济将进一步深入中国产业经济的各个角落，整合与调配个人、企业、地区、国家乃至世界的资源，助力构建一个高效、信任和充实的世界。

然而，尽管共享经济的前景一片大好，但那只是宏观环境，创业者的机会未必就多。例如，曾经红火的共享单车公司，如今大多惨遭失败，剩下的几家也几乎陷入了勉强维持的境地。过低的进入门槛、惨烈的竞争以及赢利模式的迟迟难以确立，最终让这个曾经被寄予厚望的新出行模式变得面目全非。即共享经济虽然形势一片大好，但是其创业风险大，成功率低。

未来有志于共享经济的创业者将面临两条道路。第一条路是，如果你不能建立特别高的技术壁垒，那就要找到你熟悉的细分市场和用户痛点，尽早进入并占领高地，利用资本的力量快速扩张，建立坚固的用户壁垒。

第二条路是，建立足够高的技术壁垒。前面提到的卫星共享公司 InfoStellar 走的就是这条道路。卫星共享不仅需要强大的专业技术，而且还要有连接全世界卫星运营商和天线运营商的能力。因此，无论是技术门槛还是连接能力，这家公司都足以将大部分的竞争者挡在门外。

知 识 点

1. 创意经济也叫创意产业，是一种在全球化的消费社会背景下发展起来的、主要强调创造力的经济模式。技术降低了兑现创意价值的门槛，每个人都有机会利用科技工具和平台，抓住社会发展的大趋势，放大自己的人生价值。

2. 古老而又年轻的社群经济已经成为为普通人赋能的最佳方式，并且创造出"网红"这一独特的经济现象。未来社群经济势必在技术和消费升级推动下进一步渗透至更多的行业之中。

3. 共享经济的出现需要满足 3 个条件：供给过剩、共享平台，以及人人参与。共享经济的发展要么需要建立足够高的技术壁垒，要么需要找到熟悉的细分市场和用户痛点。随着城市化的推进，共享经济毫无疑问是未来社会一个大的发展趋势。

第 2 章 微观世界：新范式与新趋势

生活品质升级

技术最终面向的是市场，而市场归根结底是人的需求。无论是企业形态的变化，还是经济模式的革新，甚至是创新形态的变革，最终都是为了更好地满足人的需求。当然在这一过程中，人和技术创新、商业模式之间存在着相互塑造的关系，人类行为和需求的变化影响着技术创新和商业创新的方向；反过来，技术创新和商业创新也会进一步重塑人的行为及需求。

在当下的中国，民众的行为和需求正在默默发生改变。这一点，从 2018 年争论最激烈的"消费降级"就可以看出端倪。公平而言，中国的消费并不是消费降级，而是结构的变化。而这种结构的变化，正是经济发展、科技进步及其他多种因素的综合反映。

2015 年中国的人均国内生产总值（GDP）达到了 8 000 美元，根据世界银行的标准，这代表中国已经成为中高收入发展中国家。按照国内外多数机构及经济学家的估计，中国将在未来 10 年内进入高收入国家的行列。波音公司在 2018 年 9 月的一份声明中提及，中国中产阶级的数量在过去 10 年增加了两倍，未来 10 年则会翻一番。

收入的变化对人的行为和需求有着直接的影响。仅以消费为例，按照中国商务部一份关于发达经济体消费升级共同点的研究报告，当前中国正处于消费升级加速期，大致相当于美欧日等发达经济体 20 世纪 70 年代的发展水平。而按照该报告的划分，发达经济体在 20 世纪 60 年代处于大众消费阶段，70 至 80 年代为品质消费阶段，90 年代至今则为理性消费阶段。从一般意义上看，这意味着中国目前已经进入了品质消费阶段，而在不远的未来，我们将进入理性消费阶段。

人口老龄化是另外一个影响人群行为和需求的因素。

从经济上看，人口老龄化会使投资、储蓄、财富分配及消费等都呈现不一样的特征，但至于这个特征具体是什么，我们尚不清楚。微观上，发达国家的发展经验告诉我们，老龄化人口会更加关注健康、养老等与年龄增长相关的问题，而这些也预示着"银发经济"的相关机会。

在人口呈现老龄化特征的同时，新时代年轻人群的需求和行为也有着明显的变化。与80后和90后相比，00后一代所处的社会环境不同且物质生活优越，他们接受了更好的教育，有着更广泛的兴趣，同时又重视潮流、社交以及个性化。他们较早接触移动互联网，互联网精神让他们既习惯网络空间的生活，又重视自我表达与价值实现。

科技发展与互联网的普及在很大程度上影响了民众的行为模式。以消费为例，中国在线电子商务在过去20多年的发展不仅颠覆了传统的零售行业，也改变了中国民众的消费行为。如今，绝大多数中国人体验过在线购物，并且使用过电子支付。除此之外，社交分享、社群经济等基于互联网的新经济形态又塑造了大众的消费方式。未来，以智能化和数据驱动为特色的新零售将进一步对消费者的行为产生影响。

经济水平、人口结构和科技发展，正是这一轮消费品质升级的主要推动力量。在这些力量的主导下，这一轮消费升级，也就具备了诸多新特色。

第一,品质升级的主导人群是新生代消费者。尽管中国已经进入了老龄化,但"银发经济"尚未完全发力,目前消费的主流人群仍然是年龄为23~38岁的年轻人。这一批人出生于中国第二个生育高峰期,即1980—1995年。新生代消费者是伴随着互联网的崛起长大的,是社交网络上的主流用户和意见领袖。他们的偏好构成了大部分消费品品类的主流趋势。

第二,新生代消费者更重视对自我身份的表达。对于见多了"淘宝同款"的新生代消费者来说,品牌不再是消费的唯一判断指标。比起知名度高的大品牌,很多年轻人更愿意去寻找独特的、能帮助他们表达自我的品牌,从而突显自身的身份定位。

第三,新生代消费者更关注产品品质和精神内涵。他们身处中国互联网蓬勃发展期,对外界新鲜事物接触更多。此外,他们本身也是中国日益增长的中产阶级群体中的主要组成部分,不仅拥有比较高的薪资水平,也受过良好的教育,所以比起价格,他们更关注产品的品质,愿意为真正好的产品买单。他们不会盲目地追求奢侈品,而是更关注产品的精神内涵以及所能带来的精神满足感。例如,时尚高科技产品已获得新生代消费者的青睐,已经有越来越多的人愿意为"高科技"带来的体验和精神满足买单。

第四,新生代消费者对高品质服务的追求逐渐超过了对实物的追求。他们对生活必需品的需求已经得到了很好甚至过量的满足,所以开始将注意力转向精神层面的消费。以外出游玩为例,以前我们常说的是"旅游",也就是到一个自己不熟悉的地方吃喝玩乐;但现在更多的年轻人会用"旅行"这个词,因为大家希望通过旅行拓宽自己的视野,体验不同的文化。正因如此,体验经济也将成为未来的一大消费增长点。

当然，整体环境的改变带来的升级也绝非只体现在消费领域。实际上，目前中国人的生活已经进入了一个品质全面升级的阶段。例如，我们对健康重视程度的提升就是生活品质升级最重要的表现之一。

从发达国家的经验看，民众在收入较低阶段，更多关注的是收入提升以及消费所带来的即时满足感，而在健康方面并没有较强的意识。随着收入的提升以及消费结构的改变，民众对健康的关注度会提升。与此同时，人口寿命增加会让心脑血管疾病和癌症等慢性病变得更为常见，老龄化则进一步让人们关注人生后半段身体机能的维护及寿命问题。这些在客观上都增加了民众在健康方面的需求。此外，医疗资源的相对稀缺以及高昂的医疗费用问题也让人们开始重视对疾病的预防，而不像以前那样只在得病之后才去看医生。

在更为关注自身身体的同时，民众对心理健康的重视程度也在日益提升。过快的工作节奏和过大的工作压力不仅会使上班族重新思考幸福的意义，更可能使他们患上严重的心理或精神疾病。在过去，精神疾病是一个不被重视的问题，但随着经济水平的提高，这种情况开始发生转变。

对健康的关注催生出众多新的市场需求，而这也意味着众多的创业机会。医疗产品、保健用品、营养食品、休闲健身、健康管理、健康咨询，以及人寿保险等构成了规模庞大的健康产业。而在互联网和智能技术的推动下，以个性化、数字化及社群化为特征的新健康管理产业也因此蓬勃发展起来。可穿戴设备的发展让普通人可以用更低的成本来监测各项身体指标，及时做出应对。而各种与健身、运动及养生相关的线上社群和线下圈子的兴起，则克服了过去健康管理的千篇一律的呆板特征，有效激发了民众对健康管理的参与兴趣。

当前，美国已经形成了以医院、健康管理公司、保险公司、企业、个人为核心参与者的成熟健康管理体系。相比之下，中国仍然处在起步阶段，因此也拥有巨大的发展空间。

除了对生命本身的关注，中国人对资产管理的认知程度也在增加，这是中国民众生活品质升级的另一个重要表现。如前所述，中国在过去10年出现了一个庞大的财富快速增长的"新中产"阶层，他们的年龄在30岁~50岁，家庭年净收入在10万~50万元，可投资资产为20万~500万元。财富的增长让新中产获得了一定的成就感，但是如何保值、增值也让这一群体的焦虑感日益增加。

绝大多数的新中产并不具备相应的资产管理知识和技能，他们的理财观念只停留在传统的买房、买基金和投资股票上。调查显示，房产投资几乎占据了中国家庭总资产的69%，尤其是北京、上海这样的大城市，这个数据更是达到了85%。虽然这批新中产拥有不错的教育背景，也乐于接受多元化的投资方式，但从实际情况来看，他们的资产配置缺乏多样性。

资产配置缺乏多样性的另一个原因则与现行的金融体系特点不无关系。传统的资产管理机构无法满足这个群体的需求，因为传统的资产管理机构只将高净值人群作为客户群体，较高的投资门槛以及投资管理费用将新中产阶级拒之门外。

巨大的市场需求与服务供给不足之间的矛盾，导致了过去10年诸多金融创新的出现。例如，智能投顾就是充分利用技术手段来降低资产管理的门槛，将财富管理服务带给了普通的投资者。与传统的金融机构投顾相比，智能投顾的参与门槛低、投资费率低，而且还能提供24小时的全天候智能服务。不过，现阶段智能化水平不高和产品创新乏力等问题限制了这一新兴技术行业的发展。因此，到目前为止，智能投顾的规模仍然相对有限。但无论如何，用技术来解决服务供给不足这一方向已经确立，我们相信，随着未来智能技术的提升，机器有望进一步成为资产管理的强辅助手段。

知 识 点

1. 在当下的中国，民众的行为和需求正在默默发生改变。目前，中国人的生活已经进入了一个全面品质升级的阶段。中国将在未来10年内进入高收入国家的行列，民众的行为和需求模式都会继续发生变化。

2. 科技发展与互联网的普及在很大程度上影响了民众的行为模式。中国在线电子商务过去20多年的发展，不仅颠覆了传统的零售行业，也改变了中国民众的消费行为。社交分享、社群经济等基于互联网的新经济形态又塑造了大众的消费方式。未来，以智能化和数据驱动为特色的新零售将进一步对消费者的行为产生影响。

3. 对健康重视程度的提升是生活品质升级最重要的表现之一。但中国的健康产业仍然处在起步阶段，因此也拥有巨大的发展空间。另外，中国人对资产管理的认知程度也在增加，未来机器有望进一步成为资产管理的强辅助手段。

第二部分
科技范式转移：
寻找确定性机遇

在常规范式中，科技创新一直被视为点石成金的魔法，它似乎能改变一切，而且是炫酷与时尚的代名词，正因如此，任何人只要掌握科技趋势，踏准风口，就如同拿到了阿拉丁的神灯，必然能够取得事业成功。

然而这都是错的，因为科技除非能够实现产业化、应用于产品之中，否则本身毫无价值。正因如此，我们提倡的不仅要研究科技趋势本身，也必须研究科技产业化的规律和方向。这就是我们想要建立的一种将技术和商业互联的新科技范式。正如我们一直所强调的，掌握科技趋势是实现产业化的前提，但只有实现产业化，才算是真正掌握科技趋势，即秉持"一切只讲科技趋势不讲科技产业化时点的都是空谈"的原则。

本部分所呈现的，正是在我们这种新范式审视下的诸多代表性新科技。你会看到，从云计算到物联网，从人工智能到生物科技，我们在讲述的绝不仅仅是科技本身，相反，我们更想告诉你的是这些科学技术是如何正在被人类利用的，以及它们未来的产业化方向。

和整个世界的运行一样，科技趋势也具有不确定性，今天看起来火热的趋势，明天可能就无人问津。但我们的新范式想做的，是力求为你从不确定的趋势中发现确定性的科技创新与创业机遇。

第3章 量子计算

相信你已经听说过"量子计算"这个名词。近年来,量子计算不仅已经成为全世界科技领域最具颠覆性的课题之一,更成为科技企业角力的重要战场。

量子比特,即 quantum bit,简写为 qubit 或 qbit,是量子信息的计量单位。我们都知道,传统的计算机使用二进制,一个比特代表的值是 0 或者 1。量子比特也使用二进制,但它的特别之处在于,一个量子比特可以同时是 0 和 1,这被称为量子叠加(superposition)。所以两个量子比特,可以同时表示 00、01、10、11 四个值。这一特性意味着,量子计算可以让计算能力呈指数级增长。

"量子霸权"(Quantum Supremacy)是由美国加州理工大学理论物理学家约翰·普瑞斯基尔(John Preskill)在 2011 年提出的概念,其含义是,当量子计算机在某类问题的计算速度上超越传统结构的超级计算机时,"量子霸权"时代就会到来。显而易见,谁夺取了"量子霸权",谁就掌握了技术制高点,获得了量子计算机的标准制定权和舆论主导权，从而能够在产业竞争中优先占据有利的地位。

回想英特尔（Intel）在个人计算机（PC）产业中的霸主地位，就知道夺取这种产业制高点的重要性，而这也是IT巨头们争相研究并公布量子计算机进展的根本原因。2018年1月，英特尔发布了49量子比特的测试芯片Tangle Lake，而在3月份，谷歌发布了72量子比特的芯片Bristlecone。实际上，在2017年12月的时候，国际商用机器公司（IBM）就发布了50量子比特的IBM Q系统。2018年4月初，微软也披露了自己的量子计算机研究进展。

科技巨头们纷纷在争夺"量子霸权"，各国也针对量子计算展开了角力。美国显然在很多方面已经取得了领先，而中国等国家在量子计算方面的努力也让这场竞争变得更为激烈。

争夺量子霸权

为什么这么多科技巨头要大力研发下一代计算呢？这里面有很多原因，而最根本的原因，还在于现实的困境：基于大规模集成电路的经典计算机芯片存在物理极限，计算速度的进步即将跟不上"摩尔定律"的要求。

摩尔定律是在1965年由英特尔的创始人之一戈登·摩尔（Gordon Moore）观察并总结出来的。根据这一定律，集成电路的晶体管密度每18个月就会翻一番，计算能力也会翻一番。在过去的几十年中，这一定律一直在被验证和使用，然而这种"堆积"晶体管的做法，终将面临一个无法跨越的物理极限，那就是它再缩小也无法突破原子的大小。

当然，人类一直在尝试用各种方法提高计算速度和处理效率。除了增加晶体管密度以外，科学家还使用了并行计算和异构计算两种方法。

并行计算秉承一种"分而治之"的思想，利用多核处理器的架构，把复杂的计算任务分解到多个处理器或计算机上处理，并以此提高效率。为了提高处理复杂问题的计算效率，应对核物理模拟、化学反应模拟、气候预测、基因工程这些难题，超级计算机应运而生。例如，中国的神威·太湖之光超级计算机，就用了4万多块处理器，浮点运算速度达到了每秒9.3亿亿次。

但是并行计算的方法也有局限性，那就是它更善于解决容易分解、有良好并行算法的问题，但当面对本身难以分解的问题时，即便是超级计算机也无能为力。

比如，大数分解这个问题就是无法用并行计算来解决的。

什么是大数分解呢？举个例子，15这个两位数的分解因子有1和15、3和5。假如现在有一个200位的大数，而且不是素数，也就是分解因子不是只有1和它本身，它的分解因子会有多少个呢？假如使用穷举法，就是一个个去试，即便是神威·太湖之光，得到所有分解因子也得用1 000多年。

另一种方法是异构计算。计算是在芯片的集成电路中完成的，但是因为芯片架构不同，所以不同芯片处理不同计算的性能也不一样。比如，中央处理器（CPU）要处理较多任务，需要通用性，而图形处理器（GPU）则是针对图形处理。此外，还有协处理器（Co-processons）、数字信号处理器（DSP）等其他计算单元。而当我们把它们组合到一起时，就形成了"异构计算"。异构计算的好处是可以持续利用现有计算机架构，只需增加新硬件就能持续提高计算能力。

不过，异构计算本质上还是并行计算，所以并行计算解决不了的问题，异构计算也解决不了。

除了持续优化现有的计算机架构，人们还从基础架构角度，探索其他类型的计算机，量子计算机就是其中之一。

量子计算机的发展历程要追溯到30多年以前。1981年，美国阿贡国家实验室（Argonne National Laboratory，简称ANL）的物理学家保罗·贝尼奥夫（Paul Benioff）提出了量子计算机的概念。到了1994年，应用数学家彼得·舒尔（Peter Shor）提出了一种能够快速对整数求分解因子的量子算法，这也就是后来以他的姓氏命名的舒尔算法（Shor Algorithm）。不过，直到2001年，国际商用机器公司和斯坦福大学才在一个7量子比特的量子计算机上首次实现了舒尔算法，成功地把15分解成了3和5。

就是这么一个看似不起眼的成果，对于量子计算机的发展却意义深远。

经典计算机没有高效的算法解决大数分解问题。基于此，1977年，罗纳德·李维斯特（Ronald Rivest）、阿迪·萨莫尔（Adi Shamir）和伦纳德·阿德曼（Leonard Adleman）3个人在麻省理工学院开发出了著名的RSA加密算法，构建了信息安全和密码学的基础。

但是当舒尔算法在量子计算机上运行的时候，大数分解这个原本需要几万万年才能解决的问题，几乎可以在瞬间就被完成。从这个意义上说，量子计算机的出现，给整个信息安全领域带来了巨大隐患。

然而实际上，从产品来说，量子计算机目前不是样机就是测试芯片，要想真正实现应用还任重道远。总体来说，在量子计算领域，基础研究都是科技巨头们在主导。除此之外，中国的进步也很快，中国科学技术大学等知名高校都出现了一批世界级的专业量子计算研究团队。百度和阿里巴巴公司也都建立了自己的量子计算实验室。

从原理上说，量子计算机也有一个致命弱点：量子的叠加和纠缠让计算机处于一种脆弱的状态。量子纠缠是粒子在由两个或两个以上粒子组成的系统中相互影响的量子力学现象，是一种极不稳定的状态。正因如此，量子计算机通常只能在接近绝对零度，也就是零下273摄氏度的状态下才能保证量子状态，正常运行。

可以说，由于量子计算机的研究还面临着无法预估的困难，最终我们是否一定会得到一个通用而且可持久运行的量子计算机，目前还是个未知数。

知 识 点

1. 基于摩尔定律的传统经典计算机发展面临物理极限。为了提高计算性能，除了增加晶体管密度以外，还有并行计算和异构计算方法，以及量子计算机等方面的探索。

2. 舒尔算法让量子计算机可以在瞬间轻松完成经典计算机数万年无法解决的大数分解问题。正因如此，量子计算机对传统的密码学和信息安全构成了威胁和挑战。

3. 量子计算机还不够成熟，面临着很多不确定因素，要真正实用化的道路还很长。而IT巨头们纷纷参与，背后的驱动力是希望夺取"量子霸权"。

关键公司：D-Wave 系统公司和量子计算商业化

量子计算的概念诞生于20世纪80年代初，在之后的20多年里，这一概念一直停留在物理学家的理论研究范畴。直到大约10年前，在学术界还都在研究基本物理量子比特特性的时候，一家名不见经传的加拿大公司突然于2007年发布了一台16量子比特的量子计算机原型机。这个突如其来的消息立刻激起了人们对量子计算机的浓厚兴趣，并触发了各大公司争夺"量子霸权"的技术"大跃进"。引发这场技术颠覆的原型机名为Orion，而它背后的这家企业就是大名鼎鼎的D-Wave系统公司。

D-Wave系统公司的几位创始人都来自加拿大的英属哥伦比亚大学。公司前主席黑格·法里斯（Haig Farris）在大学教授商学课程，现在的首席技术官乔迪·罗斯（Geordie Rose）则获得了该大学物理学博士学位，而首席科学家亚历克斯·扎各斯肯（Alex Zagoskin）是英属哥伦比亚大学的一位博士后。

制造量子计算机对于任何人来说都不是一件简单的事情。量子计算机设计上的一大困难，就是在操纵量子比特的时候，必须使用量子纠缠，而在这个过程中，不能受到外界任何因素的干扰。因此，在设计量子计算机的时候，我们需要使用庞大复杂的机器用以隔绝外部环境。而量子计算需要在原子级别进行操作，这又导致能够存在的量子比特数量有限。

为了解决量子状态不稳定的问题，乔迪·罗斯博士提出了针对量子退火算法的计算模型，即"绝热量子计算"。"退火"是金属加工的一种工艺，指的是把金属加热到一定温度，然后让其冷却，释放内部残余应力而让状态稳定。量子退火算法与之类似，就是先给量子设置好初始位置和状态，然后让它慢慢转变成稳定状态，其中前面是编程，后面是计算过程。正是这一特色算法，D-Wave 系统也被称为"量子退火机"（Quantum Annealer）。

D-Wave 于 2011 年推出了 128 量子比特的 D-Wave One 系统，是世界上第一个商品化的量子计算机，售价 1 000 万美元，后被美国的军火巨头、造出了 F22 战斗机的洛克希德 – 马丁公司率先采购。2013 年，该公司又推出了号称 512 量子比特的 D-Wave Two 系统，结果谷歌联合美国国家航空航天局（NASA）和美国大学太空研究协会（USRA）建立了量子计算实验室，购买了它。之后在 2015 年和 2017 年，D-Wave 相继推出了 1 000 量子比特和 2 048 量子比特的 D-Wave 2X 和 D-Wave 2 000Q，全都成功售出。

但实际上，D-Wave 并没有国际商用机器公司、谷歌那样雄厚的资本和技术过硬的团队，研发的量子计算机也远远没有实用化，而且还一直受到质疑。那么 D-Wave 是如何依靠商业化实现赢利的？并且客户还都是巨头呢？

D-Wave 到目前也还是一家只有 160 多人的初创公司。它不是资金雄厚的大公司，它的策略就是在成熟的量子计算机开发出来之前，出售当前的原型机，从而获得资金进行进一步研发。量子计算机高大精深，并非一般人能够购买，即使买下也不知道如何使用。因此，D-Ware 的潜在客户基本上只有同行了。D-Wave 从很早就建立了自己的营销团队，在全球主要的研究型大学、政府机构和大公司进行宣讲，推广自己的量子计算机。而且 D-Wave 早早就宣布了自己的产品，成功吸引了世界各地媒体的注意。因此，那些巨头、政府和研究机构纷纷"买单"，想一窥这个量子计算机的究竟。比如，谷歌就专门建立了联合实验室，对 D-Wave Two 系统进行测试，借鉴 D-Wave 的基本理念和发现的问题，以发展自己的量子计算机系统。

同时，D-Wave 公司也很会筹集资金。一般情况下，对科技公司的投资都是百万美元以上的，因此往往是风险投资基金和大公司这样的机构来投资，公众很难参与。但 D-Wave 宣称自己很快会上市，把需要的投资额分成 5 万美元一份的小份额，降低了门槛，吸引了不少投资者。

尽管 D-Wave 的量子计算机造成了轰动性影响，但从最开始，学术界就一直对 D-Wave 的量子计算机充满质疑。2013 年，包括约翰·马丁尼斯（John Martinis）在内的几位量子计算领域最知名的科学家在《科学》（Science）杂志上发表文章，称 D-Wave 的系统尽管有部分量子计算的特征，但并没有证据证明它能显著地提升运算速度。甚至还有人质疑 D-Wave 造的不是量子计算机。当然，后来谷歌买了 D-Wave 的量子计算机后，站出来证明其在特定算法上确实能大幅提升运算速度。

继 D-Wave 系统推出后，各大 IT 巨头及众多的实验室也都从中受到了不同的启发，量子计算从实验室的理论研究，走上了企业化、商业化的道路。2014 年，谷歌把量子计算领域最顶尖的研究团队之一、加州大学圣芭芭拉分校的约翰·马丁尼斯团队整体并入谷歌量子人工智能实验室。这是一次真正影响学术界和工业界的事件。得益于谷歌的强大支持，约翰·马丁尼斯和他的团队开始了成规模的实用化量子芯片研究。2018年3月，谷歌宣布了名为Bristlecone的72量子比特芯片的诞生，该芯片目前在量子芯片的电路复杂度和技术上都保持业界领先。

现在，量子计算的商业化主要参与者有以下几类：

自己拥有完整硬件实验室的新兴公司

D-Wave是这类当中比较成功的公司。另一个典型是位于加州伯克利的Rigetti Computing公司，它由耶鲁毕业的查得·瑞格提（Chad Rigetti）于2013年创办，拥有近百名员工。这类公司一般都有自己的强大实验团队，有自己的研究思路，并以大公司或者研究机构为直接或间接客户对象，营利性比较强。它们的商业模式包括之前提到的售卖原型系统给同行、在某个关键组件或技术上做出突破、与其他巨头合作等。

计算机巨头们的量子实验室

"量子霸权"之争，主角都是巨头，除了前面提到的谷歌以外，最典型的是已在量子计算领域布局十几年的国际商用机器公司。国际商用机器公司华生实验室是超导量子研究与商业化的先行者，其以耶鲁量子计算实验室的毕业生和博士后为骨干，建立了颇具规模的量子理论与实验团队。该实验室过去一直以基础研究为主，直到近几年才开始逐渐开启商业化模式。

其他还有专注于拓扑量子场论（TQFT）的微软，积极发展超导量子芯片的英特尔，还有通用（GM）、波音等传统制造业巨头。

这些巨头往往能够进行长期持久的投入，注重基础研究，是目前行业前进的主要推手。它们通常关注某些特定领域的应用，比如谷歌的量子人工智能实验室，把优化算法同机器学习相结合，期望加速机器学习过程中某些步骤的优化，这些研究方向吸引了更多的投资者和公众的关注。

学术界主要实验室的成果转化

这一类型的参与者基本上都是大学教授兼职创办的小公司，其产品多来源于研究型大学的量子实验室，属于学术成果转化。典型的例子有耶鲁大学罗伯特·舒考夫（Robert Schoelkopf）等教授创办的公司 Quantum Circuits，以及奥地利茵斯布鲁克大学教授在奥地利政府的支持下创办的公司 Alpine Quantum。这些公司都获得了最新一轮的发展融资，不过，它们如果想要将最新的科研成果转入产品制造，还需要专业团队从加工、设备到流程控制的全方位支持。

耶鲁大学的罗伯特·舒考夫提出的舒考夫定律被认为是量子计算领域的摩尔定律。其内容是，约每 3 年时间，量子退相干（Quantum Decoherence）的速度会减慢 10 倍。量子计算靠的是量子纠缠，也就是两个量子的相干性，但这种特性很不稳定，而且会随着时间逐渐丧失。这种相干性的消失就叫退相干。对量子计算来说，退相干的速度越慢，意味着计算机越稳定。

除了之前提到的大数分解问题，路径规划是传统计算面临的另一个难题。比如，一个快递员一天要去 20 个地点，如何才能找到最优路径？这些对于传统计算而言棘手之处，往往是量子计算大显身手的地方。2017年，大众公司和D-Wave公司合作，借助量子计算机处理了北京出租汽车的数据，优化了最佳路径，使一万辆出租车运营里程明显减少，还对北京交通拥堵起到了缓解作用。这个项目迈出了可喜的一步，让人们对量子计算的未来充满了期待。它们的下一个项目是在巴塞罗那推出导航移动App，利用量子技术和人工智能来预测路况并及时发送备选路径给用户。若该项目能顺利落地，则巴塞罗那至少在未来6~8年不会再发生交通拥堵，这的确是量子技术落实到应用场景中的可喜一步。

知 识 点

1. 量子计算领域尚处于理论研究阶段。为解决量子状态不稳定的问题，乔迪·罗斯提出了针对量子退火算法的计算模型，因此D-Wave系统也被称为"量子退火机"。

2. 尽管D-Wave在技术上受到质疑，但是它开创了量子计算机的商业化先河。后续各大IT巨头以及众多实验室，无论是从实际的量子计算，还是实验室的理论研究，都纷纷开始尝试商业化的道路。未来，从研发到商业化的成果转化周期会越来越短。

3. 量子计算机的研究需要大量的软硬件技术投入，普通大学或研究所大多只能做理论研究，所以它们需要与国际商用机器公司、谷歌等大公司合作，而这些巨头正逐渐主导整个量子计算科技发展的进程。

光子计算机和生物基因计算机

量子计算机还处于摸索阶段,虽然突破不少,但离实用的通用计算机还有不小的距离。其实,对于下一代计算机,除了量子计算机以外,人们还在其他方向进行了探索。其中比较有代表性的是光子计算机和生物基因计算机。

光子计算机

简单地说,光子计算机是以光子作为信息载体,用光计算的方式进行计算的机器。它主要是通过光学器件构成的光路来实现对光信息的处理。其中,光学器件包括激光发射器、激光放大器、光栅、滤光片、光频调制器等。光子计算机主要的技术,就是用光的衍射和傅立叶变换原理进行计算。

光子计算机使用光子,因此并不像传统电子晶体管处理器那样会发热,它功率低、数据传输速度高,能同时传递而互不干扰,信道密度高、容错性好。

谈到光子计算,就不能不提公司 Optalysys。如果说 D-Wave 首创量子计算机领域的商业化,那么 Optalysys 很可能就是光子计算机领域的"D-Wave"。Optalysys 是目前最领先并且其产品最接近商用的公司。在学术界还在做基础研究的时候,该公司就走上了一条商业化的道路,并且于 2017 年推出了协处理器。

Optalysys 是从英国剑桥大学走出来的创新企业,其希望利用光子技术功耗低、数据传输速度快等优势来开发光子计算机,以增强现有计算机系统的性能表现,其目标是达到亿亿次(10^{18})的浮点计算能力。Optalysys 在 2018 年 2 月宣布完成了一个名为 GENESYS 的研究项目,并开始寻求基于光子的协处理器的商业化道路。

由于光子计算有天然的并行性,即多束光可以几乎无干扰地任意叠加,并且不会像电那样发热,功耗十分低,因此,相比于传统电子计算机有巨大优势。GENESYS 项目中,Optalysys 使用光子计算机的处理器实现了对传统基因搜索问题的求解。使用的基因数据来自著名的"人类基因组工程",共有 6 400 万对基因数据需要处理。根据有关这个项目的报道,光子计算系统比传统超级计算机节省了超过 90% 的功耗。这个实验的成功表示光子计算技术在实用领域的突破。光子计算在解算大规模复杂数学模型和工程模拟仿真方面应用潜力巨大,特别是在深度学习、科学模拟和大数据分析等领域,都有可能适用。

由于尚未发展到通用领域,Optalysys 尚无法成为传统计算机的颠覆者。短期内光子计算机只是现有计算机的补充和现有架构的升级。

DNA 生物计算机

生物计算机使用遗传物质 DNA(脱氧核糖核酸)和 RNA(核糖核酸)构建基本的生物逻辑电路,以核酸分子作为数据,以生物酶作为信息处理工具,通过基因的生物化学反应进行逻辑计算,利用有机化合物存储得到的结果。生物的能量消耗比普通计算机小得多,因此生物计算机有巨大的发展潜力。

我们不妨将生物计算机和人工智能目前所依赖的神经网络进行对比。人工智能的神经网络，是用传统的半导体芯片来模拟人类大脑的工作方式，属于计算仿生学。而生物计算机是相反的方向，它是用遗传物质代替半导体制成生物芯片，并模拟计算机的处理方式来完成信息处理。2017年，微软发布了一个使用DNA数据代替传统磁带的存储方案，并打算把它应用到微软的Azure云上用以存储电影和电子文档，最早可能在2020年前问世。据麻省理工学院的评论，它的成本可能只有现在的万分之一。

未来计算机发展的3个趋势

科技创新是社会经济发展的原动力，但是如何把科技转化成市场上的产品，不是一个简单的问题。从量子、光子及生物基因等计算的研发和商业化实践中，我们可喜地看到，科技创新的商业化已经从早期的产品及工程开发阶段，发展到了研究甚至是基础研究阶段的商业化。不过从目前阶段，断言新一代计算机会彻底颠覆经典计算机仍为时尚早，未来的计算机发展可能遵循以下三大趋势。

趋势1：下一代计算机与传统计算机互补发展

新一代计算机的趋势之一，是在某些特殊业务性能上超越传统超级计算机，但并无法完全取而代之，它们之间更多的是一种优势互补的关系。

例如，对于量子计算机来说，尽管各大科技巨头都在投入巨资争夺技术制高点，但整个行业还处于研究的早期，很多难题尚未解决。与此同时，经典计算机技术本身也在持续发展，不断更新迭代，所以对于量子计算来说，想要彻底颠覆前者绝非易事。截至目前，量子计算机的很多已知特性仍无法与我们的个人计算机或手机兼容。另外，我们已知的大部分算法也都还没有对应的量子算法。所以，我们相信，量子计算机即使能够研制成功，可能也只是在某些领域替代超级计算机；在较长的一段时间内，它会与传统计算机两者共存。

趋势2：模拟计算机重返历史舞台

所谓的模拟计算机，就是直接用物理过程来模拟计算的机器，它输入、处理、输出和存储的数据都是模拟信息。模拟计算机具有速度快、适应性好、可直接通信的优势，但缺点是不够精确、不能通用。早在19世纪末20世纪初，随着物理学的发展和受"莱布尼茨计算机"的影响，一些物理学家就开始研发模拟计算机，其中最具代表性的，是瑞典工程师奥涅尔（W. Odhner）发明的手摇计算机和美国科学家布什（V. Bush）发明的"微分分析仪"。随后，为了追求准确和更通用的应用场景，数字计算机开始大规模应用，模拟计算机逐渐退出主流研究视野。

然而，当摩尔定律逐渐失效，数字计算机发展面临屏障的时候，模拟计算机似乎又可能重回历史舞台。D-Wave"量子退火计算机"通过量子比特的自动演化，Optalysys光子计算机通过液晶屏幕的衍射，都从"骨子里"透出了模拟计算机的"味道"。它们通过自身的特性，在某些特定问题上能够达到数字计算机难以企及的高性能。

暗趋势：藏在科技浪潮中的商业机会

写《全球智慧》（*Global Ligence*）一书的计算机科学家乔治·戴森（George Dyson）预测，未来绝大多数重要的计算机都将是模拟计算机，或者是模拟与数字计算机的混合，而纯数字计算机将成为古董。

趋势 3：与云计算相结合，开放研究平台，创造应用繁荣

2016 年 5 月，国际商用机器公司正式宣布其量子云计算服务（IBM Quantum Experience）上线，尽管最开始只是 5 量子比特的系统，但它开创了量子计算机商业化的一个全新模式。有了这样一个平台，众多量子计算研究者就不必花费巨资搭建自己的实验室，而是可以通过远程访问云服务来进行研究。

国际商用机器公司这个量子云平台的模式有以下几个优势：首先，国际商用机器公司把平台展示给公众，大幅提升了国际商用机器公司量子计算机研究的形象；其次，国际商用机器公司吸引了大量的学者帮助它进行系统测试；最后，众多量子计算研究人员可以使用国际商用机器公司的量子计算机，客观上有助于科研工作的开展。除了国际商用机器公司，谷歌也开放了自己的量子云平台，并持续把最新的进展应用到云平台上。

从今年开始，欧洲、大洋洲等地的部分初创公司已经以这些平台为基础，推出了自己的量子服务产品。比如，澳大利亚一家叫作 Q-Ctrl 的初创公司，目前正与国际商用机器公司量子计算部门合作开发量子云上的计算软件。云服务为这些初创公司节省了高昂的建造和维护成本。可以预想的是，等到下一代计算机实用化以及参与门槛的持续降低，我们或许可以见证一场基于量子云平台的应用繁荣。

知 识 点

1. 现有计算机体系还不会被完全替代，而新的计算机架构仍然需要算法、软件和编程的优化。程序员们只要自己保持与时俱进的心态，不需要太担心现有体系被颠覆。

2. 无论是量子计算，还是光子计算、生物计算，都不是一蹴而就的，各大IT及工业巨头正在重金投入，一旦形成突破，势必产生相当多新的机会，业界从业者需要持续关注。

3. 在某些特定领域的特定问题上，非通用的量子和光子计算机，很有可能率先突破，从而对某些行业形成重大影响，比如生物基因计算等。如果你从事的行业存在大规模复杂的计算问题未能解决，应该特别关注，甚至需要提前布局。

第4章　云计算

10年前，大部分人可能觉得"云"这个概念不好理解，而现在，各种"云"已经无处不在了，不少用户早已经在使用"微云""云盘"来备份照片。但是，可能很多人不知道，茅台的营销平台是通过阿里云搭建的，飞利浦中国（Philips China）也已经把它全部的数据中心放到了阿里云上。云计算平台已经不再是一个遥远的IT概念，它开始渗透到各行各业，未来将会像水和电，作为基础设施一样，在看得见和看不见的地方为人们提供服务。

"云"的概念并没有准确的定义，这个词的来源大约是人们起初在画网络结构图的时候，用云一样的图形来表示互联网，后来人们把通过互联网进行存储和计算等行为，称为云存储和云计算。而"云端"一般指的是开放的商用数据中心。我们把照片存储在云端，只要有网络，用任何一台计算机或者手机，都可以登录云端去翻看，而不用把照片复制到这些设备上。

云计算平台是一个对资源进行集中管理以便于用户使用的数据

中心。目前，云计算服务已经能够提供基础设施、平台和软件这3个层面的服务。用户租用基础设施，就相当于租用了一台计算机，可以在这台计算机上安装操作系统和应用程序。如果用户租用平台，开发者就不用关心背后的硬件细节，直接使用平台提供的工具开发软件产品即可。租用软件就更好理解了，目前绝大部分普通用户接触到的电子邮件、网上办公系统，或者网络游戏就属于这种类型。无论你是企业还是个人，按需使用公有云，都可以减少购买不必要的计算机软硬件，并能从繁杂的系统运行维护中解脱出来。

70多年前，时任国际商用机器公司董事长的托马斯·约翰·沃森（Thomas. J. Watson）曾经说："这个世界上只需要5台计算机就够了。"这一论断后来被不少人看作是一个笑话，因为在之后的几十年，计算机产业突飞猛进地发展，计算机变得越来越小，计算能力越来越强，更重要的是计算机也越来越便宜，并逐步走进千家万户。如今，如果算上手机，全世界的计算机数量起码已经达到数十亿级别。但是，当我们站在今天看未来，我们或许会觉得沃森的预测正在变成现实。试想，如果云计算平台继续发展，你可能就不用自行购买计算机了，你只需要一个显示屏，就可以通过网络来获得你所需要的所有功能。

如今，云计算平台基本上已成为巨头玩家的游戏，国际上在这方面，亚马逊（Amazon）、微软和谷歌呈三足鼎立之势。其中，在体量和成熟度方面都占据老大地位的是亚马逊云计算服务平台（Amazon Web Services，简称AWS）。其不停地发布服务白皮书，制定行业标准，成为规则的制定者。微软和谷歌也一直在追赶，运用它们各自在其他方向的技术优势，对亚马逊发起挑战。谷歌进入市场比较晚，但凭借强大的技术实力，其云计算平台的增长速度超过了亚马逊和微软。其他云计算巨头还包括国际商用机器公司、甲骨文公司（Oracle）等，它们都拥有服务自己客户的云计算平台。

以上公司主要聚焦于云计算的基础设施服务和平台服务层面。在软件服务层面，一些传统的行业巨头也在跃跃欲试。例如，作为全球领先的企业管理类软件提供商恩爱普（SAP），在2012年推出了云平台，为企业用户建立个性化、协作化或移动化的延伸应用提供了便利。

在中国，阿里巴巴公司的阿里云处在暂时领先的位置。2017年，阿里云在国内公共云市场的份额达到47.6%，遥遥领先于其他对手。阿里云在国内有先发优势，并凭借阿里在电子商务、金融保险等领域打下的基础，渗透到各行各业中。不过阿里巴巴也不乏挑战者，腾讯、华为及传统电信运营商都在试图挑战阿里云。此外，亚马逊的AWS也在中国积极布局。

抢滩云计算市场

云计算的发展是新时代的必然，大数据和人工智能所要求的存储和计算能力决定了这一必然的产生。

人工智能时代的到来将导致两种情况的出现。首先，大公司会更有机会建立人工智能平台；其次，随着平台的发展，人工智能在各个行业会出现井喷式的发展。人工智能依赖深度神经网络算法，需要大量的数据和高性能的计算进行模型训练，这客观上对计算机的存储和计算能力提出了很高的要求。对于中小企业来说，建造自己的大规模人工智能系统代价非常高。相反，科技巨头的云服务系统则因为拥有超大规模和强大的计算能力，并且每年都有巨资投入进行更新，因此非常便于中小企业在云系统上搭建机器学习系统。

事实上，人工智能与云计算的结合已经在多个层面产生影响。一方面，亚马逊、谷歌等主流云提供商都开始积极地把各种人工智能需要的加速器部署到云端；另一方面，人工智能产品的交付也开始被搬上云端，比如2018年3月谷歌在云平台上发布了旗下深度思考（DeepMind）公司的文字转语音产品，就是基于谷歌平台强大的神经网络计算能力，让机器学习人类语言的语调、重音、节奏等，以产生接近真人一样的发音，提高人机交互感。

同时，全球大数据市场规模在未来几年内将迅速增长，各个企业因此需要有弹性、可扩展的计算基础设施，而云计算平台恰恰是这样一个供存储、分析，且高性价比的服务。

国内外的科技巨头都在投入巨资建设云计算平台，以争夺基础服务商的地位。这背后的原因与各大巨头争相布局下一代计算机是一样的。基础服务商类似水、电的供应商。在未来互联网世界，谁占据这个基础服务商的位置，谁就在未来整个IT产业拥有不可替代的基础地位，因为之后的软件和应用发展，都必须依赖这个基础。

当然，可能有后起之秀因为做应用程序而成功，甚至做得比前辈更好，但应用程序数量众多，哪个应用程序会崛起很难预测。所以巨头的态度是：我先把平台做得开放些，尽量吸引未来成功的应用程序到我的平台上来，这样对方成功，我也能分一杯羹。而且云平台的特点是用户黏性很强，这样成功者的利益可以被云平台长期共享，所以现有的云平台才会对应用程序显得特别友好。

实际上，目前云端的应用，大多数做的仍然是最基本的计算和存储，主流的平台仍然是在做更好的硬件虚拟化。即便如此，云计算服务还是向着实用化方向发展，未来将推动更多应用场景的产生。

2018年2月，谷歌宣布将它的张量处理器（Tensor Processing Unit，简称TPU）对外开放。这是一款为机器学习特别定制的芯片，通过云平台使用TPU，机器学习的计算速度将大大提升。当年围棋人机对抗，阿尔法围棋（AlphaGo）战胜李世石的时候，TPU就是人工智能中的一个核心部件。谷歌对如此强大的资源进行开放，势必会推进人工智能在各行业中的发展应用。此外，谷歌还表示，其会在今后继续提升云服务平台的计算能力。

未来一段时间，云计算平台的发展将呈现以下3个特点：

计算资源的寡头化

云计算服务由几家巨头垄断的态势将可能越来越明显。科技巨头依靠其雄厚的资金、强大的技术优势和巨大的用户群，占据了绝对的统治地位，小公司几乎没有生存的空间。曾经被当成笑料的沃森预言可能成真，在未来，或者真的只会剩下几台大计算机为我们提供云服务。当然，如果小公司在私有云和具体某个行业领域里深耕细作，可能还有机会，但前提是要考虑巨头们强大的累积优势，并要有足够的差异。

大部分其他个人和公司，主要是考虑如何更好地利用当前物美价廉的云平台，提高效率和降低自身的开支，从而可以专注于发展自己本身的业务。

第4章 云计算

高速网络的大发展

未来的网络带宽将决定云计算的发展。云计算的逻辑就是把企业的服务器全部放在云端，因此，当所有服务器都集中到几大云服务商的时候，网络就成为限制这一发展的最主要瓶颈，而连接云计算数据中心的高速网络，是未来的发展趋势。目前，在此领域领先的是迈络思（Mellanox）和阿里斯塔（Arista）这两家网络设备提供商。以色列的迈络思网络公司目前已经实现了每秒钟400 GB的网速，这意味着复制50个高清电影只需要1秒的时间。目前世界上最快的500台超级计算机中，接近40%的系统都使用这家公司的高速无限带宽技术（InfiniBand）和高速以太网技术（high-speed Ethernet）。另一个做低延迟网络起家的美国网络公司阿里斯塔则能提供高可用（网络设备失效率低）、低延迟（网络设备反应速度极快）、自修复（网络设备能够自己检测问题并能自动采取修复措施）的智能网络设备。

未来竞争在于应用场景的创新

当网络带宽可以满足要求后，竞争将更多集中在应用场景的创新，因此，与应用场景结合的垂直云服务将更有前景。目前，大家能预见的应用是医学图片识别、法律文本解读、金融知识分析等，很多其他应用还有待开发和探索。

知 识 点

1. 云计算平台是对计算机软硬件资源进行集中管理，这样不管

91

是有开发需求的用户，还是有软件使用需求的用户，都可以通过共享平台资源，减少不必要的投资，将精力集中于自身的业务上。

2. 目前，国内外的 IT 巨头都在投入巨资建设云计算平台，背后的驱动力在于：像现实世界中水和电的供应商一样，谁成为基础服务供应商，谁就在整个 IT 产业拥有不可替代的地位。

3. 未来，云计算平台很可能是几家 IT 巨头独大，而网络带宽是云计算发展最重要的限制环节。计算机巨头的竞争将更多集中在应用场景的创新，大家能预见的应用有医学图片识别、法律文本解读、金融知识分析等，但还有很多待开发和探索的应用。比如，医疗保健、零售、金融和餐饮等各个垂直领域的应用。

关键人物：杰夫·贝佐斯和他的 AWS

对于亚马逊的创始人、董事长兼首席执行官杰夫·贝佐斯（Jeff Bezos）来说，2018 年是不平凡的一年。在这一年的年初，他超越比尔·盖茨成为新的世界首富；9 月，亚马逊公司的市值突破了 1 万亿美元大关。

如果你认为贝佐斯的巨额财富，主要来自亚马逊的电子零售商务，或者靠卖智能音箱得来的，那你就有点儿落伍了。目前亚马逊最赚钱的业务，其实是其云计算服务平台，也就是我们在前面提到的 AWS。AWS 是世界上最早也是最大的云计算平台。对云计算平台有一定了解的人都知道，如今谈云计算就不能不谈亚马逊，不能不谈 AWS。

其实，当初贝佐斯自己也没有想到，这个部门能发展成为整个亚马逊集团最赚钱的部门,并一直保持着上升的势头。贝佐斯是如何想到要创立这项服务的呢?这一切都得益于贝佐斯十几年前的一个决定,而且这个决定跟他的专业技术背景密不可分。

贝佐斯在创建亚马逊之前,就有在各顶级公司工作的经验,他曾经就职于科技巨头英特尔、著名实验室贝尔实验室、顶级咨询公司安德森咨询(Arthurandersen),以及大型对冲基金德劭基金(D. E. Shaw)。

1993年,怀着"技术可以改变世界"的信念,贝佐斯离职创立了在线书店亚马逊。贝佐斯是一个对技术细节有着追求的领导者,他对公司的每项产品都像对待自己的孩子一样,尽管他雇用了很多有名的技术专家,但他还是会过问其中的技术细节。

2002年,亚马逊还只是一家在线图书销售商,然而敏锐的贝佐斯却注意到,公司现有架构的开发基础很差,用来暂时维持一个网上书店尚可,但如果之后做功能扩展、规模扩张和长期维护,则需要重复进行数据库搭建、计算以及存储等工作。这会浪费资源,也势必影响公司的长期稳定运行。

亚马逊需要一套可以共用的基础环境设施,想到这点后,贝佐斯马上开始行动。在这一年,远见卓识的他在公司内部下了一个简单但影响深远的命令:所有团队的程序模块都要以服务接口的方式将数据与功能开放出来,所有的服务接口都必须设计成对外开放的,团队间程序模块的通信都要通过这些接口。

于是,在接下来的几年中,这些服务逐渐发展成为贝佐斯口中所说的"可以让任何组织、公司或开发人员将他们的程序运行到我们的平台上"。

2006年，亚马逊正式推出弹性云服务（Elastic Compute Cloud，简称EC2）。所谓弹性云服务，是指用户在注册成功后，就可以租用一台虚拟计算机，这台计算机的计算容量是弹性的，用户可以根据自己的计算需求来调节容量的大小，调节一次只需要几分钟，EC2会按照已使用的相应容量和时间收费。虽然市场上也有一些传统的托管服务，但要使用这些服务，用户通常需要提前计划好一个固定的时间和固定的容量，而一旦出现突发情况，用户基本难以轻松应对。相比之下，亚马逊的EC2平台则灵活易用得多，也正因如此，该服务一经推出就受到了不少个人和企业的欢迎。随着需求扩大，AWS逐渐发展成为全球最大、拥有数据中心最多的云计算服务平台。目前，亚马逊在这方面的市场占有率遥遥领先于竞争对手。

根据亚马逊的统计，截至2015年，AWS的活跃用户遍布190多个国家，总数超过了100万，其中企业级用户占了至少10%，也就是说有超过10万家企业和机构在使用AWS业务，这些企业分为3类：

首先，初创公司是AWS最主要的客户群体，因为小公司难以负担自己的数据中心成本，物美价廉的AWS就成了首选。

其次，很多规模庞大的巨头也发现了AWS具有高效、灵活和高拓展的优势，开始逐步把它们的IT需求向AWS迁移。这其中就包括互联网影视巨头网飞（Netflix）。由于电视视频制作对计算、存储和数据传输的要求很高，网飞抛弃了传统IT基础架构，采取了全盘投入战略（All in），把它的所有数据和IT运营都搬上了AWS。

最后，很多大学、政府和非营利机构也在使用AWS。例如，在气象预测领域，预测极端天气往往需海量的计算资源，英国的国家气象局（Met Office）就利用 AWS 的强大服务器资源，部署了一个叫作"天气云"的应用，专门应对突发的极端天气。另外，2012 年美国总统竞选，奥巴马的团队所设计的新系统——"独角鲸计划"（The Narwhal），在很大限度上就是依靠亚马逊的 AWS。"独角鲸"是一个服务接口，所有竞选应用都通过它和唯一的数据库通信。由于竞选是临时性工作，越临近选举，访问规模越会扩大，相应的服务就需要及时跟上，而 AWS 出色完成了任务。而另外一边，对手罗姆尼（Willard Mitt Romney）的竞选团队也为志愿者开发了一个移动应用奥卡（Orca），但奥卡的后台使用的是单一的网络服务器和应用服务器，在用户数激增的时候导致了宕机。

AWS 从无到有再到如今的龙头地位，体现的不仅仅是贝佐斯的远见，从某种角度来说，它还可以理解为内部服务外部化的一个典范。很多公司尤其是大公司，在其成长过程中，有价值的不仅仅是产品和服务，其背后的支撑系统也是很关键、很有价值的。这是因为，大公司之所以能在竞争中胜出并发展壮大，其背后的硬件设施或流程管理必定有其过人之处。一家企业应当注意梳理和积累这类资源，并且在适当的时候将其推向市场。这不仅能为自己带来财富，也不失为一个造福社会的举措。

当然，AWS 也面临着各种挑战。首先是竞争和成本问题。因为要争夺基础设施第一的位置，各大 IT 巨头都纷纷入场，云计算平台领域的竞争越演越烈。竞争先反映在价格战上，仅在 2017 年，主要的云服务提供商亚马逊、微软和谷歌都持续下调云服务的价格，计费周期也从过去的按小时、分钟计算变成了按秒计算。此外，它们还要花费巨资应对大规模数据中心维护和各种系统漏洞问题。比如，2018年1月爆出的英特尔CPU的安全漏洞问题，直接影响了包括AWS在内的所有云计算服务平台。为了修补这一漏洞，服务器不得不降速至少30%进行运行，而为了维持原来的计算能力，平台方不得不添加更多的服务器，这就大大提高了成本。

其次是安全问题。云计算从诞生开始，就一直面临着安全性的质疑。毕竟把自己的数据存在别人家的服务器上，总是不如存在自己的服务器上安全。一旦密码被盗，重要数据就将全部暴露。另外，因为同一台服务器上可以运行十几台虚拟主机，这些虚拟主机可能属于不同用户，如果能成功通过系统漏洞，穿越虚拟隔离层，就可以窃取多个用户的数据。所以，那些拥有核心交易数据的公司，包括华尔街、芝加哥等地主要的金融机构，目前大多仍然都在观望。

最后是来自未来的不确定性。目前，计算机体系结构发展迅速，各种新的架构层出不穷，而云计算数据中心，大多还属于建立在传统服务器上的软件管理。为了降低成本，提高效率，使运行维护更简便，一些更适用于云计算的服务器架构可能会应运而生，比如超融合基础架构（Hyper Converged Infrastructure）就是其中一种。

知 识 点

1. 技术员出身的贝佐斯，在经营网上书店初期，就敏锐地意识到，亚马逊需要一套可以共用的基础环境设施，于是开始搭建一套云计算平台，并首先将该平台开放给外部用户。这项服务灵活易用，立即吸引了初创公司、大型企业、大学、政府和非营利机构等客户。该云计算服务平台也成为目前亚马逊公司最赢利的部门。

2. AWS虽然是目前云计算平台领域的老大，但也面临着不少挑战，包括其他IT巨头的竞争压力、用户对安全性的质疑，以及计算机未来发展方向的不确定性。

3. 有不少大公司在其发展过程中，都建立了强大的支持系统，这些系统有可能比它目前所销售的产品和服务更具价值。在适当的时候，企业将这些内部服务外部化，不仅能为自己带来财富，也不失为一个造福社会的举措。

关键公司：谷歌云平台

亚马逊AWS目前的市场占有率遥遥领先于竞争对手，但云计算的概念其实最早是谷歌提出来的，而谷歌推出云计算服务平台的时间晚于亚马逊。

2006年8月9日，时任谷歌首席执行官的埃里克·施密特（Eric Schmidt）在硅谷的搜索引擎大会上首次提出了云计算这个概念。尽管这个概念后来被广为传播，成了技术名词，可当时谷歌的云计算平台还在理论研究阶段，而仅仅十几天之后，亚马逊的云服务EC2就向公众开放，谷歌在实践上落后了。

经过1年多的准备，谷歌在2008年4月发布了著名的程序引擎谷歌应用程序引擎（Google App Engine，简称GAE），是一个面向企业和开发者的高度集成的计算平台。简而言之，用户可以在谷歌提供的这套运行环境中开发和执行程序，而不需要关心底层硬件和操作系统的细节。这个项目的立意非常好，对于中小型初创公司尤其具有吸引力。但遗憾的是，谷歌当时并没有把重心放在云计算上，在很长一段时间都没有更新相关的产品，更没有一个值得炫耀的大客户，它已经被亚马逊的 AWS 甩在了后面。

2011 年 10 月，谷歌又推出了升级后的云计算平台谷歌云平台（Google Cloud Platform，简称 GCP）。这一次谷歌很用心，相继推出了多个相关产品，并将新功能补充到了平台上。到如今，谷歌已经是仅次于亚马逊和微软的云计算服务提供商，GCP 也成为近年来业务增长速度最快的云平台，拥有了包括"阅后即焚"的色拉布（Snapchat）等在内的诸多大客户。

谷歌的 GCP 与亚马逊的 AWS 相比，除了推出时间晚，业务量较少，还有如下不同之处。

谷歌的云计算平台从早第一次推出服务的时候，就没有走亚马逊的路线。亚马逊的模式更偏向基础设施方面，提供的是虚拟化的机器系统，用户需要在这个系统上搭建自己的编程环境。而谷歌的模式偏向平台层面，提供的是可以直接开发应用的程序接口和环境。

如果我们用做蛋糕来打比方，亚马逊的 AWS 提供的是烤箱，你需要自己配置蛋糕坯，从揉面到烤制的全部过程都需要自己动手；而谷歌提供了蛋糕坯和整套烤制服务，用户只需要集中精力做好调料配比，考虑口味即可。

比起使用基础设施服务，直接使用平台服务的成本会更低，开发周期也更短。正像前面的例子，比起从头到尾自己做蛋糕，用已经做好的蛋糕坯，会更加省时省力，节省一些不必要的投资成本。不过，这种服务的灵活度比不上基础设施服务，因为烤箱其实还可以烤比萨或者烤饼干，而提供好的蛋糕坯却只能用来做蛋糕。这样，应用场景就受到了限制。

相应地，这两种服务适合不同的用户。首先，已经成熟的企业和产品更适合使用基础设施服务。因为这些企业和产品自身已经有了完整的解决方案，它们需要做的只是把自己的软件系统从自家的数据中心搬到云服务平台上。也就是说，成熟企业已经自己配置好了烤盘，租用一个烤箱就可以了。这就是为什么亚马逊的虚拟主机服务吸引了不少的大客户。

其次，初创企业使用平台级别的服务开发代价会更低。只要新产品没有特定的应用场景的束缚，初创企业可以直接利用平台服务来做开发，这样可以节省很多不必要的开销，而且只要平台好，利用现有的好方案往往能少走很多弯路。比如，很多人工智能的研发都还不是很成熟，所以没有成熟产品的负担。这些企业往往会在已有的深度学习框架中进行开发，而不用在服务器的架构和底层的操作系统方面耗费精力。

针对人工智能，谷歌还推出了一个撒手锏，就是云端 TPU 与张量流（TensorFlow）的结合。

张量流是谷歌研发的第二代人工智能学习系统，可以用于语音识别或图像识别等多项机器学习和深度学习领域。它现在是完全开源的，任何人都可以使用。已经有不少用户通过使用张量流解决了自己工作上的问题。例如，澳大利亚海洋生物学家就是利用它在数以万计的高清照片中寻找海牛，以便更好地了解这个濒临灭绝的物种的数量变化。

TPU 是专门为张量流设计的芯片。由于人工智能计算的难度很大，传统的纯 CPU 架构服务器已经难以满足海量数据计算能力的需

99

求。因此，谷歌就设计出 TPU，用来专门处理疑难问题。TPU 会对张量流的计算能力起到加速作用。

谷歌原来就是人工智能机器学习领域的老大，其不论是在算法、数据中心，还是数据拥有量上，都遥遥领先于竞争对手，云端 TPU 和张量流的结合则进一步增强了谷歌对人工智能用户的吸引力。可以预计的是，随着第 5 代移动通信技术的发展，用户和谷歌云平台之间的连接将更加通畅，各种应用场景会得到进一步的发展，到那时，竞争者要挑战谷歌的云平台就更难了。

谷歌将人工智能和云计算平台相结合，其实与谷歌的企业文化及其对"未来"的规划密不可分。一方面，谷歌崇尚创新，有用梦想改变世界的大情怀。因此，从拉里·佩奇（Lawrence Edward Page）和谢尔盖·布林（Sergey Brin）在 1998 年创立谷歌起，公司的发展方向就是以未来为目标，做对人类有益的创新。谷歌有两类产品，一类是"现在的"，另一类是"未来的"，云计算平台当年也被划分到"未来的"里。时至今日，它和另外一个"未来的"——人工智能相结合，前景将更加光明。

另一方面，亚马逊和谷歌目前在云计算平台上各自体现出的优势，也来源于它们在核心业务上的积累。亚马逊推出的云计算平台服务，其实是内部服务外部化的典范。亚马逊在发展在线零售业务的过程中，需要不断改进自己的 IT 系统。后来其发现，这个 IT 系统也很有价值，可以租用给他人。而谷歌早早就在人工智能领域布局，开源它的张量流，是为了与各领域的专家合作，吸引他们来提供数据，以及不断地改进系统。现在谷歌开放云端 TPU，配合张量流开源战略，将更加巩固它在人工智能领域的地位。

简单地说，谷歌的云平台是面向未来规划出来的，而亚马逊的云平台是为解决现实问题实战出来的。这两种方法都能实现创新，面向未来做规划更容易实现系统的布局，但容易脱离现实需求，有时候紧迫感不足；面向现实问题的创新则更容易得到市场认可，可以迅速打开突破口，但整体规划可能会薄弱，对当下见效慢、需要现在发力投入、未来才能显示效果的地方容易忽略。对创新者而言，哪种做法更好没有标准，要看自己的现实情况更适合哪种做法。但不管从哪个方向创新，创新者都要注意扬长避短，兼顾短期和长期目标才能成功。

知 识 点

　　1. 谷歌是"云计算"概念的提出者，但在云计算平台的实践上，却比亚马逊晚了一步。亚马逊的 AWS 和谷歌的 GCP 各有优势。AWS 偏向于提供基础设施服务，更利于企业将其成熟 IT 产品移植到云平台上。而谷歌偏向于提供平台级别的服务，创新产品可以直接使用这样的现有方案，加快开发步伐。

　　2. 谷歌的云平台服务在人工智能所依赖的机器学习方面拥有明显的技术优势。我们即将迎来人工智能在各行业中应用的浪潮，因此谷歌的 GCP 前景会更加光明。

　　3. 亚马逊在经营在线零售商店的过程中，需要改进自己的 IT 系统，后来发现这个系统也很有价值，于是通过出售服务的方式获得利润。谷歌将自身的两个业务——人工智能和云计算相结合，使两个业务有更加好的前景。两家企业目前的云计算平台发展所展现出来的优势，都与它们原来的业务密不可分。两种模式都可以实现创新，具体选用哪种，要看创业者与创新者的现状。

云计算走向何方

云计算技术的发展仍然面临以下三个主要问题：

第一，云平台的数据中心越来越庞大，结构也越来越复杂，导致需要配置的硬件设备的成本会越来越高。

第二，云平台计算资源的利用率不高。按照《福布斯》（*Forbes*）杂志的统计，在商业和企业数据中心的服务器平均利用率仅为5%~15%，这无疑是一种资源的巨大浪费。

第三，网络速度问题是云计算服务的限制性环节，而即将进行的5G全面铺设，将是云服务的重大利好。

云计算如何才能提供更快、易扩展、运维成本低的服务？各大云服务商对未来发展方向展开了各种探索，并且已经达成一些共识，未来云服务领域将呈现以下发展趋势：

超融合基础架构

超融合基础架构是云计算领域新近提出的一个概念。所谓超融合，就是把计算、存储、网络等功能融合到一个标准机器单元中，然后用标准以太网把多套设备融合后扩展，最终通过一个统一的软件平台，实现对计算、存储和网络资源的集中管理。

传统数据中心都是基于专门的硬件来实现功能。当存储空间出现短缺，传统的做法是购买新的存储设备，并配置新的文件服务器去管理这些存储空间。此外，要把这些存储设备连入现有的系统，又可能涉及网络和管理软件的重新设计，还要考虑是否与现有系统兼容，这是一件非常麻烦的事情。但在超融合基础架构下，我们只需多接入几个机器单元就能实现存储空间的扩大。

超融合基础架构背后的核心理念是"软件定义数据中心"（Software Defined Data Center），软件定义是相对硬件定义而言的。在工业化大规模制造中，为了降低成本和复杂度而把很多功能直接内嵌在硬件设备里，这就是硬件定义。硬件定义相对固化，不提供或者仅仅提供很少的对外接口，功能也缺乏灵活性。相对地，软件定义的设备是智能化的、可定制的、灵活的。

以手机为例，很早以前的手机，只能打电话和发短信，这种功能固化的手机就是"硬件定义"的手机。后来手机增加了功能，如闹铃、播放音乐等。到了智能手机时代，我们通过开放手机的编程接口，就能开发各种应用程序。而每个人根据自己的实际需要，在手机上安装不同的应用程序，实现不同的功能。现在每个人的手机应用程序都不会完全相同，这样的手机就成了"软件定义"的手机。

软件定义实际上是把硬件和软件分开，把通过硬件可以完成的部分，按需求以服务接口的形式用软件呈现。一个软件定义的设备是智能化的、可定制的、灵活的，并能按需调用。这就像你用电，只要插上电源插头，而不需要关心是水力发电、燃煤发电还是太阳能发电一样。

总体而言，通过软件定义的超融合基础架构，能实现云计算与数据中心的智能化，把繁杂的任务变得简单而容易处理，并节省部署和维护成本，真正把人从艰巨的运维工作中解放出来。未来数据中心的发展方向是软件定义，而超融合基础架构方案目前主要专注于软件定义存储。

无服务器架构

亚马逊 AWS 的首席技术官安迪·杰西（Andy Jassy）在 2017 年的一次采访中称，无服务器（Serverless）计算会是软件界的下一场革命。

所谓无服务器，不是指不需要计算机，而是指用户不需要自己运行服务器端软件。无服务器是一种更加"碎片化"的软件提供思路，它把业务实现的能力分解成一个个的功能函数，构成了我们所说的"函数即服务"（Function as a Service，简称 FaaS）。实际上，无服务器架构就是用轻量级的微服务（micro-service）架构来替代服务器。之所以叫作轻量级，是因为相对于目前的基础架构服务和平台服务这样的重量级服务来说，所需要的资源要少得多。而所谓的"函数"，提供的是相比微服务更加细小的程序单元，可供开发者直接调用。

比如，一家初创公司计划把所有的应用程序都部署在云平台提供的网络服务器上，但是，在初始访问量不多的情况下，365 天 24 小时地在云端运行应用程序就是一种浪费。相反，其可以把代码存储在云端，当用户访问时，再调入相应的计算机资源执行代码，运行完之后，就不再占用计算机资源。

FaaS 服务的最显著好处是降低了基础设施及运营、开发人员（如系统架构师和运维工程师）的成本，提高了计算资源的利用率。理论上，该服务能把计算资源利用率从现在的 5%～15% 提高到 80%～90%。而从用户角度来说，这种服务是按访问次数计费，每次访问的平均费用都很便宜。除了亚马逊，谷歌的云函数（Cloud Functions）、微软的蔚蓝函数（Azure Functions）、国际商用机器公司 OpenWhisk 都提供无服务器架构的服务。

当然，这种设计也会使得用户对平台的依赖大大增加。用户调用的函数都是平台特有的，如果转到其他平台上，很难保证程序同样运转。虽然现在也有一些解决兼容问题的思路，但从趋势看，未来平台的市场集中度很可能继续增加，甚至出现赢家通吃的局面，而现有平台之间的竞争将会更加激烈。

5G 高速网络到来

云计算的逻辑是把企业的服务器都放在云端，因此，当主要服务都集中到几大云服务商的数据中心，计算和数据都从本地移到了云端之后，网络就成为限制云计算发展的最主要瓶颈。可以说，云计算未来最大的挑战就是网络速度。而以 5G 为代表的高速网络对未来云服务是重大利好。

5G 就是第 5 代移动通信技术，是在目前 4G[①] 成熟的基础上发展的下一代高性能的手机网络。届时，网络传输速度可以达到 10 GB/s，并支持数万用户大规模同时连接，在覆盖率和响应速度上远胜于 4G。

中国在 5G 上处于领先地位。目前，国内的 5G 芯片和网络设备已经准备就绪，三大运营商将集中在 2018 年下半年到 2019 年开始

[①] 4G 是第 4 代移动通信技术，依此类推，3G、2G、1G 分别是第 3 代、第 2 代、第 1 代移动通信技术。

试点，华为也计划在 2019 年推出 5G 手机。5G 不仅能提高网速，更重要的是，它创造了新应用程序的可能性，配合云端的高速网络传输将提供全新的用户体验。其中，最让人期待的是虚拟现实（VR）应用的普及。有了高速网络的支持，VR 场景的图形渲染和建模可以在云端完成，并可实时传送给用户。这样就可以降低对 VR 和增强现实（AR）设备本身计算能力的要求，云端 VR 产品将有可能快速普及，相应的 VR 应用开发也将迎来大爆发。

知 识 点

1. 云计算发展的初衷与方向就是要提供像水、电、煤气一样随时可用的基础服务。而"硬件计算资源融合"和"软件定义基础架构"是实现的可行途径，能真正把人从艰巨的运维工作中解放出来，让更多网络工程师可以投入其他更具创造力的应用开发中去。

2. 无服务器架构是用轻量级的微服务替代服务器，提供细小的程序单元供开发者调用，能把云平台的计算资源利用效率从目前的 5%~15% 提高到 80%~90%。从用户角度看，这还能大幅度节省成本。这有助于初创企业降低 IT 基础设备投入成本和计算机人力成本，但会增加企业对平台的依赖程度。未来平台的市场有可能出现赢家通吃的局面。

3. 云计算发展的瓶颈在于网络速度，而高速智能化的网络正是未来的发展趋势。无论是云端的上百 GB 的高速智能网络，还是 5G 引领的用户端与云端的高速连接，都会催生出很多使用云服务的新方式，比如 VR/AR 应用的大爆发。专注于 VR/AR 应用开发领域的公司，将迎来一个发展的大好时机。

第 5 章 物联网

随着人工智能、大数据、5G 的发展,大家对于物联网的关注度越来越高。与此同时,物联网技术本身也出现了颠覆性的突破,它让工业、交通、医疗、物流和畜牧等行业更加高效和智能,对很多行业都产生了深远影响。物联网被称为是继计算机、互联网之后世界信息产业发展的第三次浪潮。

本章将从"物""联""网"3 个层面介绍物联网技术的现状、行业发展的现状以及未来的发展趋势。

信息产业发展的第 3 次浪潮

概括地说,物联网就是通过智能传感器、计算机识别技术及通信技术等将物品连接到网络上,它无须人工干预,而是通过物与物之间的连接协作来实现或完成某项具体任务。

物联网概念最早可以追溯到比尔·盖茨在 1995 年出版的《未

来之路》（*The Road Ahead*）一书。书里预言了一部分物联网的发展，比如人们通过无线网络听音乐，用移动支付缴纳高速费，等等。

物联网本质上是互联网的一种拓展。把"物联网"的名字拆开，即"物""联""网"这3个字就分别对应了物品联网的3个层面，它们都有各自的技术突破和进展，将这些技术整合应用就形成了物联网。

现在很多人都喜欢用"智能"这个词，比如智能家电、智能可穿戴设备等。如果一个"物"是智能的，就代表它有很大概率可以联网。我们给物品装上传感器和芯片，让它能感知现实环境，具备一定的数据处理能力，就完成了物联网的第一个层面。

物联网的核心问题是让物品具有"智慧"和"感知"，而与之相对应的设备是嵌入式处理器和传感器。嵌入式处理器类似于CPU，但运算能力相对较弱，这主要是要适应物联网的特性，要达到体积小、功耗低、可定制、集成度高等性能。

以智能手表为例，每一块智能手表都需要配置嵌入式系统芯片（ARM）。而这个系统芯片，就是指在单个芯片上集成一个完整的系统，将嵌入式处理器、存储芯片、无线通信芯片、全球定位系统（GPS）、重力感应器、陀螺仪等包含进去。虽然功能繁多，但集成后的嵌入式系统芯片体积只有硬币大小，且功耗很低，可长久使用。

生产这方面芯片的厂家有荷兰的恩智浦（NXP）、德国的英飞凌（Infineon）、意大利和法国的意法半导体（ST Microeletronics）、美国的高通（Qualcomm）和德州仪器（Texas Instruments）、日本的瑞萨（Renesas）等。物联网技术的竞争本质上是芯片的竞争。

第二个层面是"联"，就是让物品具备连接互联网的能力。目前大多数物联网都使用无线连接技术。按照现在的行业标准，这些技术主要分为两类：

一类是个人局域网。个人局域网相当于一个个小型信息网络，主要适用于智能家居、健康医疗等应用场景。这类场景的特点是设备相对集中，而且多种设备都会连接到一个无线热点上。目前，短距无线传输的技术标准主要有低功耗蓝牙和 Wi-Fi（无线网络），其主要覆盖范围在 100 米以内。

另一类是长距离低功耗广域网络。它是一种大规模的通信网络，主要适用于无固定接入点、大范围移动的应用场景，如物流、车联网、精准农业和畜牧业等。这类网络的传输范围较远，一般可以覆盖几千米到几十千米。这类网络包括通过基站覆盖的运营商网络，以及运用无线射频技术的物联网专用网络，主要技术标准有美国电报电话公司（AT&T）和威瑞森（Verizon）在美国主推的 LTE-M 标准，以及沃达丰（Vodafone）在欧洲主推的 NB-IoT 标准等。

目前的无线物联网连接技术追求的是低复杂度、低成本、低功耗、低速率。不过，由于物联网应用场景非常多样化，因此尚无能够适应所有场景的单一物联网解决方案。个人家中的智能家居，高速行驶的交通工具，甚至漂流在大洋中的邮轮，都有不同的联网方式，而选择何种技术标准，则取决于设备是否有电源供电、传输数据的速率要求，以及同时接入的设备的数量等多种因素。

第三个层面是"网"，这里的网指的是物联网云平台，是物联网的大脑中枢。这个平台的主要功能有 3 个：管理、控制设备；接收、存储、处理设备的数据；运算统计处理，分析提取出有价值的信息，反馈给用户，并控制相关的设备，实现物与物之间的通信。

物联网云平台和传统互联网云平台的架构区别不大，目前市场上的大多数云平台经过特定优化后，都可以为物联网提供云服务。

如今，物联网云平台领域的竞争异常激烈。亚马逊 AWS、微软 Azure 云、谷歌云、阿里云……很多知名公司都积极参与其中。这些公司把服务器平台对外公开，作为一种物联网基础服务提供给用户使用。

尽管竞争激烈，但是物联网包罗万象，涉及技术众多，因此想做到一家独大并不容易。目前，大科技公司在自身开发的云计算平台基础上，结合一些通用型模块，就能提供物联网的通用型服务。这类平台的目标是降低物联网的准入门槛，让更多的行业创新者加入这个大市场，开发尽可能多的应用程序。

大型科技企业在通用型平台建设方面拥有绝对优势，中小创业者的机会则更多存在于物联网应用领域。通过垂直型物联网平台（也叫行业赋能型平台）的打造，中小创业者可以发挥自身优势，为某些特定行业或应用提供一整套的技术解决方案。比如，2016 年开始流行的智能音箱，就是利用语音互动实现了物联网垂直应用的落地。根据高德纳咨询公司（Gartner Group）的报告，目前物联网垂直应用的机会主要在制造、医疗保健和智能家居领域，下一波浪潮则可能蔓延至健康管理、保险和汽车等行业。

目前，物联网技术已经发展到了一个相对成熟的阶段，技术瓶颈已经基本解决，应用成本也在不断降低。这让不少人乐观地认为，一个所有事物都连接到网上的"万物互联"时代即将到来，全球将变成一个超大的物联网，整个网络的价值也将同时趋向最大化。但这个理论在真实世界中是否成立，还有待讨论。接入物联网不是免费的，毕竟芯片、连接服务、软件、云计算、电能，甚至存储数据，都在时刻消耗成本。另外，我们还需要认真思考的是：我们是否真的需要把一切都连到网上？现实中的某些场景是否真的对物联网有需求？

总体来说，物联网行业还在寻找和探索"杀手级"的应用，而创业者现在需要做的是找到一条清晰的发展思路，以及基于此的切实解决方案。

知 识 点

1. 物联网是一项综合技术和系统工程，融合了嵌入式芯片、传感器、无线通信、云计算等多种设备和技术。人工智能、大数据，以及下一代计算机的发展正推动物联网技术的发展。

2. 目前，物联网的应用开发主要有两大类：水平通用和垂直整合。大公司已经搭好了通用的技术平台，降低了物联网的准入门槛，使更多的垂直应用开发者加入进来。但是，关键在于，大公司能不能立足行业成为解决方案的提供商，而不仅仅是系统集成商，尽管物联网技术的趋势很被看好，但是还需要脚踏实地地探索。

3. 万物互联的愿望很美好，但现实中，这不仅要考虑实现的成本，更要考虑是否有真实需求。总体来说，物联网行业正在等"待杀手级"的应用出现。

关键人物：物联网之父凯文·艾什顿

最早提出物联网概念的是麻省理工学院的教授凯文·艾什顿（Kevin Ashton）。艾什顿是麻省理工学院自动识别中心（Auto-ID Center）的创始人之一。他一直希望实现物联网的自动化数据收集和协作决策，让物联网不再需要人为干预。在他多年的努力之下，物联网概念逐渐深入人心，他也因此被科技圈誉为"物联网之父"。

说起来有些传奇，"物联网"这个概念的提出，居然来源于一款脱销的口红。

凯文·艾什顿教授于1968年出生在英国的伯明翰。20世纪90年代中期，艾什顿加入宝洁公司做品牌经理，负责管理玉兰油的产品线。在零售店铺巡视时，他发现自己负责的化妆品货架上，有一款棕色的口红持续缺货，补货也经常不及时。因此，他就找到供应链人员进行核查，但管理人员却告诉他，这款口红在仓库有很多存货。

这让凯文·艾什顿开始思考：有没有一种技术可以从仓储到物流再到货架，全流程追踪商品，从而实现对供应链更高效率的管理？

恰巧在20世纪80年代到90年代，英国的零售商们开始发行一种内置了新射频识别技术（Radio Frequency Identification，简称RFID）的会员卡。这种新的无线射频识别技术，也就是我们俗称的"电子标签"，它的原理是通过射频信号自动识别目标对象并获取相关数据，做到非接触式识别。

当时，一个制造商给凯文·艾什顿演示了 RFID 芯片的工作原理，凯文·艾什顿一下子就被这种无线传输信息的技术吸引了。他开始琢磨：如果在口红的包装中内置这种芯片，并且有一个无线网络能随时接收芯片传来的数据，那么零售商们就可以获知货架上是否有足够的口红，从而及时了解何时需要补货。

于是凯文·艾什顿计划在宝洁内部分享自己对这件事的思考。他起初打算将自己的创意命名为智能包装，但后来觉得，既然要将设备连接到互联网上，那名称中还是要保留"Internet"（互联网）这个词。于是，他最终决定将自己的想法称为"Internet of Things"（IoT），也就是我们现在所说的物联网。

凯文·艾什顿在宝洁内部的演示很顺利，高管们也被这个想法吸引了，并同意他在麻省理工学院创立一个叫作"自动识别"的研究项目。

艾什顿和同行们一起制定了 RFID 的技术标准，并投入了大量的精力来降低价格。他们推出了电子产品代码（Electronic Product Code，简称 EPC）和通用产品代码（Universal Product Code，简称 UPC），后来这两者逐渐成为标准的 RFID 产品标签。

从 2000 年开始，凯文·艾什顿开始向外部介绍自己的研究成果，同时也不遗余力地传播物联网概念。麻省理工学院的自动识别中心成了全球领先的研究供应链自动识别和追踪的实验室。到 2003 年，自动识别中心已经有 103 名赞助商，它们共同致力于打造一个通用的物联网标准，并推广基于 RFID 的物品识别系统。

凯文·艾什顿认为 RFID 是物联网的先决条件，他以此为基础构想了物联网的早期模型：为所有物品添加电子标签，然后通过这个标签将物品信息连入互联网。由于RFID支持在非接触的情况下识别产品的电子标签，因此计算机能够随时感应到任何地方的物品，程序可以方便地管理大量有电子标签的商品。

不过，物联网的发展也并没有完全遵循艾什顿的思路。实际上，在2000年之后，物联网出现了两股不同的发展推动力，其一当然是艾什顿推崇的RFID技术。该技术的大规模应用构建了一个基于物流和供应链管理的物联网。其二则是智能手机的推广，配备了GPS、重力感应、红外感应、摄像头、环境光感受器等系统、传感器和技术的智能手机，已变成一个基于日常生活的物联网集成设备。

当然，物联网的演化一直没有停下脚步。后续移动互联网、更高效的电源供应、更强大的云计算等都将进一步推动物联网的发展。而随着未来人工智能、5G的普及，物联网很快将进入更个性化、更智能化的时代。

凯文·艾什顿认为，现在很多人混淆了物联网的概念。在他看来，简单地用手机来操控其他产品并非真正的物联网，相反，真正的物联网应该是由网络连接的感应器自动地捕获信息，自动分析信息，自行做出决定，整个过程完全无须人的干预。

比如，用手机应用程序或者语音来控制空调并不是物联网，因为这种模式的本质仍然是人在对"空调工作状态"及"家里空气状态"进行判断和处理。

按照艾什顿的理念，真正的物联网应该是在空调里集成更多类型的传感器，使之能够不间断地监测室内的温度、湿度、光等环境因素的变化，并可以自动判断房间中是否有人、温度是否过高，以此决定是否开启空调。

艾什顿对物联网的这一理解非常值得关注。真正的物联网理应不再需要人对信息做出处理，而应当是由机器系统为我们提供自动化和智能化的服务。从目前的实际发展情况看，物联网应用的确还有很大的改进与提升空间。

知 识 点

1. 凯文·艾什顿教授基于行业痛点，利用 RFID 技术，不仅解决了行业问题，还首次提出了物联网的概念。

2. 物联网技术的发展是不断演化的。从 RFID 技术到智能手机，从移动互联网到云计算，如今的物联网正在进入更个性化的发展阶段。

3. 凯文·艾什顿对于物联网的理解，强调物联网的自主学习、自主决策。我们需要重新认识物联网的初心，让物联网智能化、自动化，减少人为干预，实现智能化为人服务。

物联网领域的新机遇

物联网概念兴起之后，家居成为第一个进行物联网的领域。很多人一说起智能家居就很兴奋，他们声称要生产全智能的冰箱、洗衣机和电饭煲，甚至连插线板也要是智能的。

几年前一个冰箱厂的人跟我说，在他们设计的冰箱使用场景里，有智能图像识别模式，等人工智能技术成熟，用户装进冰箱的肉、蛋、奶、蔬菜都能被识别出来。一旦食物快过期，冰箱就会主动提醒用户尽快吃掉；而如果冰箱里缺了用户常吃的东西，冰箱也会自动帮用户在电商处下单购买。这样既避免了食品的浪费，也避免了用户想吃什么的时候吃不到，还节省了用户去选择和采购的时间。

这听上去确实很棒，但是仔细想一想，人们对这样的冰箱真的有需求吗？答案可能是否定的。

首先，这种冰箱是一个很难实现的产品。设计制造的技术难和成本高只是困难的一方面，另一方面则在于购买下单等服务功能的实现必须依靠电商和物流的匹配与支持，而这意味着一个完整生态的建立。

其次，这种冰箱未必是人们真正需要的东西。对于中国家庭来说，一般住宅区附近就有菜市场和超市，有多少人需要冰箱去下单呢？而且，一般家庭中负责日常食品采购的大多是女性，她们怎么可能把购物的乐趣交给一台只会理性思考的冰箱呢？

所以，智能家居的概念在市场上被追捧了几年后，那些为了智能而智能的产品又回归了自己的本质功能。

到了2016年，市场的热点发生了变化，智能音箱成了智能家居的控制中心，所有的大公司都开发了自己的智能音箱，因为它被认为是未来家庭流量的主要入口。亚马逊推出了Echo，谷歌推出了Home，微软有Invoke，苹果也跟着出了Home Pod，国内的阿里、百度、小米也都有自己的产品。

不过，如果按照物联网概念来严格定义的话，智能音箱只不过是家庭这个单一使用场景的物理载体，而并非是我们需求迫切、有前景的物联网应用。

根据目前的发展趋势，物联网技术应用主要还是集中在智能可穿戴、车联网、医疗、工业和畜牧等领域。下面我们详细阐述物联网在医疗行业和畜牧业中的应用。

"智慧医院"背后的大脑

斯坦利保健（Stanley HealthCare）是一家为医院提供智能化升级全套解决方案的美国公司。目前，该公司已经在全世界和 5 000 多家医院建立了长期合作关系。

在介绍这些医院如何利用物联网技术之前，先看看一家医院是如何进行日常运营的。

首先，医院中的所有设备、医疗用品及药品都需要有详细的记录，它们的使用以及库存记录需要不断更新。

其次，医院中每个病人的每次检查都需要进行记录。

再次，像急诊室这样需要快速反应的场所，医生和护士的传报，以及每个病人的身体状态的记录都需要实时更新。

最后，医院的环境，即温度、湿度、空气组成等参数都需要监测，以保证医院的正常运行。

这 4 个方面是一家医院日常运营中的主要工作。显然，如果能够进行智能化升级，医院在这 4 个方面的运营将更具效率，那么就有可能为更多病人提供医疗服务。

当然，一家医院的智能化并不简单，其背后蕴含了物联网的所有环节：数据收集、通信传输、云端收集以及算法处理。

斯坦利保健主要打造了两个平台：一个是医患治疗记录平台，另一个是对医院环境进行实时监测的物联网平台。

医患治疗记录平台共由 5 个部分组成，它们分别是：实时可视化界面、预装应用模块、数据分析模块、实时提醒系统以及设备集成系统。

其中，最重要的是数据分析模块。这个模块会收集病人、医生以及设备的所有相关信息，并上传到平台，经算法处理后生成图片进行展示。用户通过这个系统能实时监控存货、设备使用情况以及医院环境，并做出适当的指令反馈。

此外，医院因病人聚集，空气中的病菌可能比外面高很多，所以监测医院内部的空气质量与环境卫生就显得十分重要，这同样是打造智慧医院必不可少的一环。

斯坦利保健的医院环境监测解决方案包括智能传感器及一个中心化的云端网络。平台通过一系列的温度、湿度及压力传感器，为用户提供实时、全面的环境监测数据。目前，这个系统已经成为医院环境监测的主流解决方案。

"互联羔羊"对传统畜牧业的改造 —— 富士通和瑞典电信

畜牧业看上去很传统，跟科技貌似相关度不大，但实际上，越是传统行业越需要科技进行改造，因此，物联网在这里的机会更大。我们不妨看看日本富士通的"智能农场"以及瑞典电信公司（Telia）的"互联羔羊"计划是如何利用物联网技术进行运作的。

在日本富士通（Fujitsu）的智能农场，管理员会通过给牛腿带上一个传感器来实时监测牛的运动。这些传感器会收集数据并把数据上传到网上，之后农场会通过一定时间段的数据跟踪和分析，来获得奶牛的运动量变化规律。为什么要监测牛的运动规律呢？

原因在于，一头母牛每天的运动量与发情期有密切关系。农场只有准确掌握母牛的发情期，才能有助于增加其授精的概率，从而维持农场的可持续发展。研究人员发现，当母牛每天的运动量突然上升时，有95%的概率可以说明这时母牛进入发情期，而发情期开始后的16个小时则是人工授精的最好时间段。

除了能追踪人工授精的最佳时间段，研究人员还发现了一个能判断母牛"生儿生女"的"性别窗口"：如果母牛是在人工授精最佳时间之前的一段时间进行受孕，则怀上母牛的概率更大；如果是在最佳时间之后一段时间受孕，则怀公牛的概率约为70%。了解了这一规律，农场管理者可以通过人工授精的不同时间来控制牛群的性别比例，优化种群。

在挪威的农场中，农场管理者发现带羊去吃草的时候，经常有大约10%的羊丢失。挪威气候寒冷，走丢的羊很有可能在外冻死，因此对于农场管理者来说，能掌握羊群的实时信息就非常重要，因为可以将走失率降到最低。为了满足这个需求，瑞典电信公司挪威分公司与当地初创企业Nortrace合作，为1 000只羊装上了窄频带传感器。窄频带传感器是一种新型通信设备，它的成本相对低廉，并且在室内外都有很好的信号覆盖能力。借助这种设备，农场管理者可以通过智能手机随时监测羊群的行踪，再也不怕羊丢失了。

当然，从智慧医院到互联羔羊，这些应用只是物联网世界的冰山一角，未来还有更多的可能性等着人们去探索。物联网概念的核心在于"物与物直接连接，而不需要人进行干预"。因此，无论是在家居还是其他领域，如果想要实现真正意义上的物联网化，就必须实现所有设备之间的互相通信与协作。从这个意义上说，目前物联网行业的"杀手级"应用还没有出现，而这种应用能否出现，何时出现，关键还在于我们是否能够挖掘出对物联网的真正需求。

如今，人们认为物联网是大趋势，前景很美好。但一项物联网应用要想取得成功，关键是要先了解所处行业的优势所在，知道哪些环节存在真实的需求，并确认能否做出足够深入的行业解决方案。创业者要尽量避免成为一个简单的设备集成商，而要成为解决方案的提供商。万物互联的实现尚需时日，但毋庸置疑的是这其中蕴藏着无限的新机会，因为连接创造价值，连接就是价值本身。

知 识 点

1. 从智能家居的"虚火"，到智能音箱成为控制中心，以及当前各行业的应用现状，整体上说，物联网行业的"杀手级"应用还没有出现，而这一应用出现的关键在于挖掘行业真正的需求。

2. 物联网是一个系统工程，无论是科技行业，还是传统行业，都可以用这个系统解决行业痛点，提高效率。

3. 未来世界将由数据驱动，人与人、物与物、人与物之间的联系将越来越紧密，在创造更大价值的同时也能创造更美好的生活。而我们需要做的就是大胆发挥创造力，积极利用科技手段，让梦想成真。

第6章　第5代移动通信技术

2018年6月，国际移动通信标准化组织3GPP批准了第5代移动通信技术标准独立组网功能的冻结，这意味着5G已经完成了第一阶段全功能的标准化工作。当然，这不代表5G能马上全面铺设，实际上，预计到2019年年底，我们才可能见到满足国际电信联盟（ITU）要求的完整5G标准，到2020年5G才会实现全面商用。

不过，自5G被批准的那一刻起，我们就可谓是进入了5G时代。在现实中，5G确实已经开始应用。

2018年2月，第52届美国职业橄榄球大联盟"超级碗"比赛期间，爱立信（Ericsson）和美国电信业巨头威瑞森为运动员们打造了一款特殊的橄榄球头盔。他们在头盔上加装了摄像头及一部VR设备，运动员需要完全通过VR来进行橄榄球训练。为了保证视觉画面的流畅清晰，设计方采用了5G来进行图像数据传输。橄榄球运动非常激烈，只有5G的高速率、低延迟才能满足其巨量的数据传输需求。

同样在2018年2月，韩国的平昌冬奥会采用了英特尔的5G，为用户提供了大规模5G网络。

在国内，中国移动2018年起在4~5个城市开展5G外场试验，预计到2020年会实现规模化商用。

迎接万物互联的5G时代

从名字上看，5G似乎是4G的延伸，但实际上，无论是在性能指标还是在功能模块上，5G都具有3G、4G无可比拟的优越性。

1G实现了基本的移动通话；2G实现了收发短信、语音通话和手机上网；3G则拓展到了基于图片的移动互联网络，让收发图片、彩信成为可能；4G带来的是更大的带宽和更快的网速，让我们可以在移动网络里看视频、看直播，进行视频聊天，等等。

而5G与4G的最大区别在于，前者将不再局限于移动互联网，而是能够支持物联网、AR/VR、自动驾驶、人工智能等海量的应用，5G将让我们真正进入万物互联的时代。

5G的关键特征之一在于其高传输速率。目前，最快的4G传输是150 Mb/s。按照预期，5G会比4G快10倍左右，至少达到1 000 Mb/s的速率。这意味着在5G下，传输一部1 GB大小的视频文件只需要10秒钟。

另外，5G还拥有低延迟的突出特点。延迟是指当数据量过大、受到网络流量限制时，数据传输就会变得缓慢，出现我们平时所见到的卡顿现象。

高传输速率和低延迟，让5G成为名副其实的下一代互联网。

可以预见，随着5G的到来，智慧城市、物联网、车联网、远程医疗等应用会接踵而至。简而言之，未来5G会渗透到各行各业，加速社会的数字化转型，为我们构筑一个万物互联的世界。

中国一直在积极布局5G。早在2013年，工信部、国家发展和改革委员会、科技部就联合成立了"IMT-2020（5G）推进组"，旨在持续快速推进国内5G的发展。2017年，中国在北京怀柔建成了全球最大的5G试验网络，不但吸引了华为等国内通信企业，就连英特尔这样的芯片巨头也积极参与其中。

谈5G就一定要讲到芯片，因为芯片是5G最关键的部分。5G芯片的研发难度远超4G，因为它既要支持6 GHz以下的低频段通信，还要支持24 GHz以上的高频毫米波①。

这样的通信频段要求极大地提高了芯片的研发门槛。有实力参与5G芯片研发的机构，也就是高通、英特尔、三星、华为等几家超大型科技企业，因为只有这些企业才能同时拥有研发能力、足够的资本以及足够庞大的通信领域合作链条。

芯片产业的发展需要长期积累。总体来说，在5G芯片的研发方面，国外的大公司更具优势，但中国的芯片设计也在积极追赶当中。2018年2月25日，华为在西班牙巴塞罗那举行的世界移动通信大会（Mobile World Congress，简称MWC）上正式发布了旗下首款5G商用芯片巴龙5G01，以及5G商用终端华为5G CPE，这标志着国内芯片设计能力有了比较大的进步。

科技巨头将成为5G基础设施建设的主要玩家，但这并不意味

---

① 毫米波：是指波长为1～10 mm的电磁波，频率大约是30～300 GHz。

着中小企业就完全没有机会。在下一个互联网时代，中小企业完全可以充分利用巨头们打造的5G来发展自己的业务，完全可以和互联网巨头们一样，依靠自己的创意成长为新的国际化的大公司。

在下一个互联网时代，5G的低延迟特性将给网游玩家带来全新的体验。而当5G同VR/AR等技术相结合，人类运用数据的无限创意和想象力也将得到进一步释放。

2016年曾经有一款风靡全球的游戏《精灵宝可梦》(*Pokémon Go*)，它的主要创意就是基于手机，即运用AR技术在现实世界中寻找虚拟世界里的小精灵。然而，受限于4G，这个游戏的体验其实并不够好，因此在流行了一阵之后，也就销声匿迹了。

但是，如果高带宽、低延迟的5G开始普及，一切就可能变得不一样。届时，地理数据传输速度就会更快，而游戏设计师则可以突破原有技术限制，把角色设计得更具复杂性和趣味性。未来的小精灵不但可以和玩家捉迷藏，还可以爬上树、藏在椅子后面或者躲进建筑物里。除此之外，更快的网络还能支持玩家组队进行AR游戏。

除了让创意的价值更加凸显，5G和人工智能的结合也将带来一个更具想象力的世界。

5G会加速人工智能应用的落地。快速、可靠的5G数据传输，会让人工智能设备迅速从错误中吸取经验教训，并理解情境，从而准确高效地完成任务。比如，未来自然语言交互模式将无所不在，在人工智能驱动的半自动或自动驾驶中，你必须迅速做出判断并快速调整。在当前的互联网环境下，连接时间的延迟很大限度上阻碍了自动驾驶技术的大规模应用，而一旦进入5G时代，这个问题就会迎刃而解。

在5G的支持下,人工智能和AR等技术会得到更为充分而综合的运用。以全球大热的《我的世界》（*Minecraft*）游戏为例。2014年微软以25亿美元的价格收购了《我的世界》。此后,微软的研究团队基于这款游戏的虚拟环境建立了一个人工智能实验平台,并用它来训练机器人,教其中的角色完成爬山等各种动作。2015年,微软发布了AR版的《我的世界》——只要带上微软的混合现实头戴式显示器（HoloLens）,整个屋子都会变成一个虚拟的游戏环境。遗憾的是,在当时的网络条件下,这款游戏及配件不但价格高昂,而且实际体验也并不如预期。

我们可以预见的是,在拥有极高反应速率和小于2毫秒的极低延迟特性的5G平台上,结合了人工智能和AR技术的《我的世界》将会充分激发玩家和设计者的创造性,让现实和虚拟更有趣、更紧密地结合在一起。

知 识 点

1.4G的发展,支撑了类似手机视频、移动支付等移动互联网应用的大爆发。而5G将拥有比4G快10倍以上的传输速率,以及小于2毫秒的极低延迟特性,这些特点让其拥有更加卓越的表现。

2.5G还在准备中,预计到2020年会全面实现商用。未来的应用环境将会非常多样化,我们更看好创意产业的大机会,尤其是结合了人工智能、AR、VR、MR（混合现实）以后,后者将会呈现更多维度的全新体验。

3.5G不仅开辟了移动通信发展的新时代,更重要的是,它是下一代互联网，构筑了万物互联的基础，5G 时代的生活值得我们期待。

关键公司：5G 时代的高通

5G 最关键的就是芯片。在前面我们已经提到，5G 芯片的研发门槛非常高，只有少数科技巨头才有资格进入这一领域一决高下，而在所有这些企业中，高通是非常重要且值得关注的一家公司。

众所周知，如今的高通是全球手机芯片领域的巨头，它为小米、vivo、OPPO，甚至苹果等各大手机厂商供应通信技术解决方案和移动手机基带芯片。和英特尔或者三星等集设计、制造及封装测试于一体的芯片厂商不同，高通走的是半导体行业中的无制造半导体（fabless）模式，也就是说，高通没有制造业务，而只专注于芯片的设计。

1985 年，欧文·雅各布斯（Irwin Jacobs）联合其他 6 位有识之士，于美国的圣迭戈创立了高通。在成立之初，公司并没有特别明确的产品，只是将大致方向确定为数字和无线通信领域。

高通的第一款产品是用于卡车卫星定位的系统全线通（OmniTracs），这套系统使用了公司自行研发的码分多址技术（CDMA），因此被寄予厚望。不过，由于 CDMA 在当时还不够成熟，因此相关的推广也并不顺利，还引来了不少学者的争议甚至质疑。

为了证明 CDMA 有用、好用，高通花了数年时间进行实地实验、驱动测试及行业演示。事实证明，CDMA 技术确实能够提供更好的声音质量，运营成本也更为低廉。自此以后，CDMA 逐渐进入了发展的快车道。

CDMA 技术的出现改变了全球无线移动通信的局面，此后的 3G、4G 乃至尚处于实验之中的 5G 的基础原理都来自 CDMA 技术。

在推广 CDMA 技术的过程之中，高通逐渐形成了将技术授权给终端厂商并收取专利费的商业模式。随着无线通信的发展，高通在整个行业中的地位日益水涨船高，而且光是专利费一项就让高通赚得盆满钵满。

时至今日，高通的主要收入来源只有两个，一个是 CDMA 技术的专利授权，另一个则是公司从 1999 年开始全力发展的芯片设计业务。其中芯片设计的收入占比更高，但是因为专利费几乎没有成本，因此利润率相对更大。

专利授权已经成为高通的"摇钱树"。在今天，全球的移动终端厂商即使不使用高通的芯片，也绕不开该公司几十年来所累积的通信技术专利，而这就意味着，全球几乎所有人使用的手机里都有高通的专利。不仅如此，高通收取的专利费并不是基于提供的芯片的价格，而是基于整机价格，这就意味着手机售价越贵，高通收取的专利费就越多。

高通的这种"霸道"做法，虽为自己带来了源源不断的利润，但也引起了不少有关"垄断"的指责。不少国家的政府都对这种"不合理"的专利费标准表达了不满，针对高通的反垄断调查也因此屡见不鲜。

当然，高通的商业模式优势除了有利润丰厚的专利费以外，还在于"轻资产"的运营模式。在 1999 年决定专注于技术研发和芯片设计之后，高通就把手机部卖给了日本京瓷，把基站部卖给了瑞典的爱立信。高通的芯片业务主要专注于手机基带芯片，而且只研发不生产。

随着人工智能和5G时代的到来，高通也在想方设法延续和扩大自己的优势。在2018年5月关于5G编码的投票中，高通的低密度考偶校验码（LDPC）以一票的微弱优势战胜了华为的极化码（polar），而这也意味着高通在5G时代可以继续向广大手机厂商收取专利费。按照高通的标准，如果中国国内的手机厂商每卖出一台4 000元的手机，并且使用了高通5G的技术标准，该厂商就需要向高通交130元专利费。

此外，高通在2016年10月宣布推出支持5G的基带芯片——骁龙X50基带芯片。2017年，高通成功在28GHz毫米波频段实现5G连接。这些技术进展都为后续5G商用的实现打下了坚实基础。除了研发芯片，高通在模拟前端，如天线、放大器与滤波器等方案上也有比较完整的布局。

由于高通在十几年前就启动了5G相关的研发工作，因此无论从技术标准还是产业布局上都具有一定的先发优势。但即便如此，5G时代的高通仍将面临以下3个重大挑战：

第一，各国政府对高通的不满。如前所述，高通的技术专利垄断以及"不合理"的专利费标准一直备受各国指责。从2014年开始，在中国、美国、韩国等多个国家和地区，高通都因涉嫌垄断等问题而遭到监管部门的重罚。

第二，苹果公司的不满。自2011年苹果推出iPhone 4S手机之后，高通一直是其芯片的供应商。苹果认为高通按照整个设备价值收取专利费的模式极不合理，在苹果看来，高通的"高通税"不但影响了苹果创新，还抢走了苹果的一大部分收益。

2017年1月，苹果在美国加州南区联邦地方法院递交诉状，起诉高通"垄断无线芯片市场"，并提出了近10亿美元的索赔。与此同时，为了不再受制于高通，苹果逐步采用英特尔的基带芯片，并且开始自行研发5G手机基带芯片。

第三，5G实力强劲的英特尔、华为开始对高通发起挑战。2017年11月，英特尔发布了第一款5G调制解调器XMM8060。2018年2月，英特尔与韩国通信服务提供商韩国电信公司（Korea Telecom）合作，为平昌冬奥会构建了大规模的5G网络，实现了5G商用的重大突破。与此同时，华为也在2018年2月发布了满足5G基本要求的巴龙5G01芯片。

总而言之，高通依靠制定技术标准和专利授权起家，并在3G、4G时代抓住机遇，快速成长为全世界手机移动芯片领域的独角兽公司。进入5G时代后，基于早期的产业布局和技术储备，高通维持了先发优势，然而也面临着空前的质疑、挑战和竞争。从这个角度说，5G时代的高通，未必还能如现在一般高枕无忧。

知 识 点

1. 高通的商业模式主要得益于用"专利绑定芯片"和"按照整机价格收取专利费"的方式收费，以及不负责制造，只关注知识产权、技术标准等的轻资产运营模式，这种商业模式很值得科技类公司借鉴。

2. 从高通在3G和4G时代的发展可见，重视专利跟踪和知识产权保护对于公司的发展至关重要。个人或公司如果不了解，会有侵犯他人专利，被起诉的风险。更加重要的是，企业若错过提前进行产业布局的绝佳机会，将在未来竞争中步步被动。

3. 高通在十几年前就启动5G相关的研发工作，无论从技术标准还是产业布局上，依然保持一定的先发优势。然而，其他巨头将会在整个产业链上与高通展开激烈竞争，而对于中国的芯片企业来说，这也是一个提升整体竞争力的绝佳历史机遇。

如何抓住5G机遇

如前所述，随着5G时代的来临，高带宽、低延迟的5G网络优势，自然会为创意产业创造一个全新的平台。但是需要强调的是，技术发展和硬件设施当然是必要条件，但应用的支撑平台也很重要。如果只关注产品技术，而不顾及实际的应用环境，那我们可能就无法运用技术，做出恰逢其时的产品，因为做早了会成为"先烈"，太晚了则会让别人捷足先登。

游　戏

游戏会成为最先从5G获益的行业之一，而且小公司也能有大机会。

回顾游戏行业的发展，我们发现游戏与技术的发展密切相关。比如，在诺基亚塞班（Symbian）手机时代，用户只能玩《贪吃蛇》（*Retro Snaker*），然而在苹果开启触控屏手机时代之后，《愤怒的小鸟》（*Angry Birds*）、《水果忍者》（*Fruit Ninja*）等新游戏开始出现。这些游戏其实都不复杂，却是根据不同的硬件和算力开发出来的不同创意产品。从文本、图像，到声音、影像，再到虚拟现实和浸入式场景，从静态信息传递，到动态信息传递，再到现场感，这是互联网通信技术的发展脉络，也是游戏行业的发展路径。

在5G时代，AR、VR、MR游戏将会是游戏的主要形式。但正如我们一再强调的，5G的发展是一个过程，因此，游戏的设计也必须基于现实条件，不可不考虑用户的实际带宽等情况。斯皮尔伯格（Steven Allan Spielberg）导演的《头号玩家》（*Ready Player One*）固然精彩，但我们必须要认识到，现实和电影还存在很大差距。

在AR、VR、MR这3者之间，VR对于数据传输的要求更高，需要的带宽更大，因此其爆发的时间点，恐怕要相对靠后一些。相反，目前的AR应用属于低垂的果实，创业者可以在这一领域发挥创意，挖掘行业需求。

总的来说，5G为游戏提供的这个机会窗口期，可能持续几年的时间。5G作为全新的无线传输技术标准，在时延、速率方面有显著优势，但5G芯片的更新迭代需要时间。心怀理想的创业者们应随时跟踪硬件技术和平台的发展，把更多精力集中在自己熟悉的领域，找到利用新技术进行业务优化的切入点，做到"与时俱进，有的放矢"。

传统行业

除了创意行业，5G在传统行业也能大展拳脚。5G作为下一代互联网，会有力地推动数字社会的转型，从而深刻地改造传统行业。传统行业中的企业，可以针对行业痛点，重构业务模式，提升效率。

例如，5G 为远程医疗的实现提供了技术平台。远程医疗对数据质量有特殊要求，过低的视频和图片质量或者数据传输速度不够快，都可能导致医生难以诊断，耽误病情。5G 网络提供更大的带宽，有利于医生更快调取图像信息，开展远程会诊，甚至远程进行手术。届时，偏远地区的病人可以与三甲医院的医生进行实时视频，他们不必再为小病翻山越岭，也不会因为距离遥远而导致就医延误。

在智能制造领域，5G 也将推动工业互联网的建设。在未来，工业机器人将越来越多地代替人类工人，到恶劣危险的环境中执行任务。而 5G 通过结合 AR 或者 VR，可以实现实时人机智能远程交互和智能控制，这将大大提高相关工作的效率和安全性。

在 2016 年巴塞罗那世界移动通信大会上，爱立信展示了如何通过长期演进技术（LTE）远程控制 2 500 千米之外矿山上的一台挖掘机。操作人员只需戴上 AR 眼镜，就可以在舒适而安全的办公室指挥危险环境中的挖掘机完成相关任务。

平台级机会

虽然现在宣传 5G 的主要是硬件提供商和移动通信运营商，但真正能够成为未来平台的却未必是它们。相反，云平台提供者、某些体量很大的应用提供者以及为应用提供全面支持的服务商或许会更有机会。在国内，我们最看好的是云测。

云测是目前国内最大的移动应用云测试服务平台，主要提供 App 测试、安全管理、效率管理、用户分析等服务。众所周知，如今市面上的手机型号超过 4 500 种。对于一般企业而言，买齐所有型号的手机，然后进行全面的手机测试，是一件几乎不可能完成的任务，这太耗费人力、物力和财力。

云测要解决的就是企业的这一痛点。它的具体做法是把所有型号的手机都部署在网上，而用户只需把应用上传到平台，选择需要测试的手机型号，便可以用很短的时间，拿到一份人工智能生成的测试报告。除此之外，用户还可以在网上发布任务，发动大众来参与众测。据统计，6年多来，在云测平台上测试的移动应用程序超过230万个，而中国目前发布的App总数在260万左右。

云测表面上做的是测试，但实际上，它已经为移动应用程序开发提供了一整套完整的支持环境。从应用开发、功能接口调用、上线测试到数据监测和分析，云测不仅能够帮助用户的移动应用程序做得更好、更快、更便宜，而且还形成了帮助移动应用程序的需求方、开发者、测试者更加紧密合作的小生态。

5G时代的应用程序会呈现指数级增长，因此，云测也非常有潜力成为一个"5G应用全程服务平台"。除此之外，平台测试的效率会随着5G的发展而大幅度提升。更重要的是，平台将会积累海量的应用数据，利用人工智能优化应用设计，构建大数据生态。我们完全相信，云测的未来会越来越好。

总而言之，5G正在不断完善中，而这也正是迅速寻找需求和提前布局的好时机。如今传统行业的从业者应该从行业痛点出发，深入思考5G的应用场景，寻求创造性的解决方案。而对于创意产业从业者而言，现在已经到了考验创造力的时候。我们相信，在5G时代，智能文娱将呈现更智能、更有趣、更丰富的全新面貌。

知 识 点

1. 创意产业会成为最先获益的行业之一，借助人工智能、AR、VR等技术，它将迎来大爆发。但是需要强调的是，硬件技术和支撑平台都很重要，而两者的发展进度并不一致，所以创意产业的创业者，要把握合适的切入时机。

2. 在5G时代，AR、VR、MR游戏将会是游戏的主要形式。由于VR需要的技术支持要求更高，因此真正要实现大规模应用还有待时日，而AR应用属于低垂的果实，创业者可以发挥创意，找到行业切实的需求。

3. 5G作为下一代互联网，正推动数字社会的转型，最大限度地重构产业链，不仅在创意产业，传统行业也将迎来新变革，爆发新活力。

第 7 章 人工智能

2017 年，科技界最火的产业就是人工智能。有人说人工智能是革命，有人说人工智能会毁灭人类。但无论是革命论还是毁灭论，背后其实都有一句潜台词：人工智能超级重要。

坦白讲，有人称人工智能马上要超越人类智能，其实是不懂认知科学，不知道人类到底有多复杂。我们人连自己有多复杂都还不了解，就说机器能超越我们，这未免有点儿荒唐。

但这不意味着我们可以对人工智能置之不理。事实上，我们现在必须重视人工智能，不是因为它是风口，而是因为它已经成了一个人人都可以获得的"先进武器"。你使用了这个先进武器，未必会领先。但是，你不使用这个先进武器，而你的竞争对手使用了，你可能随时会被"干掉"。

人工智能：从风口到标配

《哈佛商业评论》（*Harvard Business Review*）的前执行主编尼古

拉斯·卡尔（Nicholas Carr）是一位著名的互联网思想家，他的《浅薄》(The Shallaws)、《玻璃笼子》(The Glass Cage)等著作都对互联网的发展产生过深刻的影响。

2003年，卡尔在《哈佛商业评论》上写了一篇叫作《IT不再重要》(IT Doesn't Matter)的文章，提出了一个非常著名的观点：随着科学技术普及的速度越来越快，科技本身就会变成一种和自来水类似的通用公共事业服务。当家家户户都安装上自来水管，随时可以享用自来水的时候，没有人可以说自家的水比别家更好。IT也是一样，当IT变得廉价，可获得且很稳定的时候，拥有IT系统就不再是一种优势。

后来互联网的发展继续印证了这个观点。随着互联网变成人人可获得的标配时，拥有互联网本身也就不再是一种优势。举例来说，微信的产品经理张小龙曾经开发出世界上最好的邮件系统之一Foxmail，但这个系统并没有帮张小龙赚到钱，其根本原因就是电子邮箱在当时已然变成网民唾手可得的标配产品，几乎所有互联网公司都在免费提供这种服务。最后，张小龙只能把Foxmail卖给腾讯。当然，"塞翁失马焉知非福"，如果张小龙当年取得了成功，我们不知道还会不会有今天的微信。

所以，当一个技术迅速被工具化，能够被人人使用的时候，利用这个技术形成竞争优势的机会也就会消失了。用今天的话来说，这项技术就不再是风口了。

人工智能目前正处于从风口迅速变为标配的阶段，这一论断的主要依据来源于人工智能在以下3个特性上的变化：

第一，计算能力正在变成一种开放资源。人工智能的发展需要依托强大的计算能力。在过去，想要提高计算能力就意味着企业必须买很多 GPU，搭建一个 GPU 的计算平台，而这需要有很强大的财力支持。但时至今日，全球科技巨头都开始发展云计算，将自己的计算能力共享到一个开放平台上，而用户只需接入互联网，就能享受到它们提供的强大计算能力的支持。先进计算能力正在变成一种人人可获得的资源，似家家可饮用的自来水，而不再是某家企业的独特优势。

第二，算法的进一步开源。人工智能算法本身就是开源的，随着人工智能技术的迅速扩散，算法本身也变得越来越通用。例如，谷歌就开源了自己人工智能的开发系统张量流，让很多不懂人工智能算法的人可以调用复杂算法进行人工智能相关应用的开发。

第三，数据已成为人工智能创业的最大门槛。当计算能力和算法不再是障碍，拥有数据的企业就成了这场人工智能竞赛中唯一具有优势的玩家。不过对于缺乏数据的中小初创企业而言，这却不是一个好消息，因为缺乏数据不仅会带来竞争上的劣势，更意味着创业机会的减少。

人工智能的风口和机会虽然已经过去，但这不意味着我们可以不重视它。因为任何一项技术标配，如果你不掌握而你的竞争对手掌握，你就会处于相对劣势之中。所以，我们今天要重视人工智能，不是为了取得竞争优势，而是为了不被其他人落后，不被竞争对手超越。

我们需要了解人工智能，尤其要了解人工智能的使用方法。我们必须注意到，人工智能的使用方法不同于传统的 IT。传统的 IT 很简单，买来就可以用，就像买一台计算机带回家一样。但是人工智能不一样，它需要花更多时间去培养，即使你想即买即用，效果也不是最佳的。

要想理解人工智能与传统 IT 在原理和方法上的差异，不妨想想我们在孩子培养方法上的变化。传统 IT 很像过去我们教孩子的方法，是让孩子模仿。例如，我们在教孩子画画时，会明确规定每一笔怎么画，怎么构图，怎么着色，孩子照着做就行。但是现在新的教育方法则完全不同，我们不再强制要求学生遵循教条，而是更多地给孩子自由，让他们有时间学会自我学习和创造，大人在其中的职责，则变成了引导孩子，对结果进行监督。人工智能的原理和方法与此相仿。

这种差别符合著名科学哲学家托马斯·库恩的"范式转移"理论。在《科学革命的结构》一书中，库恩指出，新思想的认知会和旧思想很不一样，而这就是一种范式的转移。今天我们面对的范式转移就是，科技正在从"模仿"的 IT 老范式转向"培养"的人工智能新范式。

知 识 点

1. 人工智能是一场革命，但是革命的风口已过。现在，机会已经不再属于革命者，而是属于已经有资源的既得利益者。

2. 大家要考虑的不是参与革命，而是不要落伍。你参与的原因不是要超越别人，而是要不被别人超越，所以每个人都要积极参与。

3. 要适应这场革命，我们就需要范式转移。我们要从教机器做事变成机器做事由专家评判，从让机器复制最好的操作到让机器通过学习比人做得好。这一切不是一蹴而就的，而是需要时间和耐心。

人工智能革命

人工智能历史悠久，最早可以追溯到13世纪的西班牙人拉曼鲁尔（Ramon Llull）和17世纪的著名数学家莱布尼茨（Gottfried Wilhelm Leibniz）。不过，大家普遍认为，这一轮人工智能革命的最直接源头是加拿大多伦多大学（University of Toronto）的教授杰弗里·辛顿（Geoffrey Hinton）。这位神经科学家兼计算机科学家被认为是这一轮以深度学习为代表的人工智能革命的开创者。

杰弗里·辛顿教授在上中学时，一位朋友告诉他，大脑是用全息的方式存储外界信息的，这让他对大脑功能的研究产生了兴趣。辛顿从大学起就开始研究神经科学，并且从20世纪80年代初就开始研究用计算机系统架构来模拟人类大脑，构建了深度学习的原型。

今天深度学习已经变成了一个时髦名词，然而，在过去30多年的大多数时间中，杰弗里·辛顿教授的深度学习系统一直都被视为学术界的异类，这其实也情有可原。一方面，深度学习的分层优化问题一直是个困扰，辛顿直到2006年才完善了相关的算法；另一方面，受制于计算能力和数据，当时深度学习的输出结果还不够好。

深度学习的崛起与两位华裔科学家的贡献密不可分。这两位科学家，一位是吴恩达，另一位是李飞飞。

吴恩达是斯坦福大学的教授，也是后来"谷歌大脑"的创始人。他发现深度学习需要有更强的计算能力，于是找到了英伟达（NVIDIA）合作，利用GPU将人工智能的计算能力提升了上百倍。

李飞飞也是斯坦福大学的教授，她的主要贡献是建立了一个图像识别资料库。这个库中的所有图像都是标注过的，研究者可以用这些图像来训练人工智能系统，识别出图像上所标注的元素。

2012年，在斯坦福大学举办的ImageNet大规模视觉识别挑战赛中，深度学习超越了其他所有算法，并且在图像识别能力上首次超越了人类。这在学术界引起了很大震动，学者对深度学习的态度也开始转变。

当然，公众对人工智能的认知转变发生得更晚。2016年3月，当谷歌的阿尔法围棋战胜了围棋世界冠军、职业九段棋手李世石之后，大众才开始发现人工智能原来已经发展到如此强大的程度。自此之后，深度学习开始受到产业界和媒体的追捧，不光是杰弗里·辛顿，就连他的合作者和学生也都成了大众明星。

回顾深度学习的发展历史，我们得到不少启示。一项伟大科技刚刚诞生时，其表现往往不尽如人意：一方面是因为大众常难以接受新事物；另一方面是因为科技本身还不够好，存在许多需要改进之处。因此只有持续改进，科技突破的威力才能真正发挥出来。

深度学习只是人工智能的一个分支。它在过去几年取得了快速突破并走向成熟，已经可以运用到很多行业之中。但是，未来人工智能到底是深度学习的延续，还是另有发展，目前仍是一个未知数。另外，千万不要以为深度学习达到今天的水平就已经无敌，甚至超越了人类，因为这个系统有明显的缺陷，就是它的过程无法描述。

相对而言，奔迈（Palm）公司的创始人杰夫·霍金斯（Jeff Hawkins）所发明的记忆预测模型其实更符合人类的思维特征，但霍金斯构建的人工智能系统目前表现仍不够好。未来基于记忆预测模型的人工智能系统，能否超越现在的深度学习系统也未可知，我们先专注眼下为宜。

关键公司：深度思考

深度思考是一家创立于2010年的英国人工智能企业。2016年，在该公司的人工智能程序阿尔法围棋战胜世界围棋冠军李世石后，这家名不见经传的初创企业名声大振，变成了整个科技圈最炙手可热的人工智能企业之一。

要介绍深度思考，首先得介绍它的创始人戴密斯·哈萨比斯（Demis Hassabis）。

哈萨比斯于1976年出生，他的父亲是希腊裔塞浦路斯人，母亲是华裔新加坡人。哈萨比斯从小就是个神童，13岁就成为国际象棋大师，16岁就参加了高考。不过，任性的他并没有直接去上大学，而是到一家游戏公司上班，并开发出一系列热门游戏。后来他又决定上学，21岁时，他以全优的成绩从剑桥大学（University of Cambridge）毕业。

哈萨比斯在22岁时开了自己的游戏公司，并做出了一系列的成功游戏。不过到29岁的时候，他对游戏失去了兴趣。于是他卖掉了游戏版权，到伦敦大学学院（University College London）读了认知神经科学的博士。2010年博士毕业后，哈萨比斯又与自己的两个好友创建了新公司，这就是如今鼎鼎大名的深度思考。这一年哈萨比斯才34岁。

深度思考公司有一个很伟大的使命，它号称要首先解决智能问题，然后用智能解决一切其他问题。为了解决智能问题，哈萨比斯和他的团队想到一个办法，就是训练人工智能玩游戏，然后借此开发能够自主学习的人工智能程序。这也是深度思考开发会下围棋的阿尔法围棋的原因，因为围棋本身就是一种很复杂的游戏。

当然，深度思考开发的人工智能程序远不止阿尔法围棋。2013年深度思考还开发出了能打游戏机的超级程序。此外，其团队还开发出一套叫作神经图灵机（NTM）的系统。这套系统让现有的神经网络有了计算机一样的内存，相当于为机器人赋予了人类所特有的短期记忆能力。

深度思考的另一个努力方向，是希望人工智能程序只需简单训练就能适应于各个领域。比如，深度思考和英国卫生机构展开合作，致力于开发眼科疾病的分析系统、癌症的检测系统，还有电子病历的分析系统等。需要说明的是，深度思考开发的并不是一套通用的"强人工智能系统"，但这套系统意在省去为每个领域单独开发人工智能的麻烦。

2014年，在时任首席执行官拉里·佩奇的亲自操持下，谷歌以4亿英镑的天价收购了深度思考公司。当时，以如此高昂的价格收购一家人工智能初创企业，的确有让人看不懂的地方。但如今回过头看，无论对于谷歌还是深度思考，这都是一个双赢的结果。对于深度思考而言，依托于谷歌强大的人工智能硬件系统和云服务，它能够更快将自己的人工智能系统应用到各个行业。而对于谷歌来说，收购深度思考不但会扩充和强化自身的人工智能业务线，更可以让其在人工智能开放平台的竞争中占据有利地位。

知 识 点

1. 在本轮人工智能革命中，杰弗里·辛顿教授等人可谓是革命的发动者，而哈萨比斯则属于革命的优化者，后者类似于蒸汽机领域的瓦特。

2. 革命不可预期，但是优化必然发生。下一次人工智能革命是深度学习路线上的延伸还是会换路线，是非常难以预测的。本轮的人工智能优化已基本完成，我们应该充分加以利用。

3. 与其临渊羡鱼，不如将现有的优秀技术尽为我用。应用者应即刻寻找用人工智能改进业务的机会，以及借助自己的数据能通过人工智能构建先发优势的机会，充分利用大公司的成熟技术，抓紧行动，同时保护好自己的数据隐私。

人工智能的机会在哪里

相比几年前，如今人工智能的进入门槛已经大幅降低。在计算能力方面，大公司提供的开放云平台大大降低了计算能力的获得成本。算法大多是开源的，虽然有时候仍需调整和优化，但是包括谷歌张量流在内的人工智能学习系统极大地降低了算法上的难度。除此之外，深度思考公司掌门人哈萨比斯等人工智能创业者的前期探索，也大大降低了各行各业进军人工智能的难度。

如前所述，以前的 IT 技术重在遵循规则，但随着范式的转移，如今的人工智能开发更像培养孩子。人工智能最需要的是训练，只有训练才能让它不断成长。

深度学习的训练方法多种多样，其中最基础且被广泛使用的是监督学习。所谓监督学习，就是根据已知的正确实例来训练网络。比如，我们可以在照片库中标注出亲人的照片，然后训练机器去识别。用通俗的话来说，监督就是要给出反馈，不给反馈，训练可能很快就"跑偏"了。例如，微软曾将智能聊天程序放到社交网络上训练，但因为没有给出足够的好坏反馈，这个系统首先学会的是一堆脏话。

反馈方法有两种，第一种是客观结果，比如围棋，客观结果就是输赢。第二种是专家结果，比如音乐、戏曲等艺术形式的好坏，是没有客观标准的，我们就可以用专家的评判作为反馈。

除了监督学习，机器学习的训练方法还有非监督学习及增强学习等。深度思考用来战胜围棋对手柯洁的阿尔法零（AlphaGo Zero）就用到了增强学习。在增强学习中，人无须给出任何指导，只要告诉机器输赢的规则，之后机器会自己下棋对弈，并根据输赢的结果总结最优策略。

这种探索式的学习方法避免了人类的局限，但仍然需要有客观的结果帮助判断。换言之，如果结果是明确的，人工智能学习可以逐步摆脱人类的监督，实现自我进化，这也是近期人工智能研究的一个重点。

开发人工智能应用最重要的是方向选择。前面我们已经提到，深度思考第一批应用的方向都选择在医学领域，其中的重点是医学影像。原因在于，对于人工智能来说，这是一个比较"容易"的方向：首先，这个领域有大量现成数据；其次，训练结果也便于和临床结果做对比。

当然，除了医学影像，类似容易出成果的人工智能领域还有很多，我们甚至可以说，在人类的几乎所有领域，人工智能都有协助提升效率的潜力。对于一些判断模式相对复杂但是结果很明确的领域，机器更有强大的用武之地。例如，在商品推荐和广告服务、股票投资、法律文档整理、公司和个人报税系统等领域，目前都已经有了相关的人工智能系统。当然，除此之外，我们还可以为人工智能寻找到更为广阔的应用空间。

例如，日本有一位汽车嵌入式系统设计师，他将人工智能应用到了一个大家通常想不到的场景之中——黄瓜分拣。在黄瓜的标准化种植中，最困难的任务不是种植和采收，而是分拣。黄瓜成熟以后，大小不一，形状也各异，因此需要将它们按等级分拣开来。以前，这个工作完全依靠人工，耗时耗力，成本很高。在黄瓜收获的旺季，这位设计师的父母每天花在分拣上的时间超过 8 个小时。为了减轻父母的工作压力，这位设计师基于谷歌张量流系统开发了一套视觉识别人工智能分拣系统：先给不同的黄瓜拍照，然后让人工智能学习黄瓜分级，最后在流水线上实现自动分拣。这套系统大大提升了分拣的效率，也把他的父母从劳累的工作中解放了出来。

除了应用于实体产业领域，人工智能也开始在一些精神产品领域大显身手。比如，已经有了人工智能的作曲家、诗人，甚至画家，很多机器创作的作品已经完全可以同人类作品相媲美。除此之外，机器还可以帮助人类实现一些之前无法完成的创意。例如，俄罗斯的一位程序员设计了一款叫作 Ostagram 的人工智能软件，能够帮用户创造出具有任意风格的图像作品。用户只要在这个软件中输入两幅画，其中一幅是风格，另一幅是构图，软件就会自动将第一幅的风格叠加到第二幅的构图上，创造出一幅新的作品。比如，用户在风格里选用凡·高（Van Gogh）的《星空》（Starry Sky），在构图里随便用一幅风景画，软件就可以为其创造出一幅具有凡·高《星空》风格的风景画。

在将人工智能技术同具体应用相结合的过程中，我们必须要关注以下 4 个重点。

第一，要有符合实际的目标。在现阶段，不要想着去研发各领域都适用的强人工智能，因为这不符合实际，无法实现。深度思考虽然号称要用智能解决所有问题，但实际上，它目前在研发的也只是适应于多种场景的弱人工智能。当前，弱人工智能是更为务实的目标。如果你掌握了某个领域的数据，对人工智能又做了特定的训练，就能看到结果，并收获相应的价值。总之，在确定人工智能的应用目标时，宜窄不宜宽，宜特定不宜宽泛。

第二，寻找到恰当的进入领域。计划通过人工智能进军某一领域之前，你需要思考的问题包括：自己是否掌握该领域的数据？数据是否有壁垒？你能够用人工智能解决什么问题？通过机器取得的成果是否会被市场接受？此外，你还要关注是否有大公司在和你做同样的事情，毕竟在很多领域里，客户出于信任等原因，会倾向于使用大公司而不是一个初创公司的人工智能解决方案。

第三，关注训练人工智能后所得到的输出是否有清晰的可比较的结果。如果有清晰客观的结果，你可能就不需要请专门的行业专家来帮忙了。但如果你所在的领域没有清晰客观的反馈标准，你就要问自己是否需要这个领域的专家来帮你确定结果的好坏，帮你训练整个人工智能系统。

第四，尽量不要把核心优势构建在所谓的算法上，因为在开源的环境下，算法虽然仍各有差距，但无法成为决定性的竞争差异；也尽量不要把优势放在计算能力上，因为初创公司的计算能力一定比不过脸书、谷歌等巨头。你的优势最好是建立在数据上，或行业经验上。如果你对行业了解得足够深，就会更清楚地把握客户的痛点。就像那位帮父母解决黄瓜分拣问题的日本设计师一样，正因为他深知分拣黄瓜的痛点，所以才能开发出相应的解决方案。只有深刻了解行业和用户需求，你才能建立真正的行业壁垒。

人工智能在未来很长一段时间内都会是市场关注的热点，更多的企业会将人工智能应用到各种不同的场景中，我们迟早会迎来一个人工智能应用大爆发的时代。这种大爆发会让两种企业最为受益：一种是抓住用户需求、成功应用人工智能的垂直企业，另一种是为各类创业者提供计算能力、算法以及数据的人工智能平台企业。谷歌、脸书、国际商用机器公司和微软，这些致力于成为人工智能平台的企业都可能成为这一波人工智能革命的最大受益者。中国的百度非常重视人工智能，腾讯和阿里虽然不如百度声音响亮，但也有很好且足够开放的平台。除此之外，科大讯飞、搜狗、小 i 机器人等公司也都有很大的机会。

知 识 点

1. 人工智能创业机会已过，必须抓紧时间应用。

2. 人工智能应用的领域非常广阔，关键是找到适合自己的那个领域。

3. 虽然创业机会已过，但人工智能会是未来很长一段时间内的市场热点，因此投资人工智能领域的平台公司，也是不错的选择。

第8章 工业机器人

机器人曾经只是童话书里的角色,但如今各种各样的机器人早已进入各行各业,为我们提供了多种多样的服务。毋庸置疑,未来机器人的数量会越来越多,与人类的协作范围也会越来越广,其制造成本也会越来越低。机器人产业具有巨大的发展潜力,与此同时,它也在潜移默化地影响着其他产业的格局。

工业机器人时代

2017年夏天,我们组织了日本名古屋机器人大赛的亲子营活动。在活动的最后一天,我们参观了位于名古屋的丰田公司(TOYOTA)总部,并亲眼见识了丰田的汽车装配生产线:一个银白色的汽车车架被固定后,数只机械臂会在瞬间伸过来进行各种冲孔和焊接。当时,我们很多人都被这种快速、精准、高效的场面震惊了。

世界上第一个工业机器人出现于1956年,是由美国万用自动化公司（Unimation）研制的。当时的这个机器人功能非常简单，就是定点搬运东西。如今，经过半个多世纪的发展，工业机器人的产业链已成熟并衍生出了很多细分方向。传统行业中有超过60%的工业机器人是用于汽车制造业的；而在医疗、航空航天这些特殊领域，机器人也在不断投入使用。随着机器人和人工智能技术的结合，具有自主学习能力的工业机器人也已问世。

工业机器人最早的应用领域是传统制造行业，只不过这类机器人不是我们在电影里经常看到的人形机器人，而是以机器臂为主。全球这类机器人的制造商主要有4家，其中两家是来自日本的发那科（FANUC）和安川电机（Yaskawa），一家是瑞典的ABB，还有一家是德国的库卡（KUKA）。让人兴奋的是，2016年年底，美的集团完成了对库卡的收购。2018年3月，美的和库卡还宣布在中国成立合资公司，目标是在工业机器人、医疗和仓储自动化这三大领域发力。

如前所述，汽车制造业使用工业机器人的比例很高，它主要将机器人应用在焊接、喷涂这些工序上。相对于人类而言，机器人主要有3个优点：一是生产效率高，只要事先设定好程序，就可以保质保量地完成各种高强度、高精度要求的工作；二是可以代替人类在低温、高温、有毒等恶劣环境下工作；三是能够全天候、全年无休地工作，只要定期进行维修和保养即可。特斯拉要建设超级工厂的原因同样在此，因为机器人一旦调试好，不仅生产效率高，而且无须支付雇用人力的各种费用。

当然，传统的工业机器人也存在一些问题。

第一个问题是部署成本高。部署工作通常是由系统集成商（system integrator）来完成的。一条以机器人和自动化设备为主的生产线本身是一个系统化的工程,绝大多数企业本身并不具备整体安装能力,所以需要一个第三方的角色来完成安装、编程、调试的工作,这个第三方就是系统集成商。在所有的成本中,机器人本身的价格只是一部分,还有相当一部分是部署成本。复杂流水线的部署需要非常细致的设计、施工、调试等,一般需要几个月时间,而且只有那些专业人士才能熟练完成。

第二个问题是更换成本高。每一条生产线上的大部分机器臂,都是针对特定功能设计的。比如一条汽车生产线,它的机器人控制系统、夹具等,一般都是为单一车型定制的。如果车型改变,那生产线也要跟着变动,这个过程一般需要几个月时间。

第三个问题是占用空间大。工业制造用的机械臂一旦固定好,其活动范围内的空间就变成它专用的"地盘"。

虽然汽车制造机器人存在很多局限性,但一条流水线部署完成后一般几年都不会有大变动,因此机器人标准化、高效率的优势可以得到最大限度发挥,企业的一次性巨额投入也会得到相应的回报。

除了传统制造业,工业机器人还被应用于医疗、航空航天这些具有较高专业技术壁垒的领域。

众所周知,挑选、训练宇航员成本高昂,更不用说在太空执行任务过程中,还存在飞船故障、太空辐射等诸多无法预知的重大危险。如果只是一味从提高航天员身体素质和技能入手来改进太空作业,不仅成本高,而且也不实际。因此,近年来,美、俄、德、日以及中国都在积极研制机器人航天员,希望用机器人来代替人类进行太空探索。

世界上第一个进入国际空间站的机器人航天员是美国国家航空航天局和美国通用公司联合研制的人形机器人助手 Robonaut 2（简称 R2）。它不仅具有类似人类的灵活手指，而且可以完成更换空气过滤器等复杂任务，协助宇航员在国际空间站完成枯燥、重复、危险的工作。人形机器人助手如图 8.1 所示。

图 8.1　人形机器人助手

资料来源：https：//robonaut.jsc.nasa.gov/R2/.

软体机器人公司（Soft Robotics）是一家专门研制特殊应用机器人的公司。针对传统机器手臂无法抓取不规则、柔软的物体的劣势，软体机器人公司研制的机器人拥有气动柔性机械手，可以灵活抓取水果等不规则形状以及轻薄、柔软的物体。

仿生机器人则致力于模仿自然界动物的飞行、运动、感知等行为。从全球范围看，德国工业自动化公司费斯托（Festo）在动物仿生机器人方面一直处于世界领先地位。2018年年初,费斯托发布了两款新研发的仿生机器人:一款是模仿果蝠的飞狐机器人,另一款是模仿撒哈拉沙漠中蜘蛛的蜘蛛机器人。

利用自身的电子设备及地面基站摄像头的定位,飞狐机器人已经能够实现半自主飞行。飞狐的翅膀虽然轻薄,但是抗压力和灵活性非常好,即使受到轻微损伤,依然能继续飞行。飞狐机器人如图8.2所示。

除了费斯托以外,波士顿动力(Boston Dynamics)制造的狗形和人形机器人也属于仿生机器人。每隔一段时间,波士顿动力就会以视频的形式对外公布其机器人的最新进展。

图 8.2 飞狐机器人

资料来源:https://www.festo.com。

从传统制造业、特殊行业以及仿生领域的3类机器人的发展现状看,我们可以大体了解工业机器人在近期的发展情况,同时也对其发展趋势有一个大概了解。未来工业机器人的发展趋势可以概括为以下几个:

第 1 个趋势，重复性、高精密性的工作会很快被机器人替代。

第 2 个趋势，不仅在传统工业领域，特殊行业也会大量应用机器人或者机器臂，对此我们要用开放心态积极应对。

第 3 个趋势，具有自主学习能力的机器人已经出现，而类似人脑、具备通用智能和通用行为的机器人还处于探索过程中。

知识点

1. 未来机器人的数量会比人多，人与机器协作的场景也会越来越多，机器人的制造成本会越来越低。总体来说，机器人产业未来发展潜力巨大，同时也给其他产业的格局，以及我们的生活和工作带来重大影响。

2. 无论是传统工业使用机器臂，还是特殊行业使用机器人，都可以采用任务分解的思维，让每个机器人完成某个特定、精密和重复性的任务，然后根据需求对机器人进行灵活组合。这样的好处是，能够大规模生产，有效降低制造成本，并始终以市场需求为导向。所以，初创企业可以多探索人机协作的应用场景，开发实用性强的机器人。

3. 未来，工业机器人与人类优势互补，人类要用开放心态面对。尽管大多数低水平重复性工作会由机器人替代人类完成，但是，在短期内，机器人要在通用智能上替代人类，还是不太现实。

关键人物：罗德尼·布鲁克斯

1997 年的纪录片《又快又贱又失控》（*Fast, Cheap and Out of*

Control）是一部至今仍为人津津乐道的电影。这部在当年斩获无数奖项的作品，讲述了 4 位不同领域从业者的故事，其中就包括一位机器人制造专家。

这位专家在电影中预测，未来的事物都会拥有一个"媒介"（agent），人们可以通过这个媒介和事物进行语音互动。例如，如果你想要关门，只需和门说一声就可以了；如果你想关灯，也可以直接跟灯说。除此之外，这种媒介还可以记住你和你的使用习惯。

这位预言未来的科学家就是有"工业机器人教父"之称的罗德尼·布鲁克斯（Rodney Brooks）。布鲁克斯于 1997 至 2007 年一直担任麻省理工学院计算机科学与人工智能实验室的主任，此外，他还是艾罗伯特（Robot）和瑞森可机器人（Rethink Robotics）这两家机器人公司的创始人。

1954 年出生于澳大利亚的布鲁克斯从小就是一副极客形象，他总是有自己的想法，并且努力把想法变成现实。据说，他在 8 岁的时候就会做一些电路实验，而他的妈妈担心他和普通孩子差异太明显，总劝他在吃饭前多看看小孩子看的电视节目，而不是去思考或者做一些奇怪的东西出来。

后来，他尝试自己做了一个叫《井字棋》（*Tic-Tac-Toe*）的小游戏，通过编程让他的好朋友和计算机进行对战。据说他的好朋友在他编写的程序面前都败下阵来，而那一年，他还不到 13 岁。

布鲁克斯的机器人研究灵感最早来源于大自然。他在观察蚂蚁群活动的时候发现，就算是 6 条腿的蚂蚁，爬行的时候偶尔也会摔倒，那为什么人们就一定要造出不会摔倒的机器人呢？

于是，布鲁克斯就自己动手研发了一种"可以行走，也可能会

暗趋势：藏在科技浪潮中的商业机会

摔倒"的机器人，并给它取了一个霸气的名字——"成吉思汗"。这款机器人几乎没有任何智能可言，它只是杠杆和齿轮的组合，而且只能完成走路这一个动作。但是布鲁克斯完全不在意"成吉思汗"是否显得笨拙，因为对他而言，机器和生物一样，需要一个演化的过程。我们现在来看，他后续的研发经历也验证了这个理念。

1981年，布鲁克斯从斯坦福大学毕业并获得计算机科学专业的博士学位。9年之后，他创立了大名鼎鼎的艾罗伯特公司。你也许对这家公司不熟悉，但是一定听说过甚至用过其研制的扫地机器人伦巴（Roomba）。

当然，除了扫地和擦地设备，这家公司还研发了各种军用、警用及救难机器人。比如，在美国"9·11"事件发生时，他们就派了一款名叫派克波特（PackBot）的军用机器人深入被撞毁的世贸大厦地下搜索生还者。目前全球有超过5 000个派克波特机器人应用于军事和国防领域，它已成为美军最重要的军用机器人之一。军用机器人派克波特如图8.3所示。

图8.3 军用机器人派克波特

资料来源：http://endeavorrobotics.com.

布鲁克斯曾经在他的个人博客里这样描述人与机器人的相互关系：我们和机器人就像是深海中的潜水员和章鱼，潜水员和章鱼注视着对方时，总会有一丝不安，甚至恐惧，所以没办法真正融入当下的场景。布鲁克斯认为这种长期存在的关系影响了机器人行业的发展。因此，2007年年底，在担任麻省理工学院计算机科学与人工智能实验室主任10年后，布鲁克斯又创办了一家新的机器人公司，以求转变传统机器人在人们目心中的形象。这家新成立的公司就是瑞森可机器人公司，而它所发布的两款机器人巴克斯特（Baxter）和索耶（Sawyer）则开启了智能工业机器人的新时代。机器人巴克斯特和索耶如图8.4所示。

巴克斯特机器人主要用于完成生产线上料、机器操控、包装和材料处理这些小批量，多品种的生产任务。但是，和传统工业机器人不一样的是，巴克斯特可以通过显示屏呈现表情。如果工作一切顺利，它就会微笑；如果工作出错了，它会皱眉；如果对你输入的指令产生疑惑，它就会扬起眉毛。如果它想从你的手里接过一样东西，眼睛会先朝着你所在的方向看，然后才有"拿东西"这个动作。显然，巴克斯特已经不是我们常见的那种笨重、机械化且冷冰冰的工业机器人了。

当然，巴克斯特的局限性也是非常明显的。因为出于安全考虑，巴克斯特的最后一节手臂采用了塑料材质，所以在精度、额定负载方面，都很难达到传统工业机器人的应用标准。为了弥补这个缺陷，瑞森可机器人公司在2015年年初发布了第2款机器人索耶。

与巴克斯特相比，索耶除了硬件升级以外，更具有了类似人类的自主学习能力。举例来说，如果你想让索耶完成从A处到B处的移动，并且抓起在B处的一只水杯，那么你要做的就是手把手教

暗趋势：藏在科技浪潮中的商业机会

图 8.4　机器人巴克斯特和索耶

资料来源：https://www.rethinkrobotics.com.

它，就像我们"手把手"教小孩走路一样。索耶学得非常快，在几次路径优化之后，它就能按照最优路径自己完成这个操作了。

除此之外，利用自带的康耐视（Cognex）摄像头和机器学习算法，索耶还可以轻松识别物体位置以及环境的变化，这就让物件检测变得更加简单。

在工业4.0时代，"多订单、小批量"的柔性生产模式，对机器人编程和调试的更改频率要求会增加。索耶配套了软件交互平台Intera，在这个平台上，代码被内嵌到每一个图形模块中，设计人员只需用类似拼图的方式，就能完成创建新程序、修改调试，以及监控机器人等工作，可以说非常方便。

未来机器人虽然不太可能全面取代人类，但会和人类紧密协作，而想要提升协作的效率，我们势必要提升协作互动的体验，打造一种更好的人机相处环境。布鲁克斯通过瑞森可机器人公司践行了他的"人与机器和谐共处"理念，而巴克斯特和索耶这两款机器人，也为未来智能化、个性化的工业机器人指明了方向。

关键公司：亚马逊机器人

2017年11月初，我们去美国考察，一位团员一到酒店就给女儿在戴森（Dyson）官网上买了一个吹风机，又在亚马逊上下单买了爱因斯坦小机器人。结果，两天后他就在入住酒店的前台顺利拿到了爱因斯坦小机器人，至于吹风机，直到人回国了也都还没送到。他几次电话询问戴森，得到的回复是周末休息。对于习惯了国内电商"闪电"配送的人来说，这样的答复并不能让人接受。

同样是在美国，各个企业的劳工政策相差不大，为什么亚马逊的物流能做到如此高效呢？一个重要原因是亚马逊用机器人进行了仓库管理和物流运输。

亚马逊早在2012年就花费7.75亿美元收购了基瓦系统（Kiva System）机器人公司，并改名为亚马逊机器人（Amazon Robotics）。收购这家机器人公司的原因非常简单，就是因为机器人能够提高物流效率，解放员工。正因为采用了基瓦系统，亚马逊的仓储与物流成本大大降低，其电商领域的霸主地位也得到了巩固。

在亚马逊的仓库里，基瓦物流机器人看起来就像是移动的货架，它们满载着商品跑来跑去。上百个机器人都是自行移动，互相跟随，但绝不会撞到彼此。人类工人则负责把一件件商品放上货架，补充缺货，然后由机器人把这些货架移走。如果有顾客订购了不同机器人货架中的商品，这些机器人就会到统一的位置排队，人类分拣员会根据计算机屏幕上的说明，从货架上拿下商品装进塑料箱。

从分拣员的角度看，这种机器人的运行模式可以称作"即想即拿"。也就是说，我想要什么商品，我就可以从机器人身上的移动货架里取得。"即想即拿"大大减少了分拣工花在拣货上的时间和体力，因此从整体上提升了物流的运转效率。

而以分拣员为核心的运行模式，正是来自基瓦机器人的创始人之一米克·蒙兹（Mick Mountz）的创新设计。

在和其他两位创始人共同建立基瓦系统之前，蒙兹曾经在摩托罗拉（Motorola）和苹果公司从事制造、物流相关的管理工作，因此对仓储管理有着很深刻的理解。1999年，蒙兹从苹果公司辞职后去了一家初创物流公司威普旺（Webvan）。但好景不长，一年之后，威普旺就关门大吉，而其倒闭的原因之一就是仓储和分拣的成本太高。威普旺仓库中的货架是固定的，为了处理一个订单，分拣员经常要在仓库中跑来跑去。据蒙兹后来介绍，当时只卖89美分的罐装汤，其仓储成本高达1美元，比商品本身还要贵。威普旺的教训让蒙兹意识到，要想在电子商务领域成功，降低仓储分拣和物流成本是重中之重。

蒙兹后来就思考，如果自己是一个分拣员，最好的工作方式是什么呢？答案就是"即想即拿"：面对一个订单，我要拿一盒罐头，罐头就来了；我要拿一盒饼干，饼干就到了。如果能做到这一点，就可以既节省时间，又节省体力，整个效率也就提升了。想到这一层后，蒙兹认为应该设计一个让货架自动运动的系统，而物流机器人的概念也就应运而生了。

这个创意看似简单,但实际上是对当时整个仓储分拣模式的颠覆。以前的仓储都是"以商品为中心"的,是让分拣员去寻找商品,而蒙兹的模式是"以分拣员为中心"的,是让商品来寻找分拣员。

为了让整个基瓦系统顺利运行,蒙兹和他的合作伙伴合力解决了以下3个关键问题,让货架移动,确定分拣员的位置,让机器人协调运转。

第1个问题比较容易解决,他们把基瓦设计成一个矮个子,这样就可以钻到货架底下,把货架举起来运送。"货架运输工"基瓦如图8.5所示。

图 8.5 "货架运输工"基瓦

资料来源:https://www.amazonrobotics.com.

既然货架可以自由移动了,那分拣员就可以待在一个固定的地方,等待接收货物。接下来基瓦系统对仓库结构做了优化,尤其确定了分拣员的最佳位置，这样第2个问题也解决了。

第3个也是最关键的问题，就是要对所有机器人的行动进行统一协调，让它们既可以找到运行的最优路径，同时又不会互相阻碍冲撞，这时候就需要加入人工智能了。机器人会依据算法给出的指令决定先去哪个分拣站，如何让移动路线的用时最少，以及如何高效地把货物所在的货架从仓库搬运到人工处理区。

物流机器人、新的仓库设计以及人工智能调度系统三者合一的效果立竿见影，与之前的纯人工相比，整个仓储物流的运转效率提高了3倍，准确率更是达到了99.99%。

值得一提的是，基瓦的创始人并没有把这套系统做成一个封闭的软件包，而是将源代码开源，并制作了一个可以让研究者模拟仓库中机器人运动的平台字母形花片汤（Alphabet Soup）。同行业的研究者可以在这个平台上，开发全新的算法，从而让整套系统更高效、更稳定。

尽管亚马逊收购基瓦系统后不久就不再允许基瓦为其他客户服务，但是，这套开源平台还是被保留下来。现在，亚马逊还会定期举办机器人大赛，以鼓励更多的人参与应用开发。

知 识 点

1. 电子商务行业的竞争力来源于效率，而高效的仓储和物流是电子商务成功的重要保证之一。竞争者只有不断紧跟科技前沿，积极运用先进科技，才能在市场中保持竞争优势。

2. 基瓦系统的高效来自它采取了以分拣员为中心、让货架运动的"逆向思维模式"。人工智能配送系统、机器人之间的交互协调，以及全新的仓储结构设计确保了整个系统的高效运行。

3. 尽管亚马逊享有基瓦的独家使用权,但是它仍在举办机器人大赛,开放应用设计平台,推动机器人技术的进步,这个理念也值得我们借鉴。

人机协作的新机遇

如前关于人工智能及机器人的内容,目前谈论通用智能和通用机器人的大规模应用还为时尚早。在当前的大多数场景下,我们主要还是依靠人与机器人的紧密协作和优势互补来完成任务,尤其是在物流、救援和巡检等领域之中,人机紧密协作具有非常多的机会。

外骨骼机器人

第一个值得关注的是外骨骼机器人,外骨骼机器人既可以用于工业生产,也可以帮助人们行走,其应用领域非常广泛。

外骨骼机器人早期应用于军事领域。目前,知名的军事外骨骼机器人有两种:一种是美国雷神(Raytheon)公司的 XOS 外骨骼系统,另一种是洛克希德-马丁公司的人类通用型负重外骨骼(Human Universal Load Carrier,简称 HULC)。这两家公司都是美国国防部的巨额资助对象,但侧重点不同:雷神公司专注研究全身机械外骨骼,而洛克希德-马丁公司专注研究可增强下肢能力的机械外骨骼技术。我们在很多科幻电影中见识过军事用途的外骨骼机器人,例如《明日边缘》(*Edge of Tomorrow*)里汤姆·克鲁斯(Tom Cruise)穿的外骨骼和电影《极乐空间》(*Elysium*)里马特·达蒙

（Matt Damon）的外骨骼，以及《钢铁侠》（*Iron Man*）的人工智能外骨骼贾维斯（Jarvis）。目前现实中研发的外骨骼机器人，和影视作品中的描述存在较大的差距。

外骨骼机器人另一个主要应用领域是医疗。当前外骨骼机器人的主要作用是帮助腿脚不便的老人及残障人士，辅助恢复他们腿部的行走能力。而在未来，外骨骼机器人甚至可以帮助瘫痪在床的残障人士重新站立行走。

值得注意的是，外骨骼机器人正在扩展到其他领域。

众所周知，2011年日本大地震引发了海啸，导致福岛核电站出现了严重的核泄漏。当时的抢险救援进度很慢，因为出于人身安全考虑，所有工作人员都必须穿着重达60千克的防辐射服进行工作，而这么笨重的外设极大地降低了工作效率。

日本筑波大学（University of Tsukuba）教授山海嘉之创办的外骨骼机器人赛博达因公司（Cyberdyne）发现了这一问题，于是其研发人员就对公司的一款辅助残障人士行走的外骨骼设备进行了重新改造，使其具有了防护服的性能和特点。

改造后的防护服本身具有感应装置，通过读取大脑传达给皮肤表面的微弱电信号，它可以识别穿戴者的移动意图。穿到身上之后，防护服的机器支架会与人体肌肉联动，辅助工作人员完成相应动作。另外，防护服还加装了防伽马射线（Gamma Ray）的隔板，可减少60%的辐射量。

此外，改进后的防辐射服内部还配备了监测使用者生命体征的传感器，加装了空调系统，以防止工作人员在建筑物反应堆内受热中暑。

从日本地震救援这个例子中，我们发现外骨骼机器人其实可以应用于很多特殊场景，尤其适合于物流、建造等需重体力劳动的行业。

比如，日本松下公司（Panasonic）的孵化器就诞生了一家专注于提高搬运效率的外骨骼机器人公司工作链路（Active Link）。2017年4月，这家公司获得了松下和三井物产的投资，并改名为ATOUN，着重开发人和机器共同协作的外骨骼装置。如今，该公司专门用于搬运货物的外骨骼机器人已经在日本销售。这款机器人穿戴非常容易，而且工作过程完全自动化。当使用者开始弯腰搬运重物时，设备会自动感知到弯腰的动作，并将信号发送到电机，为人体的四肢提供外部助力。

总体来说，外骨骼机器人无论在医疗领域，还是在军事领域，目前都很受创业者和投资者关注。不过相对而言，这两个应用领域的技术门槛更高，而工业领域是比较容易实现产品落地的。

救援机器人

利比亚内战持续多年，有大批平民被迫逃离自己的国家，通过船从地中海进入欧洲避难。但是他们使用的大多是简陋的小船，根本不适合这种长途航行，再加上经常超载，所以航行过程中船只损坏、翻船的事情经常发生，导致很多难民溺水死亡。

希腊的莱斯沃斯岛周围是难民溺水事故高发区。出于人道主义，为了营救，2016年岛上的海岸警卫队开始配备一种水上救援机器人。使用了不到10天，这款机器人就成功帮助营救了超过200名难民。

这个水上救生机器人名叫埃米莉（Emily），是由美国的Hydronalix公司研发的。这款机器人长约1.2米，重约11千克，看起来像一个裹着橙红色救生衣的圆筒。别看它体积不大，但它的浮力使它一次可以至少承载5个人。此外，由于采用了强度大、重量轻且耐腐蚀的航空级复合材料，这款机器人也可以被直接从直升机上或者桥梁上抛到水中使用。

埃米莉由电机驱动航行，有防水的麦克风和无线电通信设备，可以实现远程救生员和落水者的语音通话。同时，它还安装了具有夜视能力的防水相机，可以通过智能手机远程观察现场，即使在晚上也能工作。

当人类救生员通过望远镜或肉眼观察水面并发现有人落水时，他们可以远程将埃米莉放到水中，之后这款机器人可以用每小时35千米的速度赶往出事地点。在到达落水者身边后，落水者抓住机器人或救援绳，就能够被快速带到岸边，还能让附近船只配合救援。埃米莉的抗风浪能力非常强，可以在人类救生员难以到达的危险水域实施救援。

巡检无人机

从本质上来说，救援机器人埃米莉其实是一款遥控无人救生艇，它和天上飞的遥控无人机有着很多类似之处，只是应用场景不同。如果是在海上，我们的确要依靠埃米莉这样的设备；而如果是在天上，我们则更需要和无人机协作，提升工作效率。实际上，目前无人机已经广泛应用于物流、巡检、测绘，以及侦察等领域。

以高压线巡检为例。众所周知,高压线架设得非常高,如果是人工巡检,工作人员就必须爬到很高的位置,而高压输电线路有不少都架设在深山老林里,这给巡检工作带来了很大的障碍。人工巡检既危险,效率又低。

采用无人机巡检就能够轻松解决这些问题。工作人员无须爬到高高的架子上,甚至无须走近现场,就可以通过遥控无人机360°无死角地观察现场。相比于人工巡检,无人机巡检不但提升了效率,而且解决了以前人工巡检的盲区问题。

目前,国内大多使用大疆无人机进行电力巡检,一次18分钟的飞行就可以巡检5千米的范围,工作效率是原来人工巡检的8~10倍。当然,这也导致了一个很有意思的现象:以前年轻人不愿意做高压线路巡检这种苦活累活,甚至有些地方高薪都招不到人,但有了无人机巡检后,这个工作突然变得时髦起来,很多年轻人都加入了巡检的队伍。当然,除了电力巡检,无人机也已经在边境、山火多发区域、危险区域执行巡检任务。

知 识 点

1. 目前,在国内外工业领域,外骨骼机器人的主要用途还是帮助人类减轻负重,提升效率。未来,我们可以持续关注医疗外骨骼机器人的研究成果,思考如何与劳动密集型行业的实际需求结合,开发能迅速规模化生产的产品。

2. 尽管在传统工业领域,已经有发那科、库卡、ABB、安川电机等企业占据绝对市场份额,但是在救援、巡检、测绘、侦察等特殊领域,各类机器人正在发挥越来越大的作用,我们可以思考如何利用机器人来解决这类特殊行业的固有问题。

3. 总体来看，各类机器人之间的相互协作、不同功能机器人的优化组合、机器与人类的完美配合一定是发展方向。所以，我们无论从心理上，还是行动上，都要提前准备好迎接这个大趋势。

第 9 章 自动驾驶

自 2010 年谷歌开始在公共道路上展开无人车测试以来,"自动驾驶"就成了人类未来交通产业一个巨大的变量。到如今,包括传统汽车公司、互联网巨头和新兴的初创公司在内的众多产业力量已经加入自动驾驶这一行业之中,相关技术和产业的发展速度让很多人对未来充满期待。

自动驾驶的现实状况

真正的自动驾驶的确值得憧憬,因为它会让我们生活的很多方面发生颠覆性的改变:交通效率会得到极大的提升,通勤消耗的时间将大幅减少;汽车消费将不再是一项必需的大额支出,我们将更多地使用汽车而不是拥有汽车;出行将不再是一项枯燥的占用时间的活动,而会充满乐趣,变成生活甚至是办公的一部分。

但是,截至目前,自动驾驶依然有不少问题没有得到解决。

首先，人工智能的发展水平限制了自动驾驶的发展速度。基于目前的人工智能水平，自动驾驶已经可以处理大多数的常见情况，在很多方面甚至已经强于人类。尽管如此，自动驾驶在两个方面仍然弱于人类：一是它的综合判断能力不如人类，在面对较为复杂的状况，需要通盘考虑之后做出权衡选择时，机器往往会陷入不知所措的境地；二是它还不太会处理罕见情况，如果机器之前没有接收到相关方面的数据训练，它就会对一些陌生的状况感到束手无策。

其次，自动驾驶责任认定问题仍悬而未解。在伦理道德领域有一个著名的电车难题：当一辆电车在行驶过程中突然失控，刹车失灵，那它是直接撞向前方的几个人，还是改道撞向路边的一个人？当真的出现这种问题时，人类驾驶者自然可以做出自己的选择并且承担相应的后果，但自动驾驶应该怎么选择？更重要的是，谁需要为自动驾驶的选择负责？直到目前，我们尚未看到有对此做出明确规定的法律或者政策，而这种责任认定的缺失，也正是自动驾驶无法实现大规模商用的重要原因。

当然，相关法律滞后不意味着自动驾驶技术还不完善，更不意味着自动驾驶就没有市场。实际上，即便是在现有技术基础和法律框架下，自动驾驶仍然有潜在的发展空间。

首先值得关注的是辅助驾驶。在完全自动驾驶尚且无法实现的条件下，让人占主导地位，机器给人做辅助，不失为一个实际的选择。辅助驾驶可以应用于众多场景之中，比如在城市道路拥堵、交通缓慢的情况下，我们可以让机器来控制车速，把人从疲劳犯困的环境中解脱出来。除此之外，辅助驾驶还可以实现自动停车入位，解救那些不擅长停车的驾驶员。

其次是封闭环境中的慢速驾驶。例如，目前不少大学校园和工业园区中因为面积过大而必须配备摆渡车，如果这些摆渡车能够采用低速无人驾驶的解决方案，将大大节约相应的运营成本。

再次是特殊用途的无人驾驶，如自动送货车、小区里的自动巡逻车等。与人工保安相比，自动巡逻车可以做到一天24小时不间断巡逻。如果配备上人工智能识别系统，它还能识别哪些人是小区的业主，哪些人可能是小偷。

最后是易被大家忽略的长途货车自动驾驶。实际上，长途货车主要是在高速公路上行驶，而高速公路其实是相对封闭的道路。因此，我们只需把上下高速公路的问题解决好，长途货车中间的行程完全可以交给自动驾驶。

实现完全自动驾驶的技术预计会在2020年前后完善起来，不过，由于政策法规等客观因素的限制，自动驾驶的普及还需要更长的时间。在全面普及之前，我们不妨多关注前面提到的几个应用场景中的机会。

任何好的科技都需要有相应政策的配合，自动驾驶要想进一步落地，也需要相应政策的及早响应。目前，各国都在积极探索对自动驾驶的立法工作，期望在尊重现实的基础上，为产业进一步发展铺平道路。对于中国而言，能否在类似关键问题上及早实现立法突破，将深刻影响中国自动驾驶产业的发展。

知 识 点

1. 我们在预测科技未来的时候，对近期易过度乐观，对远期易过度悲观。自动驾驶，短期还看不到全面使用的机会，因为除了技术还有监管问题有待解决。但是，长期看，自动驾驶一定会对社会形成巨大的影响。

2. 制约自动驾驶产业发展的因素不仅有技术、市场，还有法律法规及监管等。

3. 在完全自动驾驶无法实现的情况之下，市场仍存在机会。辅助驾驶正在得到普遍应用。与此同时，封闭环境的自动驾驶也会大量出现。

关键人物：塞巴斯蒂安·特伦

谈及自动驾驶，我们就不能不提谷歌，因为它是全球第一个进行无人汽车公路测试的公司。而谈到谷歌的自动驾驶，我们就不能不提到其背后的功臣塞巴斯蒂安·特伦（Sebastian Thrun）。

塞巴斯蒂安·特伦1967年生于德国，于1995年在波恩大学（University of Bonn）取得博士学位，之后赴卡内基·梅隆大学（Carnegie Mellon University）做研究，成为卡耐基·梅隆大学机器学习领域的创建者之一。

2004年，特伦加入斯坦福大学，并在3年后成为斯坦福大学的正教授。但到了2010年，他就放弃了终身教职，加入谷歌。众所周知，美国大学的终身教职非常难得，一般人都是一边创业一边保持教职，像特伦这样敢于直接放弃教职全身投入企业的人确实非常少。

加入谷歌后，特伦被委以重任，他不仅成了谷歌的副总裁，更是全权负责谷歌当时最神秘的部门Google X。在负责Google X期间，

第9章 自动驾驶

特伦不负众望，孵化出谷歌街景（Google Street View）等诸多重要产品。当然，在所有产品当中，最为重要的当属自动驾驶。

特伦18岁时，其最好的朋友因车祸去世，而正是从那时起，他立志要用科技改变全球每年100多万人死于车祸的现状。特伦的博士研究课题就是自动驾驶和自动探索。除此之外，他还在1997年开发出世界上第一个机器人导游。2005年，特伦带领斯坦福大学的学生参加美国国防高级研究计划局（DARPA）举办的一年一度的自动驾驶比赛，并获得了第一名。DARPA是从2004年开始举办自动驾驶大赛的。作为一家具有军方背景的机构，DARPA举办这项比赛的初衷是希望到2015年美军1/3的地面部队具备自动驾驶能力。无心插柳柳成荫，尽管军事目标一直没能实现，但这项比赛着实推动了美国民用自动驾驶的进步。

特伦团队在2005年的比赛中一鸣惊人，他们不但获得了200万美元的官方奖金，更引起了谷歌联合创始人拉里·佩奇和谢尔·盖布林的关注。这两位年轻的谷歌创始人极力邀请特伦加入谷歌，这才有了后来组建自动驾驶团队的众多故事。

2012年，为了创立在线教育公司优达学城（Udacity），特伦选择离开谷歌。他走之后，谷歌的自动驾驶项目继续推进。2016年12月14日，自动驾驶项目被单独分拆为阿尔法特（Alphabet）的一家子公司，并更名为慧摩（Waymo）。不过，慧摩的自动驾驶被外界认为进展缓慢，尤其是商业化进度更是一直为人所诟病。

也许是对谷歌这个自动驾驶项目发展太慢的一个回应，特伦在2017年9月宣布优达学城将开发基于开源的自动驾驶汽车。这意味着优达学城也要造车了。当然，特伦虽然离开了谷歌，但和谷歌的创始人关系依然不错，他和拉里·佩奇一起投资了一家叫作基蒂霍克（Kitty Hawk）的飞行汽车公司。

知识点

1. 自动驾驶走到今天不是一日之功，从DARPA 2004年开始举办大赛到今天已经14年了，从谷歌无人驾驶汽车路测到现在已经8年了。

2. DARPA举办的竞赛对技术提升有很大的帮助，之前我们也介绍过美国人工智能界有ImageNet视觉识别比赛，现在国内也有了各类人工智能大赛，用大赛的方式提升科技水平确实可行。

3. 谷歌在自动驾驶项目上先行，但是别人后来居上。谷歌擅长研发，但是在产业化尤其在涉及硬件的产业化上一直做得不太理想。先进科技需要产业化的支持才能成功。

关键公司：无比视

相较于缓慢的谷歌而言，目前在自动驾驶商业化方面做得最好的公司是无比视（Mobileye）。

无比视是一家以色列公司，于1999年由以色列希伯来大学（The Hebrew University of Jerusalem）计算机系教授阿姆农·沙书亚（Amnon Shashua）创立。阿姆农是一位成功的连续创业者。在获得麻省理工学院的大脑和认知科学博士后，他于1996年回到以色列希伯来大学任教，其间一边发表论文，一边进行创业。

无比视只是阿姆农创办的公司之一。依托于阿姆农的技术，无比视的主要业务是利用摄像头和包含计算机视觉算法的芯片来为汽车提供自动驾驶能力。该公司于2014年在美国纽约股票交易所（NYSE）成功上市，最近则被英特尔宣布以153亿美元收购。它的上市是迄今为止以色列最大的首次公开募股，英特尔对它的收购则是迄今为止以色列最大的并购案。

尽管市场占有率已经达到70%，但其实无比视地位并不稳固，在产业链的上中下游，无比视正在受到全线竞争的压迫。

从下游来讲，无比视的产品解决方案不够完整，因此一直没有办法直接把产品卖给厂商，而是扮演了一个二级供应商的角色。但是，随着自动驾驶解决方案越来越为更多企业所掌握，大量一级供应商会选择自己开发自动驾驶解决方案，而不再愿意采购外部方案。

在中游，和无比视类似的技术也在不断涌现。例如，谷歌的自动驾驶方案就是自己开发的，其中包括激光雷达系统和视觉系统，这样的公司还会越来越多。

在上游，其他芯片厂商也可能向下延伸，在芯片里放入自动驾驶解决方案，这方面最典型的公司就是英伟达。英伟达原来只卖硬件GPU，但现在也推出了基于自动驾驶解决方案的整个系统，形成了对无比视的竞争。除此以外，很多一级供应商，如博世（BOSCH）、电装（DENSO）等，以及德州仪器（Texas Instruments）等传统的芯片供应商也在进军这一领域。

从上中下游的这种现状，我们大概也能理解为什么无比视会答应"嫁身于"英特尔了。而从另外的角度看，无比视所面临的这些竞争压力也反衬出整个自动驾驶行业的竞争白热化。传统汽车厂商、一级供应商,甚至英特尔和英伟达这些芯片公司都开始加入自动驾驶大战这一事实,再一次印证了我们此前在讨论人工智能时所得出的结论:人工智能创业的机会已过,自动驾驶的技术创业机会也已经接近尾声。

自动驾驶还有机会吗

利用人工智能做自动驾驶硬技术开发的红利期已经结束,但这不代表整个自动驾驶行业已经完全没有机会。

我们从英伟达等相关公司的财务报告可以看出,自动驾驶给这些公司带来的直接收入贡献仍然很小,自动驾驶的市场其实尚待开发。当然,这也意味着未来几年自动驾驶市场还有可能迎来爆发的机会。

很多大企业,尤其是像通用、福特(Ford)这样的超级大型车企,仍在争抢研发进度和积蓄自动驾驶人才,为此它们进行了数量众多的并购。比如,2016年3月,通用以5.19亿美元收购了自动驾驶公司克鲁斯(Cruise)。2016年8月,优步以6.8亿美元收购了自动驾驶卡车公司奥托(Otto)。2017年2月,福特以10亿美元收购了自动驾驶公司阿尔戈人工智能(Argo AI)。

新增企业虽然减少了,但也仍在出现。例如,吴恩达的太太就与人发起成立了人工智能公司Drive.ai。他们另辟蹊径,专门研究给现有汽车做自动驾驶改装。

自动驾驶需要积累大量的数据对人工智能进行训练,但目前各大企业在这方面仍有欠缺。为了弥补这一短板或者强化数据实力,各个企业势必还会积极推进自动驾驶的实践。例如，优步为了抢夺竞争优势，率先在匹斯堡进行了自动驾驶汽车上路实测。尽管这只是试用，但实际上能够帮优步更快地积累数据。另一家自动驾驶汽车企业 nuTonomy 甚至比优步更早在新加坡开始自动驾驶出租车实验，其原因同样是为了大量地积累数据。

当然，大型车厂在数据积累方面也不会坐以待毙，因为大车厂有自己的优势，它们甚至可以巧妙地把一些自动驾驶方案放到现有行驶车辆上进行测试。目前整个汽车产业链仍然是大车厂主导，它们的一级供应商则进行配合。

要想撼动传统车厂，颠覆现有强大完备的汽车产业链，创新者必须具备足够的能力。很多创新企业认为一个主意就可以改变世界，但改变世界不仅需要主意，还要有资源和能力。现实中很多颠覆其实都发生在不同类别的大公司与大公司之间，而不是小公司和大公司之间，毕竟大公司更具备资源和能力。从这个角度来看，在汽车产业和自动驾驶中，最有机会撼动大车企的其实是优步，因为未来优步很可能以大批量购买和"列装"自动驾驶汽车来直接颠覆传统车厂的业务模式。

小公司必须聚焦在细分领域上。举例来说，现在高精度的自动驾驶解决方案普遍要用到激光雷达，而在谷歌采用了威力登（Velodyne）这家初创公司的 64 线激光雷达后，威力登的激光雷达几乎成了自动驾驶汽车的标配。

当然，很多应用机会会随着市场的变化而不断涌现，所以持续关注市场，及时了解市场产生的新变化，我们往往可以获得更多思路。

美国的汽车产业比较成熟，大型车厂基本垄断了整个产业链，因此即便出现谷歌和无比视等新进入者，整个产业格局在短时间内也非常难以被撼动。与之形成鲜明对比的是，中国尚没有那么大的垄断性汽车企业，所以反倒更有机会。

正如美国市场中最有可能成为搅局者的已经不是谷歌和无比视，而是特斯拉电动汽车+自动驾驶或者优步服务+自动驾驶，在中国或许也可以考虑自动驾驶+电动汽车之类的解决方案。另外，滴滴服务+自动驾驶虽然不能说是百分之百的未来，但至少也是方向之一。

另外，类似无比视的公司在中国也还有机会。无比视在国外发展不好的主要原因是一级供应商对它形成了残酷的挤压。但中国没有强势的一级供应商，这就让类无比视们看到了一线生机。百度原研究院院长余凯创办的地平线公司就想做中国的无比视。

总体而言，如今的中国是一个重新定义自动驾驶的时代。中国未来的自动驾驶到底是什么样的生态，未来的产品到底是什么样的结构，未来的服务到底是什么样的形态，都还不能确定，但这也意味着我们有无限的可能。

当前，重要的是要把各方面相关的人聚集到一起，要让传统产业和新兴产业的企业汇聚到一起，要让制造企业和科技企业结合到一起。只有如此，我们才能够对未来的发展形成创新性的推动。例如，杭州成立了一个运河互联网汽车产业园，把周边的传统汽车公司和互联网相关的汽车公司，甚至自动驾驶相关的汽车公司，包括一些汽车服务公司全部聚集到这个产业园中，使它们能够大量协作，这是一个中国式探索的很好案例。

未来的出行未必是今天设想的样子，因为很多改变都不是我们直接想出来的，甚至很多改变在初期都不被大众所接受。比如，今天大家已经对爱彼迎习以为常，接受了它所提倡的住房共享理念，可是当初，谁会想到出国旅行竟然能够住在陌生人的家里呢？

知 识 点

1. 国外汽车产业的格局仍旧是大车厂之间的竞争。在自动驾驶领域的竞争中，首先引入人工智能，并坚决贯彻人工智能的大车厂会首先受益。当然，像特斯拉和优步这些外来进入者也有可能在未来取得领先优势。

2. 中小初创企业应该紧盯细分市场的机会，比如像激光雷达或者封闭环境低速自动驾驶等市场。

3. 任何行业的改变和创新，远期是看创业者的想象力，近期则要看创业者的耐心程度。

第 10 章　大航天时代

科幻小说迷们一定会记得《三体》里的一个场景：面壁人罗辑把自己冷冻休眠了 200 年，200 年之后他从休眠中醒来的时候，发现地球上的科技已经有了飞速的进步，其中一个最重要的进步就是在地球轨道上布满了空间站、卫星、太空船等人造设施。

很多人会觉得那是幻想，但实际上，在专业人士看来这个场景也许不用 200 年就能实现。种种迹象表明，航天事业正在进入快速发展期，一个崭新的大航天时代正在到来。

大航天时代：从国家主导到商业化

与以往相比，新的大航天时代具有一个极为鲜明的特征：从今往后，航天的主导者将逐渐从国家过渡至私人企业。

过去数十年，得益于各国在航天事业上的巨资投入和不懈推动，全世界的航天科技产业已经达到了一个相对不错的水平。这一点，从火箭运载能力这项最常见的评价指标就可以看得一清二楚。例如，美国现役近地轨道运载能力最大的火箭，是由洛克希德－马丁公司和波音公司合作生产的 Delta Ⅳ 重载火箭，其近地轨道运载能力是 28 吨。但预计到 2019 年，美国航天局将主导试飞一支近地轨道运载能力达到 130 吨的火箭，以发展其深空探索计划和火星登陆计划。

与此类似，俄罗斯具有最大运载能力的现役火箭叫作质子 M 型（Proton-M），它的近地轨道运载能力是 23 吨。欧洲现役运载能力最大的火箭是阿丽亚娜 5 号（Ariane 5），最大负载 21 吨。

中国的火箭运载能力也已经达到了与前述国家或地区相当的水平。长征 2 号的近地轨道运载能力最大是 12 吨，长征 5 号则达到了 25 吨。2016 年 11 月 3 日，长征 5 号在文昌第一次发射，把实践 17 号科学实验卫星送上了天。此外，中国也在研发具有更大运载能力的火箭，如长征 9 号的计划运载能力为 140 吨，预计于 2025 年发射。

截至目前，各国都是"国家队"在主导航天产业。这种航天产业的发展模式有自己鲜明的优点，例如可以统筹规划，统一调配资源，还能够举全国之力来办大事。但是，国家主导模式也存在固有缺陷：一个国家的确能创造一次或者数次航天事业的辉煌，但是因为缺乏商业基础的支撑，这种模式主导下的航天产业往往很难实现持续突破，其服务和创新的稳定性都不够牢固。这种不稳定性不仅会造成某些项目的失败，更为严重的是可能引起整个系统的废止，给产业发展带来不可估量的损失。

航天飞机所遭遇的挫折就是一个典型案例。航天飞机曾经是一种与火箭并驾齐驱，甚至是被寄予厚望的运载工具。早在 1999 年，哥伦比亚号航天飞机发射升空的有效载荷就达到了 22 吨。但是整个航天飞机计划很快停止了，原因很简单，就是它不够稳定。在设计之初，美国人希望航天飞机能像波音 747 一样做到每天起降，但是他们后来发现，这个大家伙每年能顺利起降一次已不易，这中间还出现了好几次惨烈的发射事故。

无独有偶，苏联也遇到过类似问题。为了和美国竞争，苏联在 20 世纪 80 年代造出一架叫作暴风雪（Buran）的航天飞机。这架航天飞机在 1988 年第一次试飞时就打破两项世界纪录：它是世界上第一架完全无人驾驶的航天飞机，也是世界上第一架自动驾驶着陆的航天飞机。当时，暴风雪在飞行了 3 个半小时、绕地球两圈之后自动驾驶着陆，其落地点比预定地点横向只差 3 米，纵向只差 10 米。很可惜的是，随着苏联的解体，其航空事业失去了资金支持，这架航天飞机从此就只能待在机库里，再也没有上过一次天。2002 年，装载航天飞机的机库因为年久失修坍塌，暴风雪号航天飞机被砸毁了。

由国家主导的航天产业能把加加林（Yuri Alekseyevich Gagarin）送上太空，把阿姆斯特朗（Neil Alden Armstrong）送上月球，但由于其内在不稳定性，因此只能实现偶尔的辉煌，却无法真正将其变成一个可以持续运行的产业，也不能使其实现大规模的商业化应用。

在旧的模式下，航天产业商业化看起来遥不可及，但现在却有一支新生力量在向这个目标迈进，就是美国的私人航天产业。这其中最具代表性的是大名鼎鼎的太空探索技术公司（Space X）。这家公司的创始人埃隆·马斯克的野心尽人皆知，那就是要让火箭像飞

第 10 章 大航天时代

机一样，不但能随时起降，而且可以重复使用。

太空探索技术公司现有火箭的运载能力已经达到国家水平。它最著名的火箭猎鹰 9 号的最大近地轨道运载能力为 22 吨，其可回收版本则为 8 吨。2018 年 2 月，该公司的重型猎鹰运载火箭在美国肯尼迪航天中心发射升空，其近地轨道运载能力达到了 63 吨。

当然，对于想要大规模向火星移民的埃隆·马斯克来说，这样的运载能力还远远不能满足他的需求。所以，他计划的下一代火箭必须要达到 300~500 吨的运载能力。当然，太空探索技术公司想要真正实现这一计划，可能还需要 8~10 年的时间。

除了太空探索技术公司，另外一家著名的航天初创公司当属亚马逊创始人杰夫·贝佐斯的蓝色起源（Blue Origin）。这家公司现役的火箭已经试飞过多次，并且实现了着陆回收。贝佐斯一直希望能够成为第一家开展载人航天飞行业务的私人企业。该公司计划于 2019 年启动载人任务。而执行这一任务的将是蓝色起源正在研发的运载能力高达 43 吨的新火箭。

除了火箭，很多私人企业也在重启航天飞机的研究开发计划。目前比较有代表性的研究开发者包括环宇太空公司和维珍银河公司（Virgin Galactic）。

与国家主导的航天产业模式不同，私人航天产业的最大特点在于，它并不追求线性发展。传统的航天产业模式是先解决运载能力问题，再解决太空舱问题，然后再解决太空的各种服务以及应用的开发问题。私人航天产业是平行展开的，即便运载能力还没有完全就位，很多公司就已经在做后续各种必需的技术研究开发了。由于商业化市场能够构筑起完整的产业生态，各类私人企业也就无须按部就班，而是可以将主要精力放在自己的竞争优势上，平行推进。

平行推进让航天整个产业链出现了爆发性发展。例如，私人企业开发出的新一代空间站，其各项性能都远远超出以往。如今，美国航天局已经不再自行开发空间站，而是租用私人公司提供的空间站服务。

大量的小卫星公司也如雨后春笋般涌现。美国很多卫星公司的创始人相信，如同计算机从大型机进入微机时代一样，人类也正在进入一个小卫星时代，未来天上会布满微小但能力强大的卫星。

卫星产业的繁荣也催生了大量卫星数据利用企业。例如，国外已经有卫星数据利用公司专门收集分析美国各个大超市门口的停车场变动数量，以此来预测美国整体经济的景气情况和各个连锁超市之间的竞争情况。

除此之外，太空能源公司、小卫星捕捉公司、太空冶炼公司、太空制药公司等也在快速崛起。大量不同的企业让航天的商业生态系统逐步完善，大航天时代需要的各种能力正逐步健全。以国家为主导的航天产业正在成为历史，而以私人为主导的航天产业正蓬勃发展，一个伟大的大航天时代正在到来。

知 识 点

1. 我们应该为中国航天产业取得的成就而自豪，同时要看到，我国取得成就的时点也是国外私人航天产业将要爆发的时候，即我们才追上了别人，别人马上又要和我们拉开距离。

2. 私人航天产业的繁荣会带来一个大航天时代。大航天时代和过去的大航海时代一样，对人类发展的意义巨大。

3. 未来，大航天时代的主角不再是各个国家，而是私人航天公司。

关键人物：伯特·鲁坦

在新的大航天时代，主导者将从国家转为私人企业，但私人航天产业也不是一夜之间成长起来的。实际上，很多国家，尤其是美国的私人航天产业不仅历史悠久，而且取得过辉煌的成就。要想了解美国私人航天产业的发展历程，我们就不得不提到一个关键人物——著名的航空工程师伯特·鲁坦（Burt Rutan）。

1943年出生的伯特·鲁坦一向被视为航空界的天才人物。据说，他8岁就能自己制作航模，16岁就能独自驾驶轻型飞机。1965年，从加州理工学院（California Institute of Technology）毕业的鲁坦成了一名航空工程师，负责美国空军飞行器的测试工作。

在为军队和其他航空企业服务了近10年后，鲁坦回到故乡加利福尼亚，成立了属于自己的飞机制造企业，推出了一系列供家庭组装的小型飞机。1982年，鲁坦更进一步，来到美国的私人航天之都、沙漠小镇莫哈韦成立了一家专门提供原型飞机设计及制造的企业——缩尺复合材料公司（Scaled Composites）。

鲁坦于2011年宣布退休。在其近半个世纪的职业生涯中，这位伟大的航空工程师给世人留下了三大传奇。

首先，他制造出了世界上第一架无须落地和加油就能进行环球飞行的飞机。1986年12月14日，在3 500多名记者和观众的目光中，由缩尺复合材料公司研发的航行者号正式从莫哈韦启航，在经过了9天零5分钟，也就是216小时零5分钟的无间断航行之后，航行者号准确降落在了出发地点，圆满完成了一次前所未有的航空壮举。

其次，鲁坦赢取了 X 大奖（X Prize）的千万美元奖金。1996 年，奇点大学（Singularity University）创始人之一的彼得·戴曼提斯（Peter Diamandis）对外宣称，无论是谁，只要能够制造出 90% 以上可重复利用，具有同时将 3 人以上运往太空的能力且能够两周内连续两次飞出大气层进入近地轨道的航天飞行器，便可以获得高达 1 000 万美元的大奖。

鲁坦从 2001 年开始准备参赛。仅仅 3 年后，由他和微软联合创始人保罗·艾伦（Paul Allen）合资推出的飞船太空船一号（Space Ship One），就于 2004 年 9 月 29 日和 10 月 4 日，连续两次成功飞出大气层，进入离地球超过 100 余千米的亚地球轨道。这两次相隔不过 5 天的飞行显然满足了 X Prize 的苛刻条件，成功获得了 1 000 万美元的大奖。不过，保罗·艾伦为这个合资企业一共投资了 2 500 万美元，所以即便有这 1 000 万美元的大奖，公司还是赔了一大笔钱。太空船一号飞船如图 10.1 所示。

图 10.1　太空船一号

资料来源：https://www.virgingalactic.com.

最后，鲁坦在 2005 年和维珍银河的老板理查德·布兰德森（Richard Brandson）一起合资成立了一家新公司，共同致力于可商用太空船——太空船二号（Space Ship Two）的打造。和太空船一号一样，太空船二号必须依靠鲁坦设计的一个叫作白衣骑士的双体飞机才能升空。白衣骑士是一种有两个机体且中间有机翼连接的飞机。当白衣骑士飞到高空以后，就会把挂在机翼上的太空船释放出去，后者则会在空中点火后飞向更遥远的太空。太空船二号飞船如图 10.2 所示。

图 10.2　太空船二号

资料来源：https：//www.virgingalactic.com.

太空船二号是太空船一号的升级版，原计划 2008 年试飞并迅速实现规模运作和商业化。然而，爆炸事故和试飞失败导致了连续的人员伤亡，所以一直到现在，他们当初的梦想还没有实现。

尽管太空船二号计划的受挫带来些许遗憾，但这并不会对鲁坦的声誉造成任何伤害，毕竟这位入选了美国航空航天名人堂的老将一生功勋卓著，而且几乎是凭一己之力开启了美国的私人航天事业。退休后的鲁坦也仍然闲不住，2015 年，媒体曾传出他在测试水陆两栖飞行器的消息。

关键公司：毕格罗航空航天

在大航天时代，创新的机遇将不再局限于火箭、飞船这类运载工具的研发，运载工具将不再是瓶颈。产业模式从线性到平行的范式转换，意味着我们只要充分发挥想象力，就一定能够找到更大的机会和发展空间。罗伯特·毕格罗（Robert Bigelow）从一个美国旅店老板华丽变身成为航天产业先锋的事实，就是这种无限机会的最好证明。

罗伯特·毕格罗是一位成功的创业者。早年间，他发现很多人长期出差某地，就希望找一个暂时固定且价格便宜的居住场所，于是就创建了一个叫经济型套房（Budget Suites）的连锁品牌，为住客提供带有厨房、适合长期居住的酒店型房间。因为颇有市场，如今这个品牌已经成为一个有18家旅店、约2 000多个房间的连锁酒店了。

经营酒店之余，毕格罗也不忘自己儿时的太空梦想。据说，毕格罗12岁的时候就立志投身太空旅游业，只不过因为他数学不好，梦想似乎也渐行渐远。但他自己并没有完全放弃，等到在酒店业成功，取得财务自由之后，他又开始重拾儿时梦想。1995年，毕格罗成立"国家探索科学研究院"，专门研究不明飞行物（UFO）之类的非正常现象，希望找到科学的证据。虽然这个机构后来关门大吉，但这的确显示出毕格罗对太空探索的一往情深。

20世纪90年代末，美国宇航局推出了一个叫作充气式太空居住舱（TransHab）的项目。他们计划研制出适合人类长途星际旅行的太空舱,以便未来能完成把大量人类送上火星的任务。但可惜的是,当时恰逢美国政府财政紧缩加总统换届,所以,尽管曾经得到时任总统克林顿(Clinton)的大力支持,但到了 2000 年,这个项目还是被国会否决了。

精明的毕格罗抓住了这个项目的机会。1999 年,毕格罗成立了以自己姓氏命名的航空航天公司毕格罗航空航天公司(Bigelow Aerospace)。当他看到太空居住舱项目被迫停止,就马上去找美国航天局,把所有相关专利都买了下来。毕格罗想用私人力量研发这种可扩展且具有广阔商业空间的太空舱,并且把在酒店业中赚到的利润都投入了这个项目。据报道,到 2013 年,他已经在这个项目上花了 2.5 亿美元。当然,与美国航天局执行一次任务就要耗费 5 亿美元相比,这个费用不算多。

然而,就像经营酒店一样,毕格罗虽然走经济型路线,但是取得的成绩却令人瞩目。2006 和 2007 年,他借用俄罗斯的火箭连着发射了 2 个实验用的太空舱——创世纪一号和创世纪二号,如图 10.3 所示。这种压缩型太空舱在发射时直径仅 1.6 米,但是到了太空展开后,直径就能扩大到 2.54 米。这两个太空舱的计划寿命只有 6 个月,但实际上至今它们还在正常地绕着地球旋转,而从检测仪器反馈回来的数据看,舱内所有指标都依然正常。

2016 年,也就是毕格罗的第一代太空舱升空 10 年之后,新一代的太空舱跟随马斯克的太空探索技术公司的火箭再次飞上了天空。这一次,太空舱不是单独地在太空里做测试,而是被直接连接到现在正在运行的空间站上。整个测试为期两年,如果一切良好的话，这些太空舱就会正式装到空间站上。未来，它们甚至会逐渐替代现有的空间站，成为空间站的主力。

图 10.3　毕格罗的太空舱

资料来源：http://bigelowaerospace.com.

按照设想，到 2020 年，毕格罗航空航天公司会把体积达 330 立方米的太空舱送入太空。和现有的太空舱相比，这种名为 B330 的太空舱体积增大了 210%，但是重量却只增加了 30%。如果这一切能够顺利实现，那么毕格罗不仅对航天事业有所贡献，就是他的酒店业务也有机会从美国发展到外太空。

知 识 点

1. 航天产业其实正在平行地展开，不要只关注火箭、飞船这些运载工具，其他平行的每一个机会都值得探讨。

2. 航天产业虽然令人感到艰辛，却充满了想象力。就像毕格罗一样，他原来只是一个在美国开连锁酒店的老板，如今却有机会到天上开连锁酒店。

3. 进入太空的运载能力很快将不再稀缺，而且费用会大幅下降。中国如果不想落后，就要尽快发挥自己的想象力，思考我们有哪些航天产业的配套能力和应用优势，抓住机遇，及早布局。

航天产业的机遇

当前航天产业的规模还比较小，只有三四百亿美元的市场，但未来10年，航天产业将很可能实现10倍以上的增长，到2030年左右将形成一个至少5 000亿美元的巨大市场，一个大航天时代正在开启。

航天产业眼下主要有两个市场，一个是发射市场，就是把货物送到太空；另一个是卫星市场，两个加在一起规模还不到400亿美元。

从成本上看，现有火箭把1吨货物送上太空的成本大概是2 000万美元，成本高昂。可喜的是这种情况可能很快就会改变。马斯克的太空探索技术公司已经计划将发射成本降低到1/10，也就是1吨货物送上太空只需200万美元左右。预计这将会使发射市场获得百倍的增长，到2030年左右达到2 000亿~3 000亿美元的规模。

发射成本的降低将推动卫星市场的发展。现在的卫星主要还是由各国政府投资建造，一般都重达数吨，且因为发射成本高昂，所以一年也发射不了几颗。但随着私人商业机构在卫星领域的创新与突破，预计未来小卫星一年可以发射几百颗甚至几千颗。届时卫星的各种应用会得到极大的丰富，使用费用也会大幅下降。那些原本用不起卫星的机构也能够支付得起相关的使用费用。一般来说，小卫星在使用数年之后就会落回大气层，然后在大气层中完全焚毁。这意味着每过几年，整个太空中的小卫星就可以换一批，所以这个市场可以持续不断地更新。

在小卫星的各种应用中，最重要的当属太空互联网。太空互联网是伴随着无人驾驶出现的一种应用，其主要功能是为无人驾驶汽车和飞机提供增强型的更高精度的导航，以提高出行的安全性。未来，自动化的移动物体都要给卫星的太空互联网缴费。预计到2030年，全球将会形成一个超过千亿级的卫星通信市场。

在大航天时代，现有的发射市场和卫星市场都将出现巨大的规模扩张，但更为激动人心的是未来大量新兴市场的涌现。

太空旅行

首要的新市场将是太空旅游。2018年9月，马斯克的太空探索技术公司已经先行一步，正式宣布日本企业家前沢友作成为该公司的第一位签约太空旅客。不出意外的话，前沢友作将在2023年乘坐猎鹰火箭进行一次环月球之旅。

展开行动的当然不止太空探索技术公司。实际上，理查德·布兰德森的维珍银河公司早已经开始预售太空旅行船票了，据说该公司现在已经收到了400多位用户的预订，仅预收款就达到了5 000多万美元。

环宇太空公司也是一家私人航天飞机公司，作为维珍银河的竞争对手，该公司的太空旅行票价是10万美元，并且也已经收到300多人的预订款。

除此之外，杰夫·贝佐斯投资的蓝色起源也宣布要开展太空旅游服务。

太空旅游虽然还没开始，却已经变成了竞争激烈的市场。预计到2030年左右，这种近地轨道的太空旅行成本将从现在的10万~20万美元，下降到2万~3万美元。

维珍银河的航天飞机和蓝色起源的火箭都有6个乘客座位，因此，如果日均可以发射5次，一个发射场一天就能送30人升入太空，一年下来大约1万人。如果全球的发射点足够充足，那么保守估计，届时全球每年大概会有5万~10万的太空观光客。

太空旅游的潜力非常广阔，如果再加上太空旅游的周边配套设施和服务，比如太空主题乐园等，那么太空旅游服务将会形成一个百亿美元级的产业。

太空能源

在没有任何云层遮挡的理想条件下，地球表面每平方米所接收的太阳照射的功率大约是1 366瓦。换言之，地球上每平方米地面每小时能接收到的能量约为1.366千瓦时。如果按照24小时计算，则一天接收到的能量大约为32.8千瓦时。

当然，这只是理论上的计算结果。实际上，由于大气对阳光的吸收，太阳照射角度的变化以及黑夜的存在，即使是在最理想的情况下，地面上每平方米也只能产生0.18千瓦时的电，而一天折算下来，也就大概1千瓦时的电。

设想一下，如果我们能够把太阳能板放置到没有大气层干扰的外太空，而且一天24小时正对着太阳，那么整个太阳能发电的效率就会大大提升。

以目前的薄膜太阳能为例，假设我们能够在太空中安装具有15%电能转化率的薄膜太阳能板，那么，用每平方米一天32.8千瓦时的电乘以15%计算，我们每天就可以得到约5千瓦时的电，一年就是1 825千瓦时的电。如果我们铺设1平方千米太阳能板，一年就可以产生18亿千瓦时的电；如果是1 000平方千米，就是1.8万亿千瓦时的电。假设未来电价降到2美分/千瓦时这个水平，整个太空能源也是一个360亿美元的大市场。而考虑到太阳能技术进步带来的发电效率提升，未来太空能源的市场规模将会接近1 000亿美元。

太空探矿

陨石中镍的含量很高，镍是一种用处广泛的贵金属，目前全球需求量大约为200万吨，市场规模约为400亿美元。如果我们从太空捕捉小行星，实现太空冶炼，那么将有希望将地面的镍加工部分转移至太空。除了镍以外，小行星中还含有大量的其他贵金属。预计到2030年，全球会形成一个500亿~1 000亿美元的太空探矿和稀有金属冶炼产业。

太空居住

各种太空产业的发展势必会让太空居住变为必需，因此空间站的需求量也会极大地增加，并有望在2030年形成一个百亿美元左右的市场。如前所述，迄今为止最领先的空间站建设者是美国的毕格罗航空航天公司，但实际上中国完全有机会迎头赶上，踏上这波未来空间站建设的大潮。

除了以上介绍的新兴太空产业，未来太空制药、无重力太空制造、月球探险以及火星定居计划等也颇具前景。一般来说，一个应用市场往往需要一个达到该市场规模 1/3～1/4 的设备市场来支撑。如果航天产业能达到四五千亿美元的市场规模，那就意味着相应的火箭、飞船、卫星、太阳能等设备市场的规模达到千亿美元以上。这两者加起来的总体市场至少有五六千亿美元，前景极为广阔。

任何一个产业都需要 5～8 年的研发期和 5～8 年的市场开拓期，科技行业尤其如此。今天，美国航天业的很多私人领军企业都已经成立了 15～20 年，它们不但处于一个相当成熟的时期，并且已经取得了实质性的领先地位。相对而言，中国在这方面仍处于劣势。如果中国现在开始行动，那么也要到 2030 年左右才进入收获期。

应对这种局面，中国企业唯有利用后发优势加速追赶。毕竟航天产业是平行展开的，因此，只要中国创业者能够发掘自身优势，充分利用现有的国际太空产业链，多和现有国际上的优秀航天企业合作，就完全有机会实现快速发展，迅速见效。

知 识 点

1. 大航天时代带来的是一个巨大的产业机会，发射市场、卫星市场和卫星通信市场会取得巨大突破，而太空旅行、太空能源、太空探矿和太空居住等会形成一个总计五六千亿美元的大市场。

2. 任何机会的实现都需要时间，因此我们必须提前布局，才能先人一步把握住机会。

3. 如果我们能够学会利用自身的优势，掌握产业的规律，就有机会后来居上，在2030年前后的航天产业收获期拔得头筹。

第 11 章　混合现实

为什么混合现实很重要

在讨论混合现实之前，我们首先要对几个术语做一下简单解释。

虚拟现实

虚拟现实是把虚拟世界的东西呈现到你眼前，让你以为是真实的。游戏世界就是典型的虚拟现实，现在大家约定俗成把那种戴着头盔的、沉浸感更强的、只有虚拟场景的应用叫作虚拟现实。

增强现实

增强现实是把虚拟世界的东西叠加到现实世界里。2017 年日本任天堂公司（Nintendo）推出的《精灵宝可梦》手机游戏就是一款增强现实的游戏。通过手机屏幕，这款手游的玩家可以在现实环境里发现虚拟精灵，进行捕捉或者战斗。比如，你面前是一片真实的海滩，透过手机屏幕，你就能看见一只小精灵在海滩上，而当你把手机移开，眼前还只是海滩。

混合现实

　　混合现实与增强现实相反，它是把真实的东西叠加到虚拟世界里。这两者好像都是把现实和虚拟混到一起，但其实差别很大，因为把虚拟叠加到现实比较容易，但要把现实叠加到虚拟里就比较难。混合现实需要你先把现实的东西虚拟化，然后才能将其融入三维虚拟世界里。现实的虚拟化非常复杂，因为它需要先用摄像头捕捉画面，然后将二维图像通过计算机3D建模形成三维虚拟图像，最后才能与虚拟世界融合。

　　举个可以帮助你更好理解混合现实的例子：汽车故障可能发生在任何地方，但你无法保障每个修车点都有特别优秀的技师。有了混合现实工具之后，在故障现场的人就能把情况拍成三维虚拟图像传给远在别处的专业技师，后者看到的是真实的现场情况。这样，专业技师在判断出问题后可以直接给出修理建议，而且能在三维虚拟实体上把每一步都指点出来，在现场的人只要照着做就行了。

　　总结而言：虚拟现实是你看到的东西都是虚拟出来的，也就都是假的；增强现实是把虚拟的东西叠加到现实的东西上；而混合现实是先把真实的东西虚拟化，然后叠加到虚拟世界里。

那么，我们为什么说混合现实很重要呢？要回答这个问题，我们首先要一起思考一个问题：为什么人类会成为地球上最强大的物种？答案之一是人类拥有"强大的协同能力"。

协同能力有三个考核标准，分别是规模、复杂度及实时协同能力。比如，非洲大草原上几十万只角马迁徙，这是大规模但复杂度很低的实时协同。《奔跑吧，兄弟》里面几个人结伴挑战一项艰难的任务，这是小规模但复杂度高的实时协同。相比之下，人类社会的商业系统就是大规模的实时复杂协同。《超级合作者》（*Super Cooperators*）一书的作者认为，地球上的任何一个其他物种的协同能力和人类比起来，都是小窝棚和摩天大楼的差距。人类的进化过程是协同能力不断提升的过程，语言、文字、货币、宗教、城市、国家等，都在推动人类协同能力不断提升。

混合现实技术的重要性就在于，它能够进一步提升人和人之间的复杂协同能力，前面提到的远程修理汽车的案例，就是这种协同能力提升的一个证明。当然，那也只是一个很小的案例。因为随着混合现实的发展，人类在未来社会的生活、工作、教育、医疗等方方面面都有可能实现协同能力的进一步提升。

当然，目前大多数人尚未看到混合现实的实用性，但是从一些领先公司的微小动作中，我们已经能够"嗅出"混合现实即将爆发的"味道"。例如，苹果公司在2017年推出了增强现实平台阿凯特（ARKit），而其手机的摄像头也开始具备混合现实所需的3D建模能力。就像当年的Siri语音助手推动了智能音箱的普及，我们认为苹果的这一举动具有非常重要的风向标意义。

关键人物：普拉纳夫·米斯特里

混合现实不是突然出现的，其实这个机会早就有人预见，而且也有相关产品研发出来。例如，2009 年的 TED 大会就曾经专门请了一位演讲人介绍他发明的一款用混合现实思路实现的产品。

这款叫作"第六感"的产品的整个系统由一个小型摄像头、一个戴在胸口的便携式投影仪、四个套在手指上的彩色标记环，以及一台便携式计算机四部分组成。在工作时，摄像头会追踪眼前的图像，尤其会追踪标记环的运动，并且反馈给计算机。计算机系统处理之后，会把结果通过投影仪投到适合这个显示界面的显示位置上。如此，人不必坐在计算机前，不用面对一个固定的显示屏，就可以随时地实现人机交互。

"第六感"的设计者普拉纳夫·米斯特里（Pranav Mistry）是一位出生于 1981 年的印度发明家。米斯特里是印度理工学院（IIT）工业设计专业的硕士，后来又考入美国麻省理工学院媒体实验室，获得了第二个硕士学位。"第六感"其实是他在媒体实验室前人开发基础上进行改进而成的。

"第六感"操作原理示意图如图 11.1 所示。

当然，米斯特里确实是一个了不起的发明家，因为除了"第六感"，他还陆续发明了隐形的鼠标、智能贴纸、用眼球控制的机器人等产品，获得了很多荣誉。例如，2009 年，即他推出"第六感"的当年，他就获得了《麻省理工科技评论》（*MIT Technology Review*）杂志给予的"35 岁以下的 35 人"的称号，简称 TR 35。2010 年，他又被

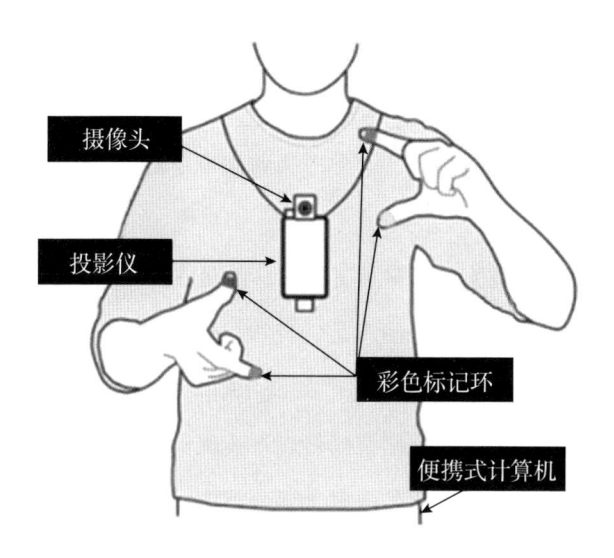

图 11.1　"第六感"操作原理示意图

《创造力》（Creativity）杂志评为"全球创造力 50 强"之一。到了 2013 年，他又被世界经济论坛评为"青年全球领袖"。

2012 年，米斯特里正式加入了三星公司，现在已经是三星负责战略发展和产品设计的全球高级副总裁。

"第六感"这个产品验证了我们一贯的观点，那就是先进的科技发明一般都系出名门。例如，诞生了"第六感"的麻省理工学院媒体实验室，就是一个不从国家寻求资助，主要靠和企业合作来获取自己科研经费的独立机构。很多世界前沿的科技发明追根溯源都是媒体实验室推出来的。如前所述，"第六感"也不是米斯特里的原创，因为此前媒体实验室的另一位科学家史蒂夫·曼（Steve Mann）在 1997 年就做出了原型，米斯特里是在这个基础上进行了完善。

史蒂夫·曼本人其实是一个了不起的发明家。媒体实验室的创始人、《数字化生存》（Being Digital）的作者尼葛洛·庞蒂（Negro

Ponte）教授就曾经说，史蒂夫·曼的工作给媒体实验室可穿戴计算的未来发展埋下了种子。

遗憾的是，"第六感"这个产品到如今还没有市场化，这有两方面的原因。

一方面，媒体实验室只负责创意，不负责产品化，所以它的很多发明最后都未成为上市的产品。当然，很多与它合作的企业也会将某些产品的思路融入现有的产品设计中。另一方面，"第六感"其实是应用型创新，而应用型创新能否实现产品化的关键是要看软硬件的支持能力。这个产品由多个部分组成，每个组成部分都需要很强的技术来支撑。例如，它需要有足够强大的图形识别和文字识别能力来处理摄像头获取的信息，也需要足够强大的投影能力来支持投影。除此之外，投影一般都非常耗电，因此它还需要有足够大的电池来维持整个产品的运行。

因为有太多的技术难关要攻克，所以一个项目从创意到产品的周期往往会非常长。比如，某公司研发了一个能让盲人重见光明的设备"智慧港"（BrainPort）。该产品的思路在2004年就有了，但因为技术原因，公司到2014年才开发出第一代产品。2004年，一台10千克重的设备才能支持这个产品所需要的计算能力，对于盲人来说，这么笨重的设备显然不方便。但到了2014年，一个嵌入眼镜腿的芯片就可以满足计算能力的需求。

知 识 点

1. 任何技术都有明确的发展脉络，而且越来越多的技术都系出名门，跟踪技术的发展，你就不会对一些"突然"出现的新东西感到惊奇。

2. 技术到产品有很长的周期，这个工作叫产业研发，往往需要专门的企业来完成，高校无法直接做出成熟的产品，所以企业要看自己有没有足够强的研发实力和高校对接。

3. 做产业研发的企业需要考量当时的软硬件技术进展，如果支持性的软硬件技术不到位，就无法成功地进行产品化。

关键公司：转型中的宏达国际及混合现实产业链

很多人对宏达国际（HTC）这家台湾企业的印象还停留在10年前，认为它是一家二三流手机制造厂商。但实际上，HTC早已经在悄悄地转型了。

在2017年的国际消费电子产品展（CES）上，HTC推出了一个叫作Vive追踪器的新产品，只要把它装到任何活动的物体上，它就能把相关的运动轨迹完整地描画出来。这是一个既能进行位置追踪，又可以把物体变成虚拟现实的设备，如图11.2所示。

图11.2　Vive追踪器

资料来源：https://www.vive.com/us/.

自推出这个 Vive 追踪器以后，HTC 就一直不遗余力地在各大小会议上持续推广。HTC 为什么要花这么大力气来推广一个小小的追踪器呢？这就要从 HTC 的历史沿革说起。

HTC 是一家由台湾经营之神、台塑集团创始人王永庆之女王雪红在 1997 年创立的企业。这家公司在创立之初就非常引人注目，当年康柏（Compaq）曾经推出过一款风靡一时的手持式计算设备 iPAQ，就是由 HTC 代工生产的。

HTC 也是最早制造安卓手机的厂商之一。安卓系统刚问世时，很多大手机厂商如爱立信和诺基亚等都非常踌躇，但没有包袱的 HTC 却迅速和推出安卓系统的谷歌达成了合作。谷歌推出过自己品牌的手机 Google Phone，这个手机的第一个版本是和 HTC 联合推出的。当时谷歌缺乏硬件开发能力，安卓又是个新产品，这让 HTC 抓住了机会。然而好景不长，随着安卓系统逐渐成熟，谷歌把 HTC 从联合品牌合作者降成了代工厂，HTC 的品牌从手机上被拿掉了。

这样的结果不但给 HTC 带来沉重的业绩打击，也让它认识到代工的弊端：没有核心技术，不控制市场，不控制品牌，就没有话语权，即便能赶上风口，最终也免不了衰落的命运。痛定思痛，HTC 下决心要走一条自主研发、创立自主品牌的新道路，而在方向上，它这次选择了虚拟现实。

虚拟现实前几年火过一段时间，但现在有所沉寂。不过，随着硬件、软件，包括带宽等条件慢慢具备，我们相信这一产业肯定会迎来春天。

在虚拟现实产业的全球布局上，HTC 可以说是最可圈可点的一家企业。一方面，它拥有自己的硬件能力，独立生产了 HTC Vive 头

第 11 章 混合现实

戴式虚拟现实显示器。另一方面，它和虚拟现实产业至关重要的企业维尔福软件公司（Valve）合作。Valve 是一家有着 20 多年历史的电子游戏公司，不但开发了《半条命》（*Half-Life*）、《反恐精英》（*Counter-Strike*）、《求生之路》（*Left 4 Dead*）、《刀塔 2》（*DOTA 2*）等全球大热游戏，更拥有全世界最大的游戏平台。每天这个游戏平台上都有海量的玩家对游戏发出实时反馈，而游戏厂商则可以根据这些反馈来优化自己的游戏。

HTC 还基于自己的 HTC Vive 推出了虚拟现实商店，因此，它现在有软件、硬件、平台系统，逐渐构筑了一个相对完善的产业链。但因为虚拟现实目前仍未大规模流行，所以 HTC 的发展仍待时机。截至目前，该公司已经连续 10 个季度亏损，股价更是不及巅峰时的 3%。

虚拟现实和混合现实虽然不同，但其产业链有大量的重叠部分。首先是感知系统。感知系统非常重要，因为把现实整合进虚拟，除了需要 3D 建模，还需要运动感知。目前除了 HTC 的 Vive 追踪器之外，感知系统里比较有名的还包括英特尔的解决方案 RealSense、微软的 Kinect 体感装置和一个初创公司的体感系统 Leap Motion 等。未来这些体感硬件以及基于硬件检测数据的算法分析都会有很大的市场空间。

其次是虚拟世界的开发工具。苹果公司已经推出了自己的增强现实平台开发系统，并且向所有的第三方开发者开放。这套系统与另一个开发工具公司优尼特（Unity）推出的 Unity 3D 完全兼容，而这也意味着优尼特未来有很大的成长空间。这家公司获得了中国很多公司的投资，是中国在全球游戏产业进行布局的一个范例。

205

显示设备也是必需的。我们现在已经形成了刻板印象，一提到显示设备，就会想到大头盔或者眼罩，但显示设备并不仅是这些。例如，苹果公司就试图告诉我们，其实手机本身就可以成为一个显示器。

同理，未来 iPad 也可以成为虚拟现实或者混合现实的显示器。或许，下一次到你们家来帮你做电器维修或者疏通管道的工人就会随身带着 iPad，和他的师傅通过远程交流来解决你们家的现实问题。

当然，不管是手机还是 iPad，手持总是不够方便的，所以，像"第六感"那样的可跟踪手势设备是有需求的。未来，现场维修工人的每一个动作都可以传给他的师傅，后者将很容易判断出他的维修方式是否正确，是否需要纠正。

最后是底层的支持正在变得越来越成熟。高通推出的骁龙 835 芯片基本上已经能够解决虚拟现实、增强现实的计算需求；4G 覆盖越来越完善，5G 也呼之欲出。总而言之，混合现实和虚拟现实的产业链正在变得越来越完善，这个行业的爆发点也因此正变得越来越近。

当然，两相比较，混合现实将会比虚拟现实更快成熟。这是因为虚拟现实主要以游戏需求为主导，需要更加清晰的显示，耗掉更大的带宽，也需要更强的建模和计算能力。混合现实则是以解决现实问题为主，故对清晰度等有着更高的容忍度。因此，从整个产业链的角度来讲，虚拟现实可能还要等两年才会走向兴盛，但是混合现实的落地条件已经基本具备。

混合现实的机遇

通过对混合现实历史沿革及其产业链的解析，我们知道这项技术已经成熟，市场已经具备，相关应用将迎来爆发性增长的机会。

对于大多数非技术公司来说，要想利用混合现实技术来实现自身的升级，或者实现创新，一定要尽量在应用领域里找到突破口，这是大多数中国企业可以做的事情。

在应用领域，我们认为有三个机会值得探讨：第一个是实体培训的虚拟化，第二个是远程指导，第三个是远程协同。

有关第一个机会，混合现实的优势是能够把现实的东西虚拟化，然后逼真地还原到现实场景中。这不仅便于稀缺现实资源的广泛共享，而且能达到更为真实的效果。

以教育培训为例，美国在教育上的一个趋势是特别重视 STEAM（科学、技术、工程、艺术和数学），而 STEAM 的核心就是综合利用各种科技手段，提升学生亲自解决问题的能力。当然，这也意味着 STEAM 教育需要有大量的动手培训。

STEAM 教育给学校带来很大的成本负担。比如，学生要组装机器人，学校就需要采购各种各样的机器人零件设备，而并非所有学校都有这样的财力，因此 STEAM 教育在实际开展时非常艰难。

但是，当有了混合现实系统，情况就大不一样了。例如，不是所有学校有条件让学生发射一枚火箭，然而利用混合现实里提供的虚拟工具（可能只是一副眼镜），学生就可以进入一个真操场，动手组装一枚火箭。如果组装得好，一切就绪，火箭就可以发射升空。如果组装得不好，还没发射就发生了爆炸，而我们也不用担心，因为这一切都是虚拟的。

这样的例子还有很多，比如医学上的手术教学。在我们看来，这种虚拟化的动手实验教育会成为未来的主流。

远程指导的核心在于，利用混合现实这一远程协作工具，一个强大的核心团队或者一个高水平专业人士，可以指挥那些生手或者初级技能人士去完成那些他们原来不可能完成的复杂任务。

前述修理汽车的例子就属于远程指导。当然，远程指导不仅可以应用于维修，还可以用于维护。例如，市政电力水管系统的维护往往需要很多工人深入一线，不仅辛苦，甚至危险。很多技术水平高的人不会选择去做这样的工作，但初级工人往往又缺乏技术。利用远程协作，我们可以让那些高水平、有经验的人指导一线工人，很多实践中的难题便可迎刃而解。

从另一角度看，在远程指导的帮助下，很多一线工人也可以成为身兼数职的多面手。例如，原本只是做家庭清洁的工人，便有可能成为电器修理工。又如，像顺丰或者美团这种拥有庞大地面队伍的公司，可以充分利用混合现实，为用户提供更为多元化的服务，到时候外卖小哥也许就不再只是外卖小哥了，他可能还能帮你修理汽车或者修剪草坪。

远程指导是一个高水平人士指挥或者支持一群人，远程协同则是把一群不同领域的高水平人士聚集在一起。就像我们一直提倡的新木桶理论一样，我们可以把身在不同地域具有不同长板的人聚集起来组成一个新木桶，他们可以借助虚拟的协同平台进行合作。

远程协作的最典型场景是产品的协同研发和生产。正如我们所强调的,现阶段科技产品开发的最主要矛盾是一边希望能够有大众的广泛参与,另一边研发的门槛越来越高,而门槛高就高在很多产品不是单一研发能解决的,而是需要多个团队来协同研发。例如,现在的手机研发不仅要保证芯片运算速度好,还要保证屏幕的显示分辨率足够高、电池的耗电低,甚至要为很多应用做优化。这种全方位的需求在客观上必然要求不同能力的团队共同协作。

以前的协作要么是物理地聚在一起,要么只能变成一个无法实时同步的流水线。但随着工业自动化,尤其是智能机器人的普及,未来的发展趋势是研发和生产逐渐一体化。除此之外,工程和设计的结合也会越来越紧密。未来,我们可以利用混合现实创造的虚拟研发环境,让不同的团队更加便利地协同,与此同时,更多功能性产品的设计感也会得到提升。

远程协作会让多方受益。参与协作的人、应用开发者,以及底层技术的开发者都会成为远程协作的受益者;硬件的周边需求会有所增加;那些本身就专注于协同的企业,也将因为混合现实而提升协同效率。

知 识 点

1. 增强现实是把虚拟的东西放进现实环境里;混合现实是把现实的东西虚拟化,放进虚拟环境,进行远程虚拟处理。

2. 虚拟现实和增强现实的最大市场机会是游戏,因而需要很高的硬件配置和带宽,现在都还不完全具备,因此离市场爆发还有一定距离。而混合现实最大的市场是行业应用，比如培训、远程指导、远程协同，因此不需要特别好的硬件条件，关键是对具体应用的支持。

3. 混合现实市场现在还没有爆发，市场上还没有这类应用，但爆发速度会超过虚拟现实和增强现实，因为：产业链基本完备，就像我们之前介绍的，混合现实和虚拟现实、增强现实产业链的复合程度很高，不需要单独的产业链；混合现实的需求有强大的市场基础，人类进化的历程是协作加深的过程，混合现实将会极大地加强人类的协作程度。

第 12 章　新材料

材料行业是一个既历史悠久，又极富发展潜力的行业。考古学划分人类发展历史就是按照当时人类使用的材料来命名的，比如石器时代、青铜器时代、铁器时代等，这足以说明材料对于人类发展的重要性。整个人类的发展史可以说是人类发现材料、应用材料、制造材料的一部历史。截至目前，我们基本把元素周期表里能利用的元素都用了。

鉴于新材料的种类非常多，我们在这里只选择性地介绍 4 种热门新材料，它们是石墨烯、柔性电子材料、碳纤维，还有纳米材料。这些材料的某些研发成果还处在实验室阶段，没有进入产业化应用。然而，正如之前所述，一旦技术层面的难题得到解决，它们会"创新下行"，而我们只需要找到合适的需求，或者合适的"长板"对接，就能让应用和技术相互促进，推进产业化的新发展。

石墨烯材料

你很可能在媒体报道中看到过很多关于石墨烯电池的新闻，它们要么宣称此种电池几秒内能够完成手机充电，要么说其几分钟能够完成电动车充电等。你肯定也非常期待能尽快用上这种电池，但可惜的是至今还没看到相关应用。实际上，就目前来看，石墨烯电池的产业化至少5年内都难以实现。

与石墨和钻石一样，石墨烯的组成也是普通的碳元素，只是原子排列结构有所不同。钻石的每个碳原子都跟周围的4个碳原子连接在一起，形成正四面体结构，所以钻石会特别坚硬。而石墨像一层层网叠在一起，每一层像蜜蜂窝一样，网眼是六边形的结构，因此比较软。石墨烯实际上是特别轻薄的石墨，最薄的甚至只有一层碳原子的厚度，由于这种厚度已经到了可以忽略不计的程度，所以石墨烯也被认为是二维结构。

石墨烯是目前已知最薄、最轻，也是最强韧的材料，而且几乎完全透光，导电和导热性能也非常优异。石墨烯的潜在应用场景非常多，比如将它用在复合材料领域，能制造出特殊性能的塑料、涂料等。以石墨烯制成的涂料无菌环保，能用在载药系统和生物成像诊断系统里。在节能环保和电子方面，石墨烯优异的导电和导热特性用处特别大，可用来开发新的散热系统和柔性显示设备等。

石墨烯本来就存在于自然界中，但其单层结构的剥离却一直并非易事。直到2004年，英国曼彻斯特大学（University of Manchester）的物理学家安德烈·盖姆（Andre Geim）教授和他当时的博士后助手康斯坦丁·诺沃肖洛夫（Konstantin Novoselov）才找到了一种简单的获取石墨烯的方法。他们用透明胶带把一块石墨片反复粘贴和撕开，最终得到了厚度只有 0.335 纳米的单层碳原子结构薄片，也就是我们所说的石墨烯。他们因此获得了 2010 年的诺贝尔物理学奖。

如今，粘和撕仍然是用来制造多层石墨烯的主要工艺，至于单层石墨烯，则主要通过小分子合成来制造。不过，单层石墨烯当前还停留在实验室研发阶段，尚无大规模的商业应用案例，而我们经常在新闻报道中听到的石墨烯电池，其实用的是多层石墨烯。相对于单层石墨烯，多层石墨烯的制造成本要便宜很多。

石墨烯材料已经有一些比较实际的应用。例如，美国的高尔夫球公司卡拉威（Callaway Golf Company）在 2018 年 2 月推出了结合石墨烯复合材料的球芯的高尔夫球。这种石墨烯高尔夫球用又薄又结实的石墨烯夹层牢牢包裹住球芯，增加了高尔夫球内部的能量压缩，能够减少球本身的旋转量。换句话说，使用了石墨烯材料的高尔夫球，其性能远优于普通高尔夫球。

在近几年，可以预见的石墨烯产业化应用主要集中于电池和复合材料领域。但在更远的未来，具有较好的导电导热物理特性的石墨烯可能会被用在半导体材料和电子超导体里。

目前商用芯片的晶体管尺寸一般约是 17 纳米，虽然我们用硅和镓等材料可以把晶体管做到 8 纳米左右，但这已经非常接近物理极限。未来如果需要提高晶体管的密度，我们就需要一种可以让晶体管尺寸更小的新材料。石墨烯恰好可以满足这种需求，可能成为新一代电子元件的基础性材料。在碳化硅表面刻出凹槽，并以此作为模板，在上面形成只有几纳米宽的石墨烯纳米带，再把这个纳米带安装到晶体管中，我们就可以制造出体积更小的半导体。

2018年3月5日《自然》（Nature）杂志上的一篇论文展示了石墨烯电子超导体的前沿研究进展。这篇由麻省理工学院21岁博士生曹原及其导师共同完成的论文介绍说，在室温下，只要通过控制石墨烯每一层之间转动的角度（1.1°，又被称为"魔力角"），就能够令其在"零阻力"下传导电子，从而表现出超导性。

简而言之，尽管石墨烯行业整体还处于研究阶段，但从产业应用角度看，我们应该认真关注该技术的发展，思考相关的产业化机会，重点关注复合材料、电子元件等应用领域。

知识点

1. 石墨烯是由六边形结构的碳原子组成的二维结构。它和石墨及钻石都是由同样的元素构成，但因为原子排列结构不同而性能各异。石墨烯的特殊结构导致它具有高强度、高硬度、高导热导电性能，以及几乎透明的光学特性。

2. 单层石墨烯当前还停留在实验室研发阶段，没有大规模的商业应用案例。媒体报道的石墨烯电池，是多层石墨烯，距离产业化应用至少还需5年以上。多层石墨烯通常与其他材料复合应用后，会呈现多样化。

3. 尽管石墨烯产业处于发展初期，但我们依然需要密切跟踪它的研究成果，并注意其对其他行业的颠覆性影响。另外，我们也需要考虑技术产业化应用的时点，毕竟技术只有与行业真实需求相结合，其价值才能最大化发挥。

第12章 新材料

碳纤维材料

位于加州库珀提诺市的苹果公司新总部苹果公园（Apple Park），是由乔布斯参与设计和推出的杰作，其如同宇宙飞船的环形设计，为人所津津乐道。然而，很少有人了解这栋大楼里所蕴含的高科技细节，例如那巨大的穹顶，其实是由碳纤维新材料搭建而成的，它是目前全球最大的碳纤维穹顶。

碳纤维和石墨烯一样，都是由碳元素组成，但它们的原子结构不同。

石墨烯是一个碳原子厚度的薄片，由于厚度几乎可以忽略，所以可看成是二维结构；而碳纤维则是一种三维材料，它是把片状的石墨沿生长方向堆积起来，然后碳化处理后获得的。碳纤维的直径有几微米，是石墨烯厚度的几千倍。碳纤维的结构就像石墨烯这样的"纸"一层一层卷起来，卷了几千张，就形成了碳纤维这样一根"粗管"。

与常见的钢和铝等金属相比，碳纤维的强度更大、密度更小，而这意味着它的重量更轻，在温度和气压变化大的环境下更不容易变形。这些特性决定了碳纤维非常适合用在大型建筑、航天航空器，以及高端汽车的车架上，以实现高强度和轻重量的目标。苹果总部的穹顶选用碳纤维来搭建，正是看中了它的这些显著特性。

总体来说，碳纤维的产业化应用比石墨烯要早得多。碳纤维材料的最早雏形可以追溯到1880年，当时爱迪生（Edison）用棉、亚麻、竹等天然植物纤维，经炭化得到碳纤维，用于筛选白炽灯灯丝。但最初得到的碳纤维有很多气孔，特别脆而且容易老化，在很小的外力作用下就会断裂。

20世纪60年代以后，英国和美国分别利用人造丝和化学物质——聚丙烯腈为原料，研发出了在1 000℃~3 000℃高温下边加热边拉伸的炭化技术，从而使聚丙烯腈碳纤维的性能有了突破性提高。目前，由日本人进藤昭男发明的聚丙烯腈基碳纤维制作方法，简称PAN碳纤维制备技术，已经成为行业使用最广泛的技术。市场上，90%以上的碳纤维都是通过这种技术生产的。

现在的碳纤维技术已经相当成熟，当前和未来几年，碳纤维的应用将主要集中在航空航天领域和汽车行业。

说到碳纤维产业，就不得不提到日本的东丽公司。早在20世纪70年代初，东丽公司就看准了碳纤维产业的发展机会，率先进入并实现了碳纤维的工业化量产。截至2016年，东丽的碳纤维年产能已经接近4万吨，占全球市场份额的33%，是名副其实的世界第一碳纤维生产商。

东丽最早的碳纤维应用并非高科技产品，而是钓鱼竿。当时碳纤维作为一种新材料还没有被市场大规模接受，所以东丽决定先把这种新材料用在已经比较稳定的大众体育休闲市场中。但真正让东丽公司获得大发展的是碳纤维在飞机制造上的运用。1973—1974年，国际原油价格急剧升高，因此，包括波音和空客（Airbus）在内的飞机制造公司都在考虑把飞机造得又轻又结实，以便能够提高燃油的利用率，减少油耗。1975年起，东丽的碳纤维开始被用在波音737的一些承力部件上，此后，碳纤维逐渐被大规模运用于飞机制造产业。今天，波音787飞机使用的碳纤维增强材料占比，已经超出全部制造材料的 50%。使用增强材料的飞机，其重量可比全铝身飞机轻 20%，且强度上还有所提高。

在航空航天领域被普遍运用之后，碳纤维又慢慢被扩展运用到高端汽车制造领域。起初碳纤维主要被应用于高档跑车的车架，如今很多新能源汽车也积极尝试采用碳纤维复合材料，例如宝马的纯电动汽车 i3 就采用了全碳纤维车架。车架结构和强度是影响车辆安全的最重要因素，而宝马敢使用碳纤维，就意味着这种材料的安全性已经能够完全符合宝马的严格要求。

预计到 2020 年，航空航天领域和汽车行业将成为碳纤维最主要的市场。航空航天领域的碳纤维应用规模最大，汽车行业的碳纤维应用增长速度则更快。2013 年，东丽收购了美国碳纤维企业普拉森碳复合材料公司（Plasan Carbon Composites）20% 的股份，后者正是通用汽车等企业的碳纤维供应商。除此之外，风能领域也是碳纤维的一个重要应用市场。为了提升发电效率，风电叶片必须由质量轻、强度高的材料来制作，而碳纤维复合材料显然是最佳选择。

碳纤维材料应用的限制因素主要在于成本。目前碳纤维的量产成本在每吨 13 万元左右，这严重影响了材料的普及性应用。

令人欣慰的是，碳纤维的合成技术正在得到不断改进。2017 年 11 月，美国田纳西州橡树岭国家实验室成功使用聚烯烃等原料制造出碳纤维，有望将碳纤维的制造成本降低 50%。这是因为聚烯烃是普通塑料袋等用品的原材料，易获得且价格低廉。此外，利用等离子体氧化技术或微波辅助的碳化技术也可以制造碳纤维。这些技术都有助于降低碳纤维的量产成本。

总之，在可预见的未来，碳纤维材料的主要应用领域尽管相对明确，但依然需要综合技术和工艺来降低量产成本，这是实现产业化应用的最重要因素之一。

知 识 点

1. 碳纤维材料的产业化应用比石墨烯要早很多，最早雏形可以追溯到1880年爱迪生发明白炽灯的时候。由日本人进藤昭男发明的PAN碳纤维制备技术，成为行业使用最广泛的技术。人们也在尝试使用等离子体氧化、微波辅助的碳化技术来制造碳纤维。

2. 碳纤维因为高强度、轻质量的特性，非常适合用在建造大型建筑、航天航空器，以及高端汽车的车架上，以达到提高强度和减轻重量的目标。

3. 预计到2020年，汽车行业将成为碳纤维增长速度最快的市场，航空航天领域则会是市场规模最大的市场。目前，影响碳纤维材料应用的最重要因素是量产成本，所以实现大规模、低成本的量产是实现碳纤维产业化的重要前提条件。

柔性电子材料

我们对柔性电子材料其实并不陌生，早在几年前，三星公司就已经推出边框曲面的手机，那实际上就是柔性电子材料的一种应用。除此之外，2018年1月出现在CES展上的拜腾轿车，其前仪表盘上所覆盖的也是一块巨大的柔性屏。

所谓柔性电子材料，其实是一种统称，指的是那些不仅拥有导电性、半导性、发光性等普通电子元件功能，而且质地柔软，甚至可以弯曲折叠的材料。典型的柔性电子材料应用包括柔性显示器、柔性传感器、柔性电子织物、柔性电池和柔性线路板等。其中，柔性显示器和柔性传感器是目前最重要的研究和应用领域。

比如，MC10公司就是一家专门生产柔性可穿戴产品的公司。MC10的创始人约翰·罗杰斯（John Rogers）教授是美国国家科学院院士，也是全球柔性电子领域最顶尖的专家之一。在他的带领下，MC10公司开发了一种可以像临时文身那样直接粘在皮肤表面的柔性电路板。这种电路板能随着皮肤的收缩而收缩，而且可以随时采集和监测人的体温、水含量等身体数据。举个例子，如果我们把这种柔性电路板做成电子检测器贴在病人身上，就能检测他们在服药前后身体指标的变化情况，这是验证药物有效性的一种非常有效的办法。

柔性传感器的一种应用是电子皮肤。所谓电子皮肤，简单来说，就是模拟真实皮肤的功能，不仅可伸缩、可自我修复，更重要的是能模仿真正的触觉行为，即可以把触觉信号传输给大脑，让大脑做出本能反应，让肌肉做出相应运动。

电子皮肤的设计者利用传感器感受到的压力来催生触觉。这类传感器由很多处于两电极之间的导电橡胶材料组成，当橡胶材料因为压力而发生形状改变时，其导电电阻就会发生变化，继而电流会产生变化。这种电流的变化意味着电子皮肤因外力而产生了压缩。

人类的皮肤在受到外力后，其压缩处就会产生极为微弱的生物电流，这些电流会以神经电信号的方式传输到脑部神经元，后者在接收到信号后负责做出判断。电子皮肤利用柔性传感器也可以通过一系列设置来模仿这个步骤，实现电流向脑部神经元的传输。

当触觉被感知，下一步就是如何让大脑对这种触觉做出相应的反应。这就需要把这些触觉信号传递给其他神经元，而这通常需要某些特别的装置。例如，《科学》杂志就曾公开报道过一种晶体管模拟的人造神经突触，利用这种突触，皮肤被碰触的信号就可以被传递到其他神经元。

未来电子皮肤以及里面的神经假体装置可以用来制造像人类一样有触觉和传感的柔性机器人。这类机器人兼具刚与柔的特性，因此非常适合一些"极端"的场景，比如它可以成为医疗领域的手术机器人，也可以参与受灾现场救援，深入危险、狭窄的地方。当然，就目前来说，柔性机器人离大规模应用还有较远的距离。

柔性电子材料的市场前景广阔，但就目前而言，相关领域最热门也最普及的应用，还是柔性显示器。由于未来显示技术将持续向大面积、高质量和柔性方向发展，因此柔性显示器的应用前景非常值得期待。

另一个值得关注的方向是内嵌了各类传感器的柔性织物。现在已经有不少公司尝试将柔性电子元件内嵌到衣服里来监测人体的各项运动指标。比如，我们把电极、柔性电路、集成电路板做到 T 恤 (T-Shirt) 里，就能实时监测人的心电图，还能导出心电图数据。这类柔性可穿戴产品在运动监测、通信、健康护理等领域的应用潜力巨大。

和其他所有新兴技术一样，柔性电子材料从研发到转化落地有必经阶段。2017 年，美国专门跟踪前沿技术发展的咨询公司 ID Tech Ex 就根据实际情况，专门制作了一张柔性电子材料技术的发展阶段图。根据这张图，柔性电子材料的发展阶段共分为 7 步：

第1步，概念验证期，也就是在实验室阶段，验证这个想法是否可行；

第2步，早期原型产品，比如小规模的样件生产，以说明产品在工业生产中的可行性；

第3步，半商业化试运行期，即小规模的量产；

第4步，早期商业销售期，通过跟客户的沟通测试产品的市场接受情况，并及时调整；

第5步，全面市场导入期，也就是采用各种市场手段推广；

第6步，市场渗透期；

第7步，市场成熟期，即可推出正式产品。

根据以上阶段，目前柔性传感器已经进入了市场成熟期；而柔性电路板也已经处在全面市场导入期和市场渗透期。

其实，无论你处在哪个行业，无论是从事技术研发、寻找创业机会，还是投资者，你都需要客观全面地判断技术所处的阶段，需要以科学量化的评价体系来预测新的爆发机会，以判断新的技术潮流并选择新的创业投资方向。

知 识 点

1. 柔性电子材料的种类非常多，有柔性显示器、柔性传感器、柔性电子织物、柔性电池和柔性线路板等，其未来在信息、能源、医疗、国防等领域具有广泛应用前景。目前，柔性显示器和柔性传感器是两大最重要的研究和应用领域。

2. 基于柔性传感器的电子皮肤，可以尽可能真实地模拟人类皮肤的触觉，并根据外界刺激，制造神经反馈回路，做出适当的反应。相信未来的机器人会越来越多地拥有像人类一样有触觉的皮肤。当然，它的潜在应用还会有很多，重要的是需定位好细分市场。

3. 一个行业中，不同细分技术的发展阶段往往是不同的。不论你是创业者，还是投资者，都需要一套科学的量化技术分析指标，帮助预测趋势，做出正确的商业决策。

纳米材料

说到纳米材料，你可能认为是某种特定的材料，其实不是。纳米是一个长度单位，1 纳米相当于 10^{-9} 米，也就是十亿分之一米。所谓纳米材料，就是利用各种物理或化学方法，把原子或分子直接排列在一起，将晶粒的直径控制在纳米级别。我们通常将尺寸在 100 纳米以内的材料称为"纳米材料"。目前，材料的纳米化是领域内的主流趋势，而纳米技术也被认为是材料领域的下一场革命。

自然界本来就存在很多纳米结构。比如，你或许见过水珠在荷叶表面滚动的情景。过去，我们一直认为这是荷叶表面有一层蜡，所以不会沾水，但真正的原因却并不是那样，而是荷叶微米和纳米化结合的表面结构。

荷叶表面确实有蜡质层，但并不如我们想象的光滑。如果我们认真用手触摸荷叶表面，也能感受到它的粗糙。在显微镜下，我们会发现荷叶表面密布微米级的凸起，和更细的几百纳米级别的绒毛。这些纳米级别的绒毛使得荷叶表面有一层空气垫，于是，在表面张力的作用下，水珠就更容易保持球形，并能够自由地在荷叶表面滚动。

著名物理学家、诺贝尔物理学奖得主费曼（Feynman）曾在1959年预言，在物理、化学、材料、生物工程等领域，更小的尺度依然有极大的发展空间。当人类对材料和结构能够达到纳米级的控制，甚至实现原子级别的控制时，科学研究领域将会出现新的研究手段、课题及方向，对各个学科的发展会产生深远影响。

不同的结构能产生不同的性能。以更小尺度对材料进行设计和重组，能研发出全新的纳米结构和纳米材料，这意味着它们将具备和传统材料完全不同的优异性能，能进行独特和广阔的应用。

材料进入纳米尺度，便具有了体积效应、表面效应、量子尺寸、量子隧道和介电限域五大效应。这五大效应导致纳米材料能呈现许多独特的物理、化学性质。这些特性主要表现在熔点、相变温度、光学性质、化学反应性能、磁性、超导性及塑性形变等诸多方面。

目前，纳米材料的前沿研究，主要集中在纳米电池、生物材料，以及纳米金属催化等领域，且基本都处在实验室研发阶段。

2018年2月，美国马里兰大学（University of Mary Land）胡良兵和李腾教授研究团队发表了一项有关"超级木头"的纳米材料研究成果：原生木材通过纳米技术处理后，其内部结构和性能会发生变化，形成一种具有超强韧性的高性能结构材料。

超级木头是经过两个基本处理步骤得到的：第一步，去除原生木材中的部分木质素（木质素是存在于植物体中的无定形的高聚合物）；第二步，通过高温热压，实现木材的完全致密化。经过这两个步骤后，原生木材结构中的空隙和缺陷得到了最大限度的消除，纳米纤维的排列也更有次序，紧实度更高。

通过这种工艺获得的超级木头具有非常优异的机械性能，其在拉压弯强度、韧性、刚度、硬度、抗冲击性能等方面的表现都超出原生木材 10 倍以上，尤其是拉伸强度已经可以和钢材媲美。

超级木头的潜在应用场景非常广阔。目前，各类金属以及复合材料在各种结构中扮演着主要角色，这些材料的机械性能超过原生木头，但制造成本高，而且对环境有负面影响。超级木头有潜力在建筑、交通、航空航天领域取代金属，成为未来节能环保型高性能的结构材料。

除了超级木头，这个研究团队还发明了一种高强度、高韧性的纤维素纳米纸。实验显示，这种纳米纸的强度达到了普通纸的 40 倍，韧性提高了 130 倍，且具备良好的热稳定性。纳米纸不仅可以反复利用，而且可降解。未来，我们可以使用可降解的纳米纸来代替塑料，就可能解决困扰我们的白色污染难题，更好地保护环境。

理论上讲，任何材料都能实现纳米化，而纳米材料所具有的特殊性能也让人类有动力持续投入研发。未来，针对纳米材料和结构的研究会长期持续，并且会和多个学科交叉融合，将涌现出新的研究理论和方法。例如，无线电力公司（WiTricity）的首席科学家，麻省理工学院的物理教授马林·索尔贾希克（Marin Soljacic），正在将纳米技术用于光计算领域。

未来纳米材料的发展会多元化和普及化。一方面，技术的进步会进一步降低相关产品的制造成本，附加值高的产品也会不断涌现；另一方面，未来无论在普通日常生活中还是高精尖领域里，我们都会越来越多地看到纳米材料的身影。

近几年，纳米技术的产业化需求催生出一个叫作纳米制造的新产业。所谓纳米制造，就是专门研究如何把现有的纳米材料和技术转化为大规模可商用的产品，让纳米材料从实验室走向市场。纳米制造的前景广阔，但必须注意的是，当下很多纳米材料技术仍处在实验室阶段，加上纳米材料对产品精度的控制要求高，量产难度大，成本也很高，因此，相关的产业化过程会很漫长。

无论是石墨烯、碳纤维，还是柔性电子材料、纳米材料，它们都是当下热门的新材料，相关的研究理论和突破层出不穷。如何能让前沿技术尽快实现大规模、低成本的生产，仍是需要科学家和企业家共同思考的课题。企业家深知产业的痛点和应用机会，但是未必了解什么技术可以解决这些问题，他们需要科学家。而科学家，或者科技从业者，也需要企业家的帮助，让技术成功转化，实现产品量产，真正造福社会。因此，只有企业家和科学家的结合才能实现相关技术走向市场。

知 识 点

1. 所谓纳米材料，不是指某种特定材料，而是在纳米理论的指导下，利用物理、化学等方法，把材料晶粒控制到纳米级别，再把它们直接排列在一起，将尺寸控制在 100 纳米以内的"新材料"。目前，材料纳米化是一个大趋势。

2. 纳米材料的成果很多还处在实验室阶段，要实现产业化应用难度并不小。原因在于，生产过程精度要求高，量产难度大，成本高。纳米制造研究如何让纳米材料更快更好地实现产业化，这个领域值得企业家和科学家（科技从业者）关注。

3. 企业家深刻了解产业的痛点和应用机会，但是不能密切跟踪前沿技术，他们需要科学家。而科学家，或者科技从业者，也需要企业家助力，让技术找到用武之地，并实现产品大规模量产，以造福社会。因此，未来只有企业家和科学家两者结合，才能实现技术走向市场。

第 13 章　生物医疗

在本章中,我们将集中介绍基因编辑、精准医疗和癌症疫苗三个最热门的生物医疗方向及各自所蕴含的产业机会。

基因编辑

近两年大热的基因编辑器的发明,给基因编辑领域带来了翻天覆地的变化。它可能让医学、农业、食品,甚至能源行业发生根本性的改变,随之而来的将是巨大的产业机会。简单来说,基因编辑技术 CRISPR – Cas9 出现的意义就好比我们从泥板刻字时代飞跃到了用 Word 编辑文字的时代。

CRISPR – Cas 是细菌体内的一组生物分子,它们是细菌抵御病毒入侵的免疫系统。这个系统主要由 CRISPR 和 Cas 两部分组成。其中,CRISPR 这部分序列和入侵细菌的病毒 DNA(脱氧核糖核酸)序列非常相似,主要负责识别和定位病毒 DNA,而 Cas 则负责剪切、删除这些病毒 DNA，这样细菌就可以避免被病毒干扰，完成和病毒的免疫大作战。

值得一提的是，人们经过了漫长的过程才发现 CRISPR - Cas 是细菌内的免疫系统。早在 1987 年，人们就发现了有特殊序列机构的 CRISPR 基因，后来才认识了 Cas，以及 CRISPR 和病毒序列很相似的特点。

2007 年，酸奶公司丹尼斯克（Danisco）的科学家在研究中发现，他们用于生产酸奶的嗜热性链球菌的抗病毒能力和细菌 CRISPR 基因高度相关。直到这时，CRISPR - Cas 作为细菌免疫体系的功能和它的工作机制才首次得到证实，所以人们总是戏称 CRISPR - Cas 是从酸奶中发现的。

与此同时，另一个重要进展是 Cas 的特殊成员 Cas9 的发现。和其他 Cas 相比，Cas9 简单小巧，更易于人工合成。简单的核酸定位加上简单的剪切蛋白，为简单高效的基因编辑器的诞生奠定了基础。得益于这一发现，加州伯克利大学（UC Berkeley）的詹妮弗·杜德娜（Jennifer Doudna）和瑞典默奥大学的伊曼纽尔·夏普蒂埃（Emmanuelle Charpentier）在 2012 年 8 月首次发表了对 CRISPR - Cas9 系统进行人为改造并让它更简单的文章。2013 年 2 月，麻省理工学院博德研究所的华人科学家张锋和哈佛大学的乔治·丘奇（George Church）也发表了改造 CRISPR - Cas9 系统的文章。

CRISPR - Cas9 诞生的同时，人们也预测到了它在商业层面上的巨大价值。杜德娜、夏普蒂埃和张锋，都以 CRISPR - Cas9 为核心技术，分别创办了致力于基因治疗的医药公司，这些公司在创业初期就获得了千万美元的融资。而当美国专利与商标局最终把用于植物和动物基因编辑的 CRISPR-Cas9 专利授予张峰所在的博德研究所的时候，他所创办的 Editas 公司股价更是应声而涨。

那么，CRISPR-Cas9 技术的突破是什么？为什么会引起如此巨大的热潮？我们认为主要有三方面的原因。

首先，跟读取相比，编辑是一种进阶能力，它可以赋予你更多的自由度和操控权，但也更难实现。在生物科学领域，今天我们已经通过各种方法积累了不少生物大数据，可是对生物体的编辑和刺激技术却非常有限，而这恰恰是科研和医疗越来越迫切的需求。举个例子，今天我们可以只花一天时间就能完成对一个人全基因组的测绘，但是相对精确的基因编辑技术在 20 世纪 90 年代才出现，而且效率很低，直到 CRISPR-Cas9 的出现才有了较大的进步。类似地，在神经科学领域，我们已经对大脑做了非常多的读取和分析工作，但刺激大脑的研究工作却很少。

其次，CRISPR-Cas9 突破了以往基因编辑技术的局限，同时保障了精确度和操作的简便性。最早人们用非致病病毒来做插入，用 RNA（核糖核酸）干扰做抑制来操控基因，但这些方法的精确度比较差。后来发展起来的编辑技术叫 ZFN，确实能够做到比较精准，但它操作烦琐，既耗时又昂贵。再后来是 TALEN 技术，虽然在这些方面有了改善，但由于依然是靠蛋白质来定位编辑靶点，所以进步依然有限。而 CRISPR-Cas9 只需要一段很短的 RNA 片段和 Cas9 这个简单的剪切蛋白就可以完成任务，终于给简化操作和降低成本带来了质的飞跃。

最后，CRISPR-Cas9 还有不少额外的优点，比如它可以同时编辑多个基因位点，没有物种限制，可以实现基因驱动等。这些优点进一步扩展了 CRISPR – Cas9 的使用场景和现实意义。

总而言之，CRISPR – Cas9 可以说是一种像人工智能一样能让很多创新根植于其上的平台级技术，理论上而言，借助它我们就能实现想要的生物改造。因此，在非基因治疗领域，它的产业机会在于各种应用的开发。比如，杜德娜创办的卡布（Caribou）生物科学公司，就把注意力放在了基因编辑以外更广阔的应用领域，包括基础科研、生物工程和农业等方面，这也正是 CRISPR – Cas9 应用的热点方向。

以其中的基础科研领域来说，最常见的是对疾病病因的筛查和建立疾病模型。简单的 CRISPR – Cas9 使对大量潜在致病基因进行地毯式排查成为可能。利用这一方法，科研人员已经筛选出了可以增强免疫细胞抵抗艾滋病病毒能力的关键基因，发现了致癌的关键基因突变，找到了寄生虫生存的必需的基因。

许多疾病尤其是精神疾病，有着多基因控制的复杂致病原因，而 CRISPR – Cas9 可以同时进行多基因编辑，这就使得构建这些疾病的小鼠模型的工作量能从数年、数月缩减到数天。

除了基础科研领域，CRISPR – Cas9 还可以为古生物学、农业、能源等领域研究提供新技术手段。

不过，CRISPR – Cas9 在人的基因治疗中，还存在着一定程度的"脱靶"问题。和用于非人体生物或者体外细胞不同，当 CRISPR – Cas9 直接用于人体改造的时候，我们无法分离编辑成功和不成功的细胞。因此，现在把 CRISPR – Cas9 以及所有基因编辑技术直接用于人体治疗还尚早，许多技术细节需要提高。

目前，该技术比较成功的医学应用是针对体外细胞或组织的，如针对干细胞的基因编辑。这方面的例子如把白血病患者的骨髓造血干细胞改造之后再植回患者体内，就相当于完成了不需要寻找配型的自身骨髓移植。

除了医疗领域，基因编辑还可以应用于农业、能源化工生产、物种控制等领域，其中离我们最近的当属农业。

2018年4月，宾夕法尼亚大学的杨亦农教授运用基因编辑技术消除了白蘑菇中一种酶的基因。这种酶会引发褐变和腐烂，让白蘑菇很难保存，但相关基因消除后，酶的活性降低了30%，白蘑菇的保质期得以延长。

美国冷泉港实验室（CSHL）和马萨诸塞大学对番茄的研究，实现了对农作物进行系统而精密的调节。传统的农业育种技术只能被动地利用自然变异保留人类所需要的物种特征，我们不能任意选择想要改变的性状，不能控制改变的程度，甚至不知道什么样的基因决定什么样的性状。而这项研究实现了对番茄大小、花序、植株、结构的微小且连续的调控。以大小为例，研究者用CRISPR-Cas9在相应基因的调控区人为制造了大量的突变，揭示了突变和番茄大小的对应关系，这样就可以按需求生产各种大小的番茄。此外，不会引起过敏的花生、无角的牛、肥硕的三文鱼等都是这个技术出现以后的作品。

其实，基因编辑在农业领域中的应用并不罕见，然而CRISPR有着以往技术不可比拟的优势。比如我们对优质农产品的多重要求，要靠多基因位点的编辑实现；又如许多植物通常有好几套染色体，改变一个基因需要批量处理它在多个染色体上的复制，这些正是这项技术独有的能力。

正因如此，新的基因编辑技术引起了农业领域新一波产品研发的浪潮，各大公司都在积极拥抱这次浪潮。比如美国著名的跨国农业公司孟山都（Monsanto），就和张峰所在的博德研究所签署了最新的技术使用许可协议。

基因编辑在非医疗领域的第二个重要应用方向是利用微生物的能源化工生产。2018 年 6 月，美孚石油公司（Mobil）宣布和合成生物公司（Synthetic Genomics）达成合作，致力于将海藻的脂肪含量翻倍。海藻可以把大量的二氧化碳转化为脂肪，是理想的生物燃料制造者。提高海藻的脂肪含量一直是人们的努力方向，然而过去的方法会减缓海藻的生长速度，因此总体上无法提高单位时间内海藻脂肪的总量。

合成生物公司首先通过大规模测序找出了 20 个可能影响海藻脂肪含量的基因位点，接着用 CRISPR 对这些位点进行编辑，筛选出其中决定脂肪含量的关键调控位点，最终让海藻的脂肪转化率从 20% 提升到了 40%~55%。

此外，这项技术还能在基因驱动上有一番作为。基因驱动是指可以让某种基因自动、快速地扩散到群体当中的方法。如果用这种方法改造蚊虫，使其无法再携带和传播某些病毒，就可能有效地根除疟疾、登革热等疾病。这种方法还能有效地防止害虫、消灭物种入侵等。

当然这种在短时间内高强度改变物种特性的做法或许会让你产生一丝担忧：我们这么改造生物，会不会引起一发而不可收拾的危机？

这个问题的确值得我们每一个人思考，与此同时，科学家也一直在积极探索各种潜在危机的控制手段。但不管怎么说，我们现在没必要为假设而感到恐慌，更不用因为担忧而盲目反对这些技术的发展。技术进步像小孩子蹒跚学步，我们要给予关心、监督，更要扶植和包容。很多问题的解决方法不是一味地逃避和扼杀，而是让其顺应发展。

简而言之，我们曾经将过去的几十年称作是信息技术时代，但在未来，简便精准的基因编辑技术会将我们带入生物科技（BT）创业时代。未来BT人才也许会像今天的IT人才一样抢手，而未来每一个人的生活也会像今天被互联网裹挟一样，被基因编辑技术所影响。

知 识 点

1. 从 CRISPR-Cas9 的发现开始，基因编辑领域取得了重大突破，精准而简单的基因编辑得以实现。这是一个平台级的科技进步，它带来了一大批创新机会。

2. 在基因治疗以外的领域，基因编辑的产业机会主要在于各种应用的开发。而在基因治疗领域，其技术还有待完善。

3. 除了技术革新，基因编辑可能产生巨大的社会影响。BT创业时代或将来临，需要我们每个人关心、思考随之而来的伦理问题和相应的法律法规制定问题。

精准医疗

我们常常听到这样的事情：两个患者体内长了同一种肿瘤，医生开了同一种药，一个人吃了效果非常好，而另一个人吃了却没有好转。这是为什么呢？这是因为，虽然他们长的是同一种肿瘤，但是形成肿瘤的基因突变是不同的。

你可能会想，那只要针对不同的基因突变区别用药，不就可以了吗？没错，这种针对性的治疗方法，就是我们接下来要介绍的精准医疗。

在美国，精准医疗一般被定义为一种根据患者的个体特征"量身定制"的治疗方法。美国精准医疗集群项目文件给"精准医疗"下的定义则是："一种新兴的、综合考虑到居民基因、环境、生活方式等变量的疾病预防和治疗手段。"根据这个定义，精准医疗考虑的不仅是基因，还有环境和生活方式；也不仅是治疗，还要考虑预防。

2015年，时任美国总统奥巴马表示要资助美国的国家"精准医疗计划"。这个计划的短期目标是促进癌症基因组学发展，开发更好的预防和治疗方法；而长期目标是通过建立一个科学家全国网络，构建一个全面的科学知识库，对超过100万的美国人的基因进行国家测序研究，从而增加对健康和疾病的了解。

值得一提的是，就在奥巴马宣布支持"精准医疗计划"的两个月后，中国也出台了自己的"精准医疗计划"。

精准医疗这个概念之所以近年来突然兴起，离不开以下两大要素：

首先是人类医学取得了长足的发展。随着对现有疾病研究的深入，我们认识到很多疾病其实是基因突变造成的，而且基因突变因人而异。既然如此，我们理应思考对个体采取不同治疗手段的可能性。

其次是基因测序的普及。仅认识到基因突变引发疾病是不够的，我们还必须积累足够多的基因数据，才有可能开发出特定的治疗方案，而这也意味着我们需要足够便宜和快速的大规模基因测序。幸运的是，近十几年来基因测序价格已经从 1 亿美元下降到了现在的 1 000 美元，而且已经有企业开始大范围采集数据。

在精准医疗领域，基因测序被如何运用呢？我们以癌症为例。简单来说，癌症是因为普通细胞的繁殖速度比它的死亡速度快而引起的，而细胞的生长和死亡周期，是由基因负责调控的。因此，一旦基因出现变异，也就是基因的某些排序发生改变，就会影响一个人得癌症的概率。基因突变分两种情况：一种是从父母那里遗传来的，另一种是由后天环境造成的。

精准医疗主要针对的是后天环境造成的基因突变。医生从一个癌症病人的肿瘤里取一小块样品，然后用基因测序技术给样品里的基因进行排序。只要能判断是哪一段基因突变引起了细胞癌变，医生就可以开出有针对性的药，进行个性化的治疗。

而癌细胞有很多种，想要判断出是哪一种基因突变引起细胞癌变也没那么容易。目前，人类只发现了大约 50 个基因突变会导致癌变，也许还有更多基因突变等着科学家去发现。

为了更好地理解精准医疗，我们再举一个例子。2018 年最火的抗癌药非美国食品药品监督管理局（FDA）火速批准的可瑞达（Keytruda）莫属，但该药并非适合所有患者，其只针对一类特殊病人：这些病人身体里的癌细胞有两个源于基因突变的特别生物标记，带有这些突变的肿瘤会严重影响细胞内的 DNA 修复机制。可瑞达的作用原理是激活人体自身的免疫细胞，通过识别出这两个特别的生物标记来杀死癌细胞。和别的癌症药物相比，它的优势在于对患者的副作用很小。当然，要想判断某个患者的某个癌细胞是不是符合这个基因突变，得先进行基因测序。

可瑞达是 FDA 通过的第一个针对基因突变引发癌症的抗癌药。与以前都是针对具体部位的抗癌药物不同，可瑞达秉承的是一种"异病同治"的精准医疗理念。也就是说，无论癌细胞肿瘤出现于身体哪个部位，只要它们归属于同一种生物标记，就可以用同一种方法进行治疗。

除了"异病同治"理念，另一家叫作福泰制药（Vertex Pharmaceutical）的公司还开发出一种"同病异治"的精准医疗理念。按照这种理念，针对不同基因突变的同一种病，会有不同的药物配比。

尽管我们已经能够测出人类全基因组的序列，并且也在药物研发和实际治疗中取得了一定成功，但精准医疗还只是刚刚开始。

首先，现在的基因测序技术只能测出人体固有的基因序列，但人体是一个动态的系统，很多情况下就算 DNA 序列不变，基因表达也会发生可遗传的改变。通俗点儿说，即使我们能进行基因测序，也可能找不到病因。另外，很多疾病可能是成百上千个基因共同作用的结果，因此即便我们测出了基因序列，也很难知道哪些基因才是关键因素，更无法知道该如何调节。

其次，即便我们测出了所有基因的序列也是不够的，因为只有彻底了解某个疾病，知道发生基因突变后该怎么治疗，基因测序才能派上用场。

但不可否认的是，在基因测序技术和人工智能大数据技术的基础上发展起来的精准医疗，是医疗护理行业的一次巨大转变。它不需要像传统医疗那样靠各种各样的诊断，也不需要大量病例的总结。就像我们前面讲的肿瘤病理一样，只要建立了相应的基因变异排序的大数据库，科学家就可以针对性地设计出各种疗法。每个人的生理、病理状况是不同的，我们可以制定符合个体情况的控制方法和治疗手段，从而真正实现个体化的医疗。

了解了精准医疗的基本概念及其特征，我们不妨了解其中蕴含的商业机遇。对于初创公司而言，大致可以从以下两个方面发掘机会：

一方面，一家公司很难做到覆盖所有疾病的基因测序，也就是说，那些覆盖不到的疾病领域，就是初创公司的机会。如果初创公司能够选择特定的细分领域，比如专门收集乳腺病人的临床数据和基因测序数据，建立数据平台和云端服务，成为特定领域的基因大数据公司，就很可能取得成功。

另一方面，目前，国内缺乏能够分析数据，再根据数据来设计解决方案的人才。这主要是因为科研或者高校的数据非常零散，很多数据都未被有效利用。如果初创公司能和高校、药企、医院合作，然后帮助科研机构和药企做某一个特定领域的标准化分析，再通过机器学习和算法优化，找到合适的规律，研究病理和分子生物层面的药理，这将会大大节约企业研发新药的成本。

例如，目前在精准医疗的早期筛查应用领域，就涌现出了癌症早筛公司思为诺（Grail）这样的独角兽企业。思为诺是基因测序巨头伊鲁米那（Illumina）的子公司，主要研发癌症筛查的血液检测技术。该技术只需要简单验血就能发现早期的恶性病变。目前，思为诺已经拿到了比尔·盖茨、贝佐斯等人以及默克、强生、腾讯等机构的投资，2017年至今，融资金额高达11亿美元。

思为诺的理念其实很简单，因为约70%的早期癌症是可以治愈的，所以只要能早诊断，就能迅速治愈。更神奇的是，思为诺可以在患者还没表现出任何症状的时候，就预测到病变。

在技术方面，思为诺主要靠高密度DNA排序的方法检测肿瘤的基因信息。除此之外，它还使用机器学习技术，引入大量的数据把基因序列跟各类肿瘤对应起来，以达到更精准预测肿瘤的目的。

有了这项技术，思为诺首先瞄准的是乳腺癌。思为诺联合美国著名的梅奥诊所（Mayo Clinic），收集了12万个45岁以上妇女的血样。之后，癌症科学家借着专业知识，预测出大约有650位妇女可能在接下来1年里患乳腺癌。同时，思为诺也用其基因大数据系统进行预测。思为诺把它预测的结果和专家的诊断不断进行对照，逐步提高检测的准确率。

值得一提的是，为了获得更多原始数据，思为诺用了非常聪明的方法，就是给参加血样采集的志愿者每人发25美元的红包，虽然花了大约300万美元，但却很快收集了1 000 GB的数据，加上这些志愿者的医疗记录，通过专门的模式识别方法，就能得出更精准的结论。如果继续用这种方法收集数据，思为诺很可能会成为世界上这方面数据最多的公司。

当然，虽然精准医疗蕴含的机会很多，但它也存在着一些问题和陷阱。

首先，精准医疗一旦不精准，就会给患者带来很多麻烦。以癌症早筛技术来说，如果早筛的结果不"精准"，把一个健康人预测成一个癌症早期患者，或者把一个癌症早期患者预测成不可治愈的患者，都会给患者造成不必要的精神压力和财务压力。更严重的是，当癌症早筛检查覆盖到大规模人群后，哪怕是一个很低的错误率也会造成大面积的恐慌，引发社会问题。所以，精准医疗测试的精确性必须非常高。

其次，除了早筛技术，有些公司还给癌症患者做全基因序列测序，可问题是，并不是每个患者运气都那么好，都处于癌症早期。如果医生给患者做了全基因检测以后，知道了哪些基因发生了突变，却没有对应的药物能够治疗，这会给一些癌症中晚期的病人带来更多负面的影响。

对于国内企业来讲，我们不单单要关注精准医疗的"精准"问题，还得格外注意自身的核心竞争力和相对竞争优势问题。比如，目前很多公司其实没有核心技术、购买了一些测序仪就开始"吆喝"自己掌握了核心科技，走在了精准医疗的前端。前面已经提到，近十几年测序仪和基因测序的价格已经大幅降低，因此全序列的基因测序不可能形成坚实的壁垒。

而且，国内目前只有无创产前基因检测得到了批准，其他基因检测产品都需向国家有关监管部门申请注册，获得批准后才能进入医疗机构。

最后，需要指出的是，我国和欧美国家对精准医疗的理解并不完全一致。欧美国家所说的精准医疗主要关注肿瘤、白血病的基因测序和治疗，强调遗传基因信息的主导作用，强调分子层面的基因测序；而一些中国专家对"精准医疗"的理解要广泛得多，有的甚至把现代医学的先进科技手段和传统医学方法进行整合，得出了较玄虚的理论概念。这是需要企业、科研人员和相关政府部门谨慎思考和应对的。

知 识 点

1. 基因测序成本的大幅下降是精准医疗发展的基础；因后天环境引起基因突变而导致癌症病变，是精准医疗的一个切入口。

2. 精准医疗的机会是可预期的，癌症早筛公司的迅猛发展就是一个很好的例子，但目前还做不到对一个人做全面的分析，而是从特定疾病入手。

3. 在精准医疗领域，大公司很难垄断，初创公司找准特定疾病，进行数据整合，利用人工智能技术提高分析精度，提出解决方案，是一个很大的机会。

癌症疫苗

癌症可谓是目前人类面临的头号绝症。如何同癌症进行抗争，是目前生物技术的一大重要研究方向。在所有的抗癌疗法中，目前最火热的非癌症免疫疗法莫属。

关于癌症免疫疗法，我们还得从人类和癌症的斗争说起。

1971 年，美国国会通过《国家癌症法案》（National Cancer Act）修正案。这部法案可以说是现代生物医学与癌症相斗争的开始。该法案于 1937 年颁布，促成了美国国家癌症研究所的建立，修正案让癌症研究所有了专项拨款以及和总统、国会直接沟通的权力。这极大地促进了更多癌症研究机构、国际合作组织以及癌症数据库的建立。

但遗憾的是，在近半个世纪之后，人类还基本上对癌症束手无策，癌症的总体发病率和死亡率依然很高。不过，我们对癌症的认识有了巨大的进步，也探索了许多新的治疗方法。这其中最突出的一种就是免疫疗法，即利用我们自身免疫系统来清除肿瘤。

大家都知道，除手术外，放疗和化疗是治疗肿瘤最常用的疗法，但这些方法在消灭肿瘤细胞的同时也杀死了正常细胞，给身体带来了巨大伤害。相比之下，免疫疗法的优势就是它可以避开正常组织，有选择地专门攻击癌症细胞。

疫苗的工作原理简单来说就是：当某种入侵者比如细菌或病毒感染人体的时候，我们的免疫系统会记住入侵者的特征，这样以后如果遇到同样的入侵者，免疫系统就能快速而强烈地把入侵者"干掉"。注射疫苗就是先把那些带有病原体特征，但又不会让人发病的细菌或者病毒注入人体，让免疫系统记住这些特征，这样待真的病原体入侵时，免疫系统就能在其"发起攻势"之前把它"消灭"。

历史上，人类用疫苗攻克了肺结核、天花等传染病，如今科学家则试图用疫苗来攻克癌症。例如，自2006年起，美国就陆续上市各类宫颈癌疫苗，这些疫苗能够预防至少85%的宫颈癌。

和其他疫苗的诞生原理一样，宫颈癌疫苗的发明得益于宫颈癌致病病毒的发现。

20世纪70年代，德国科学家豪森（Hausen）第一次提出，宫颈癌的罪魁祸首可能是人类乳突病毒HPV。经过了20年，他的理论逐渐得到了证实，宫颈癌也因此成为迄今为止唯一病因明确的癌症。豪森的这一发现促成了宫颈癌疫苗的诞生。1998年，第一种宫颈癌疫苗被证实有效；2006—2007年，默沙东（Merck）和葛兰素史克（GSK）发明的疫苗相继在美国和欧洲上市。

然而，宫颈癌疫苗的成功其实是种种主客观因素共同造就的，而其他癌症，至少目前还没有具备相应条件。为什么宫颈癌疫苗的成功不可简单复制呢？我们可以从三个方面来解释。

首先，如前所述，宫颈癌是现在唯一一个病因明确的癌症，它的致病机制十分单一，几乎99.7%的宫颈癌都是由HPV病毒感染引起的。但是，反观大多数癌症，它们的病因非常复杂，难以定论。虽然我们知道癌症是基因突变导致的，但是到底是什么导致突变，它具体是什么样的，突变又有多大规模，这些都很难研究出来。再加上巨大的个体差异，研究工作就很难开展。想想看，哪怕是致病机理最单一的宫颈癌，从假设到理论的证实都花了20年，就更不用说其他复杂癌症的研究了。

其次，HPV病毒并不算一种"凶残"的病毒。感染HPV其实很普遍，女性一生中感染HPV的可能性高达40%~60%，只不过大多数感染都会在8个月内自行消失，而只有2年以上的持续感染才有可能引发癌变。另外，HPV很容易被免疫系统杀死，一般来说，正常的免疫反应强度就足以消灭HPV。相比之下，其他癌症病变就显得异常顽固，以至于免疫系统根本没办法快速有效地"一举歼灭"癌细胞，而且一旦免疫系统开始疲惫，有些癌症细胞还会反过来抑制免疫系统的活力。

最后，有些癌细胞非常"狡猾"，它们常常伪装成正常细胞，或者不断改变自己的特征，躲过免疫系统的"巡查"。

由于以上这些原因，我们的免疫系统经常在对抗中输给肿瘤，而研发相应的疫苗也变得异常困难。不过，在认清这些原因后，我们也研究了相应的对策：既然肿瘤很会"伪装"，那我们就提高"侦查能力"；既然免疫系统"战斗力不足"，那我们就提高免疫激活水平。正是基于这两点，治疗性疫苗应运而生。

治疗性疫苗，指的是用于已经发病的情况下的治疗疫苗。既然疾病已经发生，就说明机体本身免疫力不够强大，所以治疗性疫苗把重点放在提高免疫反应强度上。运用类似的思路，除了抗癌，治疗性疫苗在治疗乙肝、艾滋病方面也很有潜力。

那么，要怎样提高免疫反应强度呢？方法很多。目前最有效的一种疫苗，是基于树突细胞的肿瘤疫苗。树突细胞是一种重要的"免疫提呈细胞"，这种细胞在预防系统中扮演着巡逻兵的角色，它负责"发现敌情，拉响警报，同时把'敌人'的特点报告给'主力军'"。没有树突细胞，"主力军"就无法被大规模唤醒，更不知道"该对谁开战"。对树突细胞的研究是近代免疫学发展的重要里程碑，它不仅颠覆了人们对免疫系统工作原理的认知，还帮我们找到了提高免疫反应精度和强度的方法，更促进了治疗性肿瘤疫苗的诞生。

治疗性肿瘤疫苗里最当红的明星要数前列腺癌疫苗普列威（Provenge），它是全球第一个也是目前唯一一个获批上市的治疗性疫苗。用普列威治疗肿瘤，主要是利用树突细胞来高效激活患者体内的免疫细胞，然后准确地找到并杀死癌细胞。2010年FDA批准普列威在美国上市。截至目前，已经有超过2万名患者接受过普列威的治疗，他们的寿命平均延长了4个月。

除了普列威这种基于树突细胞的治疗性肿瘤疫苗，目前市面上还有两种比较受关注的癌症免疫疗法：CAR–T和免疫检查点抑制剂。实际上，这两种疗法和肿瘤疫苗合称为癌症三大明星疗法。免疫反应的过程可以简单分为三个阶段：早期主要靠树突细胞一类的"巡逻兵发现敌情并标注敌人特征"；中期以淋巴细胞为"主力军正面杀敌"；后期"鸣金收兵，防止过度战斗伤及无辜"。这三种明星疗法正好分别对应这三个阶段。

疗法CAR-T选择跳过第一步"巡逻报警"，直接在"战斗主力"T细胞上做文章。CAR-T利用基因编辑技术来改造人体的T细胞，使其无须激活就可以直接"上场与癌细胞战斗"。目前这个领域的明星产品是诺华的CTL019。CTL019主要针对儿童白血病，它的临床试验成绩相当出色，43%的病人在测试结束前癌症未见复发。2018年7月，CTL019成为FDA首个获批上市的CAR-T疗法。

CAR-T疗法非常有潜力，但在治疗的安全性、操作的简便性，以及在更多癌症种类的应用上都需要进一步完善。

另一疗法是免疫检查点抑制剂。在免疫反应的后期，狡猾的癌细胞会分泌假的抑制信号来削弱免疫强度。检查点抑制剂的目标是阻断这条抑制通路，让癌细胞无机可乘。这个疗法的诞生，得益于我们认识到肿瘤和免疫系统之间的相互作用。

免疫检查点抑制剂是产业化走得最远的新疗法。目前市场上主要有三家公司：百时美施贵宝（BMS）、默沙东和罗氏（Roche）。它们上市的明星产品能有效控制黑色素瘤、恶性肺癌以及霍奇金氏淋巴瘤。相比肿瘤疫苗和CAR-T，免疫检查点抑制剂操作简便，比较便宜，但因为没有治愈癌症的效果，所以无法长期发挥作用。

当然，人类与癌症的抗争从来没有停止过，与癌症治疗相关的

第 13 章　生物医疗

科技突破每天都在发生。例如，近期美国哈佛医学院和德国百泰生物科技公司（BioNTech）的两位研究者利用大规模测序和生物信息学培养出易被树突细胞识别的抗原，并把它作为疫苗注射给患者。实验针对的是高死亡率的黑色素瘤，而最终临床试验显示，两项研究中都有约 2/3 的病人在治疗后肿瘤病症未见复发，剩下的大部分患者也在其他治疗的辅助下出现了肿瘤消退。

利用大规模测序和生物信息学进行抗原筛选将成为未来实现异病同治的基础，即今后癌症不再是按癌症类型分类治疗，而是按相同特征的抗原分类治疗。例如，初创公司 Loxo Oncology 在 55 名癌症患者中发现了一种共同的基因突变，针对这种突变的治疗则在 50 名患者中都取得了很好的效果，而事实上，这些患者患的癌症种类有 17 种之多。

总而言之，在肿瘤疫苗上取得的突破和成功，是我们对癌症和免疫系统认知升级的结果；而新型肿瘤免疫疗法的发展，则标志着我们已经进入了一个系统生物学的时代、一个精准医学的时代，我们正在逐渐进入一个癌症可治愈的世界。

目前，美国的肿瘤免疫疗法处在世界领先位置，中国则是紧随其后的研发大国。然而，中国也是免疫疗法混乱的地方，2017 年出现的"魏则西事件"就是这一状况的真实映射，也给了我们非常深刻的教训。作为患者要牢记，任何取得突破的前沿疗法，会被广泛报道，不可能像武功秘籍一样被深藏。那些报道不多、没有临床试验、号称独家妙方的治疗法很难可靠。当然，对于相关治疗领域的监管也要进一步加强，希望今后的监管能够更加细致明确，以保障患者的基本利益。

知 识 点

1. 和传统疗法不同，最新的肿瘤免疫疗法可以实现对肿瘤高精度、高强度的打击，它是当下最热门的抗癌新疗法。三大明星疗法中，肿瘤疫苗的人为改造最少；CAR-T最有效；免疫检查点抑制剂产业化最成熟，产业格局已经形成，主要由大公司占据。

2. 第一种肿瘤预防性疫苗——宫颈癌疫苗和第一种治疗性疫苗——前列腺癌疫苗的问世，标志着肿瘤可预防，甚至可治愈的时代已经来临。

3. 肿瘤疫苗技术的发展，得益于我们对肿瘤和免疫系统的认知升级，以及对基因测序、基因编辑、生物信息学等工具的利用。新型肿瘤免疫疗法的发展，标志着我们已经进入了系统生物学和精准医疗的时代。

第三部分
思维与行动的范式转移：
活在未来

世界变得更加不具有确定性，但未来的走向却掌握在我们手中，因为很多问题，最终取决于我们看待它的视角以及应对它的态度。悲观者总是看到危险，而乐观者更善于捕捉机会。

科技的突破已经为我们描绘出一幅未来画卷。互联网时代的范式正在遭遇智能范式的颠覆，原有的常规形态被打破，新的常态则正在确立与形成之中。

要应对世界的变化和科技的革新，无论是企业还是个人都必须做出思维与行动上的适应性改变。改变的意义在于让我们能够更加清楚地把握趋势，让我们在一个不确定的大环境中找到更确定的方向，而我们也因此更加具有目标性，更能抓住真实的机遇。

思维与行动不仅仅是对世界与科技变化的简单反应，它们也会不断地改变世界和科技发展的进程。正因如此，转变我们的思维和行动，在今天的这个时代，已经变得刻不容缓。

第14章　企业思维与行动指南

迎接"科技军备竞赛"时代

著名的互联网专家、《互联网周刊》主编姜奇平曾经提出了"红舞鞋理论"：传说中有双红舞鞋，穿上的人就会一直跳舞，直到累死才会停下来。而科技就像是穿着红舞鞋的舞者，一旦创新速度提升上去，就很难降下来；科技创新波及的领域一旦扩展开，也就很难再收回去。

承载着科技创新的科技企业也同样如此。一家科技企业的使命就是要不断创新，因为停止创新就意味着被淘汰。不是科技企业的可口可乐公司，一个配方研制出来可用上百年；但作为科技企业的苹果公司，必须每年都发布新的产品，让产品有新的功能，只有如此，它才能持续活下去。科技企业每年要投入大量资金进行研发，而且最为残酷的是，一旦研发被竞争对手超越，以前的积累无论有多少，似乎都会化为乌有。这也许正是"股神"巴菲特（Buffett）不喜欢科技公司的原因，科技公司的成功太难维持，更不用说它还要把更多的利润都贡献给研发。

今天的现实却更为残酷，因为红舞鞋模式正在扩散到全社会。换句话说，这个时代不是科技企业的传统企业会越来越少，更多企业将变成科技企业。不仅如此，既然红舞鞋理论已经暗示科技企业必须不断进行科技创新，那么，当更多企业变成科技企业，科技创新也就变成了那些企业的共同任务。

从某种角度上来说，我们将进入一个掌握先进科技未必能够获胜，不掌握先进科技一定会失败的新时代。我们把这个时代叫作"科技军备竞赛时代"。

科技军备竞赛有残酷的一面，因为只要是竞赛，就意味着激烈的竞争。你不掌握先进科技，甚至掌握得不够快，就有可能在竞争中败下阵来。不管你以前曾经做过什么，在新时代人人都需要不停奔跑，而且跑慢了就会被淘汰出局。

竞赛也有积极的一面。如果我们能够成为这场科技军备竞赛的赢家，得到的回报也将更大。另外，当更多企业拥抱科技，它们也可以像如今的互联网企业那样，获得更多赢家通吃的机会。

更关键的是，先进科技已经不再是各个行业的主要入侵者，而是成为各个行业企业家手里的先进武器，而最后的胜出者，往往就是业内最懂得运用先进武器的企业。

在这样的情况下，中小企业的机会不但没有减少，相反，它们通过科技竞赛超越对手的机会在增加。越来越激烈的竞争导致越来越多的领先企业无法在最前面停留太久,传统垄断巨头被新兴企业替代的案例比比皆是:从 1973 年到 1983 年的 10 年间,全球财富 1 000 强企业只更换了 350 家;而 2003 年到 2013 年的 10 年间,这一榜单上的 712 家公司被新企业取而代之。

构建科技创新思维

在科技军备竞赛中,谁能深入理解科技发展的规律,并基于规律全面思考全球科技创新的布局,谁才更有可能赢得未来。科技发展,我们总结有以下三个规律:

第一个规律:科研突破无法预期,但科技的产业化时点可以预期。

科研的突破往往带来科技、产业甚至社会的巨大变革,它是科学家长期积累的结果。不过,由于具体的科研突破常常来自某些个体研究者,因此其突破的时点很难预测。以人工智能领域为例,有专家认为 5 年后就会有重大的突破,有的人则说需要等 50 年,这种不同的判断正是缘于其不可预期的特性。

不仅如此,科研突破的方向有时候也非常难以预测,例如,当传统的计算机芯片能力渐渐触及天花板时,未来通用计算的主力究竟是量子计算还是光子计算?还是其他我们尚不知道的技术?传统的计算机模式是会被彻底取代,还是仍有延续的可能?在很长的一段时间里,这些都难以有定论。

第二个规律:竞争往往来自其他行业。

具体关键技术突破往往很难有准确预期,但幸运的是,不同技术突破往往能够达成相同的效果。比如，薄膜太阳能和硅片太阳能的原理不同，但它们都能把太阳能转化成电能，也正因如此，这两种技术构成了竞争关系。

因为解决问题的方法常常不止一种，所以颠覆也极有可能来自你意想不到的领域。历史已经证明，一些不经意的角落常常出现科技创新企业，再产生连锁反应，逐渐占领市场，成为新一轮科技革命的推动者。

所以，作为一家企业，千万别只盯着你自己行业的狭窄领域，而是要关注不同行业的新动向以及相互之间的协同效应。请记住，你最大的竞争对手，往往诞生在你可能从来没有关注的领域里。

第三个规律：一种新科技刚出现时往往不成熟，它需要一个不断改进的过程。

尽管出现的时间很难准确把握，但是科技演变本身自有其规律。

科技演变往往先有原理的突破，其早期应用一般都不成熟。这时候，我们就需要对其不断改进，提升产品可用性，以使其达到最低客户满意度。只有当这种产品被客户接受时，科技的产品化才算完成，市场才有可能实现突破。

例如，我们今天熟悉的二维码支付技术，早在10年前就已经出现，当时的中国移动公司曾经尝试通过各种途径推广这项技术，但始终未能获得成功。这主要是因为当时的移动网络速度太慢、手机硬件性能欠佳，此外，当年也缺乏移动支付的应用场景。

等到移动互联网发展起来之后，整个情况才出现改观。阿里巴巴的淘宝电商平台推动了支付宝的发展，腾讯的微信红包则带动熟

第 14 章 企业思维与行动指南

人间的微信支付,用户的支付需求不断提升。至此,移动支付才逐渐获得社会的认可,成了今天国内主流的支付方式。

科技创新从来都不是一帆风顺的。其最后能被社会接受,往往需要经历科技、产品、市场和社会的扩散阶段。因此,你需要以包容、开放的心态去看待新事物,而不能用评价成熟体系的眼光苛求它,要求它在短时间内达到完美。

当你理解了科技发展的规律,明白一种新技术需要经历从研发到大规模应用的漫长过程,你就会知道其中有很多机会可以让你预判趋势。抓住科技发展的提前量,你就能比别人提前抓住机会。

所谓科技发展的提前量,就是指一个没真正开始的科技趋势所显示出来的征兆。你可以通过提前露出来的信息,判断科技发展当前处在哪个阶段。

科技创新的源头多在高校,而高校的科研要实现产品化至少需要 5~8 年时间。在一项科技孵化的过程中,相关技术进展的信息会不断透露出来。如果你对科技敏感,就可以及时捕捉到最新信息,通过它来预知新科技的大趋势。

以无线电力公司为例,数年之前,当无线电力公司看到各大车厂开始推出电动汽车时,就敏锐地判断出电动汽车的时代将要到来,而这也意味着无线充电会有一个大市场,因为对于电动汽车来说,最重要的就是充电技术和电池。

无线电力公司加紧研发出了电动汽车的无线充电方案:在停车地面上安装充电垫,并通过磁共振技术,把电无线传输给停放在充电垫上的车辆。与此同时,它也迅速和各大车厂接触,并同宝马和保时捷等企业达成了战略合作。时至今日,这些品牌陆续推出了各自的电动汽车，其中不少配备了无线电力公司的无线充电功能。

当然，部分传统企业会认为自己离科技行业太远，不仅看不懂艰深的技术内容，也没有大公司发展策略的内部消息，因此感到束手无策。但实际上，并非只有专业人士才能捕捉到科技发展的提前量，日常可以观测到科技发展趋势的窗口也有很多。例如，每年一月举行的美国 CES 就是一个展示科技发展提前量的好地方。CES 是一个极具风向标意义的展览，其展示的科技产品基本预示了未来一两年，或三五年的市场趋势。

在捕捉到科技的提前量之后，如何行动便成为最为关键的问题。

新科技可能直接关乎企业的当前业务，也可能只与业务领域有互补关系，但无论如何，行动的核心都在于不断尝试，因为多一次尝试就多一次技术储备。这就如同在土壤里多种了一些不同的种子，当面对未知的不确定性时，风险才会降低。

保持开放心态并勇于尝试新技术，才有可能延续自己的竞争优势。此外，尝试越早，回报往往也越大。美国斯泰种业（Stine Seed）的创始人哈利·斯泰（Harry Stine）是转基因作物的最早尝试者，如今他研发的高产大豆占全美市场的 90%，每年通过授权专利就能获得大量收益。但斯泰并不满足，他在 70 岁的时候又开始尝试培育高密度生长的玉米品种，希望借此让美国玉米产量翻番。

知 识 点

1. 科技创新有自身逐渐成熟的过程，向来不会一帆风顺，最后能被社会接受，往往需要经历科技、产品、市场、社会的扩散阶段。所以，我们需要持有包容、开放的心态去接受新技术。

2. 要重视把握科技发展的提前量，别人今天的优势可能是5~8年前开始投入研发换来的，所以，看到别人今天的成果才想参与，早已错过机会。我们只有保持对科技的敏感度，才能及时捕捉到最新信息，通过它来预知新科技的大趋势，并且提前做好布局。

3. 面对未来的科技竞争，我们要有全面布局的能力，甚至可以尝试进入新领域，这个新领域可以是与你本行业相关的，也可以是与你本行业互补的。要提前做好科技储备，因为最后的胜出者，往往是业内最懂得运用先进科技的企业。

除了要有不断尝试的精神，科技创新也需要遵循一定的路径。只有通过正确的路径，企业才能更为高效地找到有效突破点，快速制订创新的实施计划。

创新的三条有效路径分别是专利转化、开源创新和应用创新。

专利转化

科技创新最难的部分在于原始创新和科研成果转化这两个环节。专利转化是这两个环节的合体，即先获取专利，再进行转化。

获取专利的方法又包含两种：一种是将专利当作一种商品，通过专利交易，转出方获得报酬而买入方获得核心技术；另一种是专利许可，就是使用者向专利所有人购买专利使用的授权。

专利转化，是在获得专利技术之后实现产业化，简单讲就是技术落地。

企业获取专利并进行转化的一个有效方法是去高校寻找创新科技方面的最新成果。作为科技创新的源头，高校通常积累了大量的科研成果，但产业化效率往往较低。针对这种情况，美国于1980年推出了《拜杜法案》，明确规定了高校科研成果的归属权，同时放开了专利"独家商业权益"的转让。这一政策大大促进了专利的商业转化，同时也为小企业的突破性创新创造了条件。

值得注意的是，大企业和中小企业在专利转化与科技创新方面有着不同的侧重：小企业更倾向于做突破性创新，大企业更倾向于做微创新。对于大企业来说，突破性创新具有不确定性且风险较大，在内部推行时往往会遇到各种阻力，而微创新见效快，又不会直接影响各方利益，故更容易发生在大企业。相反，因为微创新无法为企业构建形成竞争优势的坚实壁垒，所以小企业更愿意冒险，去尝试突破性创新。

通过专利技术来建立技术壁垒，可以显著增加企业的竞争力。当然，专利转化是一项非常复杂的专业性工作，不仅需要持续关注、及时跟进高校的研究进展，尽早构建竞争壁垒，还需要有专家指导。

开源创新

专利属于某个组织或某个人，谁得到了专利技术，谁就能拥有技术壁垒。但除此之外，科技创新还有第二条路径，就是使用开源技术。

开源就是所有资源由大家共享，并且大家免费使用。群众的智慧加上开源社区的交流，很容易让想法汇聚，并在此基础上创造出新价值。

大家熟悉的开源技术包括计算机操作系统 Linux、手机操作系统安卓，还有特斯拉的开源电动汽车技术等。这些开源技术降低了技术的准入门槛，使得更多有能力的人加入了新技术的应用开发，促进了技术在具体行业的落地。

目前大公司的人工智能通用算法，比如谷歌的张量流等都是开源的。这种开源算法吸引了众多应用开发者的加入，也催生了很多意想不到的有趣应用。

我们提过的 Ostagram 就是其中一个知名例子。这个由一名名不见经传的俄罗斯程序员开发的网站，能够把任何一张普通的照片转化为一张具有名家画作风格的照片。要实现 Ostagram 的功能并不简单，它不仅需要有抽取画作风格的 DeepDream 算法支持（谷歌的 DeepDream 算法在 2015 年开源了分类和整理图像的人工智能程序），还需要强大的算力，但这位俄罗斯程序员全靠开源的技术就实现了这一切。

Ostagram 应用让我们看到开源创新的优势：如果有能力和想法，就可以利用开源技术和平台参与科技创新。当然，开源的最大问题是壁垒不足，这样就导致某个科技趋势热起来时，众多高手都会疯狂进入，竞争会变得异常激烈。

应用创新

专利转化和开源创新都属于技术方面的创新，但创新其实还有非技术的第三条路径，那就是应用创新。所谓应用创新，就是从需求出发，以合适的科技开发出满足需求的应用，或者把已经相对成熟的技术从一个应用领域移植到另一些不太相关的领域。

例如，汽车上都会配备安全气囊，这项技术大约有 70 年的历史。但近来可穿戴公司主动保护（Active Protective）却独辟蹊径，以安全气囊原理开发出一款可以防止老人跌倒骨折的"老人防跌倒腰带"。众所周知，老人摔跤是个严重问题，而随着全球逐渐进入老龄化社会，这个问题也变得越发严重，因此为老人开发防止跌倒的相关产品，可能有一个很大的潜在市场。

再举一个有趣的例子。记忆合金是一种在特定温度会恢复原来形状的金属材料，原本这种材料专门用于制作卫星的天线，使其在太空温度下自动伸展。1986 年春天，一家日本公司将钛镍形状记忆合金应用到了女性内衣的钢圈上，它利用记忆合金会恢复形状的特性，提前把合金的温度设定为女性的体温，所以无论内衣清洗时如何变形，一旦穿在身上就会恢复为原来的形状。这一创新极大解决了广大女性内衣变形的困扰，受到市场的热烈欢迎。这家以先进科技做细致事情的公司赚得盆满钵满。

以上三条企业的创新路径，前两条是从技术出发，为技术找到需求；后一条则是从需求出发，为需求寻找相应的新技术。它们殊途同归。从某种意义上来说，这三条创新路径的法则其实同著名经济学教授周其仁所提倡的"创新上下行"不谋而合。周其仁教授将创新定义为两条通道——上行和下行。所谓上行，就是"从需要的产品出发，往上走去寻找技术，没有现成技术就发明，再向上琢磨原理，最后推动原理级的科学发现"。所谓下行，就是"从好奇出发，或'为科学而科学'，还根本不知道有没有用、能不能用，先把原理级思维拿出来,然后做研发,做出产品后再去寻找需求场景"。

当然,上下创新的路径有的容易,有的困难。具有不同优势的企业需要审时度势,寻找到最为适合自己的创新路径。我们一直强调,有难度的创新才有机会,因为这样的创新门槛高,竞争者少。如果创新没有难度,门槛低,其结果是竞争更为激烈,成功的希望也因此更加渺茫。所以,一家真正有野心的企业,一定要具备以下的创新文化:当面对两件事,一件容易,一件困难时,你要选择困难的那件去做。

知 识 点

1. 专利转化是建立技术壁垒的一条直接和有效途径。它是一项专业性极强的工作,不仅需要跟踪科技前沿、跟进著名高校科研进程,还需要深刻了解行业需求,找到匹配的应用场景。

2. 开源创新大大降低了技术应用的门槛,目前,在人工智能、云计算、物联网等领域,各大科技公司都公开了各自的通用型开源技术,平台上聚集起更多创新者一起交流开发,实现应用创新。整体而言,针对未来世界的基础设施,大公司已经搭建好平台,需要你发挥创造力和想象力,探索创新的解决方案。

3. 第三条创新路径是应用创新,是从需求出发,找到合适的科技以开发出满足需求的应用,或者把科技从一个成熟的应用领域移植到另一个新的领域,这能够开放新市场,焕发出科技的全新活力。

尽早觉醒，及早行动

在科技军备竞赛时代，企业应该尽早具备科技创新的思维，掌握科技创新的路径。但这远远不够，要想在竞争中取胜，走向真正的科技化和全球化，企业还必须将思维转化为实际行动。在思维向行动转化的过程中，企业应当注意把握以下几点：

科技创新，实战第一

掌握众多领域的前沿技术固然重要，但更重要的是要实践和运用技术，因为实践是检验真理的唯一标准。

企业的实践能力至关重要。一家企业不仅要掌握全球前沿科技，也要学会系统分析趋势及背后规律，学会与不同企业实际合作的操作方法，懂得在实战中进行商业谈判，并能把行业知识和前沿科技转化为生产力，创造出商业价值。只有既了解前沿技术，又拥有行动力的企业，才会获得成功。

作为企业领头羊的企业家既要有预判未来的眼光，又要有果断的行动力。我所敬佩的孙正义正是这样的一位企业家。1981年，孙正义创立软件银行集团；1996年在互联网刚起步时，他投资了只有15个人的雅虎；而在1999年中国电子商务刚刚萌芽的时候，他就投资了阿里巴巴。现在，孙正义根据日本进入老龄化社会的趋势，已经把全部精力都放在了机器人产业上。2016年7月，孙正义还收购了芯片公司ARM，针对即将到来的物联网时代进行布局。

很多人都能发现机会，但最终能抓住机会的却是少数。这个世界不缺乏机会，缺的是发现机会的眼光和发现机会后去行动的决心。

提前布局前沿科技

企业必须提前布局前沿科技。提前布局包含两层含义：第一，要在一个前沿科技还没有发展起来的时候就关注其早期研发，并跟踪其研究进展；第二，也是更关键的，要对提前进入的时点有准确判断。

美国有一个非常著名的"制造业就绪指数"（Manufacturing Readiness level），是军方用来评估先进科技成熟度的系统。所谓就绪，意味着科技的性能和产品质量已经稳定，可以大规模量产商用。该指数将科技的成熟等级分为1~10多个层级，其中从实验室刚出来的科技成熟层级为1级，最后实现大规模量产的层级为10级。如果以此指数来理解提前布局，则企业需要在科技从实验室出来开始进行产品化的阶段，即在第7级、第8级，甚至第6级时就尽早参与联合研发。只有在这些阶段出手，企业才能实现研发和制造的紧密结合，抓住更早的发展机会，确立自身优势；若等到第9级、第10级再参与，那就只能做低利润的代加工业务。

及早布局，赶上趋势是每个企业都应该追求的一种理想状态，因为这样可以直接融入趋势，甚至成为趋势的领军者；但如果错过了科技的提前布局，也不代表一点儿机会也没有。相反，企业可以结合所在行业的痛点，通过任务分解的思路，查找哪些流程或者环节可以利用技术来提高效率。

仍以人工智能为例。正如前边所述，本轮人工智能的技术突破已经到了尾声，现在做人工智能平台的机会已经非常小。然而，这种趋势的尾声恰恰也意味着人工智能技术已经走向成熟，开发人工智能相关应用的机会也就多了起来。因此，如果你善于应用你的行业知识，能够在本行业内找到人工智能的应用场景，还是有很多机会的。

构建壁垒

提前布局能帮你争取到发展的时间，但除此之外，你还需要构建竞争壁垒。构建壁垒的目的，是为了提高竞争对手的进入门槛，保护你占领的市场份额，并不断开拓更大的市场。

构建壁垒的方式主要有两种：一种是你比别人早，你就可能建立规模壁垒；另一种是你比别人强，形成技术壁垒，这样也可以树立自己的行业声望。

规模壁垒需要你比别人更早、更快进行布局。建立规模壁垒，一是需要长时间积累，二是需要借助资本来扩张。当企业积累了足够量的用户和数据，形成了规模优势，就可以像滚雪球一样越滚越大。

共享单车就是一种典型的规模壁垒性行业。由于技术门槛较低，无法形成技术壁垒，共享单车的提早布局者只能借助资本手段，通过各种优惠或补贴尽可能快地开拓市场和积累用户，以形成自己的规模优势。但是，这种竞争模式也会导致产品或者服务的严重同质化，甚至造成行业内恶性竞争和极大的资源浪费。

对于依赖数据驱动的大数据分析公司或者人工智能应用公司，规模壁垒也是其发展的重要因素。比如，精准医疗是一种根据患者

第14章 企业思维与行动指南

个体特征"量身定做"的治疗方法，它考虑了患者基因、生活环境、生活方式等变量，并基于大数据分析来得出个性化的医疗方案。但精准医疗产业的壁垒并不是大数据分析能力，而是患者资源和数据，毕竟大数据分析可以找第三方提供服务，而患者的数据是需要长期积累的。正因如此，像精准医疗这样的领域也需要大量的时间和资本投入，唯有如此才能在竞争中取胜。

技术壁垒则需要企业拥有真正的核心技术。核心技术能够提高竞争者的进入门槛，帮助企业自身形成强大的竞争优势，进而实现对市场的独占。建立技术壁垒，一是需要科研实力，二是需要行业认证。

医疗器械行业涉及生命健康安全问题，因此需要严格的医疗认证。在美国，一家医疗器械企业要取得美国食品药品监督管理局的认证，通常需要花费3~7年的时间。这么高的门槛非一般企业可以承受，而那些有资金有实力或者布局早的企业则可以凭借行业认证形成独特的技术壁垒。例如，医疗器械公司直觉外科公司（Intuitive Surgical）研制的"达芬奇"手术系统是全球第一个机器人腹腔镜手术系统，该系统能够通过控制操作台的机械臂来完成精密的手术操作，让外科医生以最小化"侵入"人体的方式开展治疗。这家公司早在2000年就拿到了美国食品药品监督管理局的认证，构建了强大的技术壁垒。

过去，一家企业往往只需要具备规模壁垒或技术壁垒中的一项便可以发展得很好，但随着科技军备竞争时代的到来，未来的企业必须在规模和技术上同时构筑起更高的壁垒。当然，未来这两者也会相互促进协同，庞大的用户规模和数据规模是大数据驱动技术的必备条件，而更为先进的技术则能够让规模效应得到更加完善的发挥。

积木式创新

在这个时代，一个人的能力无论多么强，构建的壁垒无论多么高，都需要与别人协作，才能开创更大的事业。这就需要积木式创新，即与外部共同构建创新生态。

在当下的全球市场，大规模生产制造能力可谓是中国的核心长板。我们甚至可以说，如果没有中国制造，再新的技术和再好的创意也都只是概念。中国具有"开放的制造能力"，这意味着中国不仅能够提供生产产品的人，还能够提供一群对接生产端和设计端的人才、一整套开放的体系。中国制造业有它独特的优势：大规模、复杂产品的开放制造体系以及产业集群。正如一位苹果公司前高管所说："整条制造业供应链如今都在中国，你需要1 000个橡胶垫圈？隔壁工厂就有。你需要100万个螺丝钉？隔街的工厂就有。你需要对螺丝钉做一点儿小小的改动？3个小时就行了。"

当然，制造能力固然重要，但是比起制造能力来说，制造什么更加重要。中国目前遇到的关键问题不在于制造能力，而在于制造什么。制造只是产业链中支撑创新和产品落地的一个环节。中国企业只有与全球先进科技公司进行对接，助力它们的高端科技产品实现量产，才能将中国整体产业价值推向最大化。与此同时，通过制造世界先进的科技产品，中国的制造能力才能进一步得到提高，中国的制造业也会加快从过去的"作坊式生产"向"智能化制造"转变。

目前，全球的科技产业已经进入积木式创新阶段。在这样的背景之下，企业需要更加专注于打造核心竞争力，构建自己的长板，而且要把长板尽可能做得更长，唯有如此，才能找到更为优秀的合作伙伴，打造一个具有更高协作水平、更高效率的创新生态。

知 识 点

1. 企业对新科技敏感，主动掌握科技动态，行动力尤为关键。要提前布局前沿科技，在其他人都还不关注、不看好的情况下，及早抓住新机会。

2. 构建壁垒的方式主要有两种，：一种是你比别人早，形成规模壁垒；另一种是你比别人强，形成技术壁垒，这是保持长期竞争力的重要因素之一。尤其是构筑技术壁垒，对于当下中国的发展意义深远。

3. 一个初创企业只要有一个长板，就可以像搭积木一样，与其他公司的长板整合协作，使整个创新生态的效率最大化。中国企业家要开阔视野，在全球范围寻找可以对接的长板。

新国际化：善用全球资源

如前所述，在一个充满不确定性且科技剧烈变革的时代，中国的企业必须善于打造自己的核心竞争力，并且学会以积木式的创新方式融入一个崭新的全球协作生态。

任何想要实现积木式创新的企业，都必须拥有如下能力：第一，必须具备核心竞争力，也就是说，要做一块有价值、有特色的积木；第二，要具有无缝对接能力，有信用、值得信赖，能够与其他企业开展标准化合作；第三，要有愿景，不仅知道目标所在，更知道如何分解目标并通过合作来实现目标；第四，要有视野，知道最好的合作者在哪里，知道如何找到那些最前沿的科技和科技公司；第五，要有系统思维，能从整体系统的角度搭建共赢的合作体系；第六，要有格局，要有推动生态系统构建的能力和推动全球科技创新、经济发展的雄心。

对于中国企业而言，这6项必备能力其实更具特殊含义，因为它们客观上要求中国企业必须进一步拥抱全球市场，善用全球资源。因为只有如此，中国企业才能有机会实现真正的积木式创新。

正如之前所提到的，从总体上看，中国企业的最大长板是制造能力。

尽管从精度上来说，中国制造并非全球第一，但截至目前，中国是世界上唯一具有大规模的、复杂产品的、开放式的制造能力的国家。这也是苹果手机为什么在中国制造的原因。日本、德国的制造当然能达到苹果公司要求的精度，但是这些国家的制造无法达到企业所需要的生产规模，无法支持庞大的出货量。除此之外，其他国家的制造没有中国制造所具备的强大开放性：仅仅一个富士康，里面就有几千个工程师专门负责和国外对接。除了手机产业，汽车产业对于制造集成能力的要求也非常高。2018年6月初，特斯拉宣布在上海建设美国以外的首个工厂。特斯拉为什么选择在上海建厂？除了看好中国市场的前景，最重要的是因为上海具备中国最完整的汽车制造产业链。

中国制造业的这项独特优势，使得中国企业成为积木式创新中一块非常坚实而有价值的积木，也吸引了大量国外企业与中国企的合作，这是我们非常值得骄傲的一项成就。然而，仅仅成为一块有价值的积木，并不足以让中国企业适应整个积木式创新，因为在树立长板之外，还要获得外部的信任，并且要具备强大的协调与合作能力，而这些方面恰恰是中国很多企业的软肋。

近年来，中国企业一直在努力融入国际市场，并且在逐步赢得全球企业的尊重。2018年CES展上的一个突出变化，是中国公司的名字被大量跨国公司反复地提及。例如，英特尔公司的首席执行官提到和上汽集团及四维图新公司两家中国公司的合作，高通公司的主题演讲当中则提到了和比亚迪公司的合作等。我们看到，全世界的产业界正在对中国企业形成一个更加尊重、更加正面的看法。

但中国企业的国际化还有很长的路要走，还有很多地方需要提高。在我看来，很多中国企业存在以下三个问题：

第一，中国企业在科技领域的全球化布局能力需要加强。

截至目前，全球范围内创新科技仍主要出现在几大重要的高校及科技创新区域，而这些高校和科技创新区域大部分分布在全球各地。中国企业要想尽快抓住这些科技创新成果，就必须具备全球化的视野，及时掌握相关的科技创新进展，而这客观上要求中国企业必须具备全球化的布局能力，否则就可能错失利用先进科技发展业务的机遇。

第二，中国企业必须更好地解决本地化形象问题。

中国企业要想更好地被全球消费者接受，就必须更好地树立自己在当地的形象。中国企业当然来自中国，但如果在国外仍过分地被认为是一家中国企业，那就不是一件值得赞扬的事情。成功的企业往往可以更好地树立本地化形象。例如，索尼是一家日本企业，但由于在美国深耕多年，如今很多美国人都不会认为它是一个日本品牌。

第三，也是最重要的，要学会如何向对方介绍自己。

正确介绍自己，首先要注意使用对方容易理解的语言和方式，让对方感到亲切；其次要让对方明确理解你的价值所在，即和对方的合作能够给双方带来什么价值。

2018年是中国改革开放40周年。过往的成功经验告诉我们，与外界不断加深融合是中国经济与中国制造取得辉煌成就的重要原因，而未来中国要想更进一步，就要继续和世界进行更为紧密的融合。

更紧密的全球融合、全新的国际化，将是未来中国企业的最大机遇所在。中国企业需要在发挥过往优势的基础上，认真开拓全球市场，加快拥抱全球资源。中国人口占世界总人口的1/5，中国企业如果故步自封，只把中国当成自己的家，那最多仅能够占到全球市场的20%；如果只和中国人合作，那最多仅能用到全球智力资源的20%。而如果能把世界当成自己的家，把全世界都当成合作者，中国企业就相当于拥有了100%的市场和100%的资源。今天我们会认为百度、阿里巴巴和腾讯（BAT）已经是中国本土最伟大的企业，并且很难被超越。然而，如果我们能够真正利用好全球这个舞台，那么未来中国可能会出现比BAT更为伟大的企业，而且是真正的全球化企业。

传统企业的应对策略

在科技军备竞赛时代，所有企业都要拥抱科技，因为不掌握科技、不能熟练应用科技的企业，势必会在残酷的竞争中出局。

在这样的范式转移过程中，传统企业面临着挑战。相比于新兴的科技企业，传统企业在科技的掌握及运用能力上都相对欠缺，转型升级压力很大。但传统企业也迎来了巨大的机遇。"积木式创新"所主导的创新潮流推动了科技的渗透，许多技术的突破和成熟为大规模应用奠定了基础。因此，传统企业如果能够果断拿起科技这个武器，与现有业务实现有效结合，则完全有机会实现效能的提升，加速自身的转变。

传统企业和科技的融合空间非常大。实际上，从产品开发到生产，再到仓储物流及营销，企业运营的各个环节都可以通过与科技的结合而得到发展。

产　品

对于传统企业来说，科技对产品的改进是多样化的。一方面，先进技术可以带来最终产品的创新；另一方面，即便没有实现最终产品的创新，科技对核心配件及核心功能的改进同样可以提升产品竞争力。出于风险方面的考虑，传统企业不免会对颠覆性的产品创新抱有疑虑，但是不应该忽略科技对产品的渐进性融入。

即使是后者，中国的传统企业也仍然做得不够。举个例子，我们之前曾经把无线电力公司的无线充电技术介绍给国内企业，但是这些企业在率先运用先进科技方面都比较犹豫。此后不久，美国戴尔公司（Dell）首先在国际上推出了无线充电的笔记本电脑。显然，在运用先进科技方面，美国企业明显执行得更坚决。

2017年1月参观了CES之后，中国企业家代表团还参观了加州大学伯克利分校张翔教授的实验室。作为光学权威,张教授制造的超薄透镜虽然只有苹果手机的厚度,却完全能够替代现有的长焦镜头。遗憾的是,中国企业没有及时出手,反而是三星捷足先登,获得了该项技术的使用权。

当然,与之前相比,中国企业的确更加重视产品核心部件的竞争力提升,例如现在手机厂商会极为关注芯片等组件的性能。不过,企业也应该注意到,其他部件的科技含量提升同样能够提升产品的整体竞争力。

生 产

将更多的科技融入生产环节,也能为企业带来竞争优势,增强企业的整体竞争力。

以 3D 打印技术为例,在经过多年的发展之后,3D 打印技术终于从概念走向了实用,而著名的运动品牌公司阿迪达斯(Adidas)就正在让 3D 打印成为自己"高科技"运动装备当中的重要组成部分。2017 年,阿迪达斯推出了名为 Futurecraft 4D 的运动鞋,这是全球首款运用 3D 打印技术制造的量产运动鞋。根据阿迪达斯的介绍,目前打印一双 Futurecraft 4D 运动鞋需要一个半小时,未来整个制作时间则有希望缩短到 20 分钟。与此同时,3D 打印技术也帮助设计师制造出了更加复杂的鞋底缓冲结构,可以让穿着者更感舒适。在某些方面,3D 打印技术已经超越了传统的注塑工艺。

生产流程的改造也可以增强竞争力。个性化定制衣服的领军企业红领就是一家受益于流程改造的企业。红领曾经只是一家普通的西服代加工厂,后来逐渐发展出自己的品牌。在新的智能化和个性化时代，红领大胆采用最新的技术，把自己变成了一家个性化定制服务企业。

在红领，一件独一无二的定制西服是如何诞生的？首先，消费者要在红领的"魔幻工厂"App上对自己的西服进行自主设计，选择自己喜欢的版型、款式、风格，并且确定颜色、面料、里料、刺绣、纽扣、口袋等。之后，通过线下店铺预约量体，公司会将采集的客户身材数据和公司数据库进行匹配，并自动生成最适合客户的个性化定制版型。版型确定后，系统会将西装上的所有定制细节拆分，并自动进行排单。一张电子磁卡会记录所有数据，它会成为这件衣服的电子身份证。这张磁卡会和所需要的面料、辅料一起，通过吊挂系统自动传送到对应的工位上。

因为每个订单都是不同的，员工的工作方式便和其他服装厂有很大不同。他们的面前有一块电子屏幕，当挂钩带着磁卡与面料等来到工位前的时候，员工只需扫描磁卡就能获取对应的操作信息。依托这种方式，红领的同一条流水线可以同时生产不同的个性化产品，而其成本只比传统服装厂高出10%。

越过中间商、渠道商，直接面向消费者——红领成为服装行业中第一个将C2M（消费者到工厂）模式走通的企业。C2M模式的优势在于：第一，完全实现零库存。库存往往占据一个成衣品牌30%~50%的成本，因此，对于服装产业来说，零库存带来的优势显而易见。第二，去经验化，最大程度上摆脱"人"对生产的影响。制版、量体这些在传统西服定制行业需要丰富经验的老师傅才能做到的事，在红领可以由年轻的员工，甚至计算机完成，而自动化排单更是让大规模定制变成可能。

当然。为了做到个性化定制，红领花了13年时间，耗资10亿余元打造了C2M车间。这个车间的秘密是：一条流水线上能生产出不同的服装；工人不用加班；工厂没有库存；供需没有渠道分层；管理实现扁平化，科层管理不存在。

生产的自动化是大势所趋。自动化生产不仅可以降低人工成本，也使工厂可以建在离市场更近的地方。这样企业就能够保持对市场的灵活反应，也能更好地实现个性化产品生产。

仓储物流

除了生产以外，仓储物流也是一个重要的可以利用科技进行改进的环节。

例如，法国哈迪斯集团（Hardis）意识到无人机的空中技术特性会给内部物流管理带来新的机遇，所以在2015年就申请了一项"库存无人机专利技术"，试图实现库存的自动化检索，并以此来简化和优化库存管理。该集团与其他公司合作，开发出一种名为图像管理（Eyesee）的工业室内无人机。这种无人机安装了传感器和摄像头，可自动捕捉货架托盘上的信息。它在工作续航的10分钟之内就可以完成对仓库的巡逻，而在此之前，这项工作需要两个人花90分钟才能完成。

除了仓储，新技术也在推动物流环节的创新变革。京东和阿里巴巴都在积极布局的线下新零售就是这方面的一个例证。传统零售业的渠道一直非常稳定：产品需要通过层层经销商才从厂家到达距离消费者几百米的小卖部，而小卖部老板则需要在本地找到不同的经销商来进货，并通过自己的经验判断每种货品的最低和最高库存，并根据实际库存来订货。很明显，这种传统模式的渠道成本很高，效率却很低。阿里巴巴和京东打算以技术手段来彻底解决这个问题。首先，它们会利用自己强大的货源渠道、物流网络为便利店提供最常见的货源和物流支持。其次，它们会利用自己的智慧系统帮助店主提升管理。最后，它们可以利用大数据，针对不同商店的特点，推荐不同的销售商品。

营　销

传统上仅仅通过广告投放向消费者传播的方式正在备受质疑。广告花费巨大的同时品牌销售增长却疲软，广告创意层出不穷但转化率仍然停滞不前，这已经是营销人面临的老问题，也是很多厂商越来越深切的感受。在这一风向下，不少人已经将目光投向更有前景的营销科技。

数字营销已经有近 10 年的历史。2009 年，谷歌发布了 AdEx 2.0，标志着第一个实时竞价广告系统的大规模上线。同年，奥多比（Adobe）收购了分析工具公司 Omniture，开始在数字营销领域开展业务。这两个事件被看成营销科技出现的标志。营销科技指的是管理和评估所有数字营销活动以及电商活动的技术，目标在于优化消费者体验、管理现有客户，以及提升顾客转化率，其包括的技术平台有客户关系管理平台（CRM）、数据管理平台（DMP）等。与传统营销相比，营销科技的最大特点是融合了技术与营销两大领域，并特别强调消费者的体验。

如今各大公司都在寻求利用营销科技来提升用户体验。2017 年 10 月，亚马逊收购了一家 3D 人体建模技术公司 Body Labs。该公司的目标是建立能够用于商业用途的逼真 3D 人体模型，利用这种模型，商家可以为客户提供虚拟时装试穿以及服装搭配等服务。

传统企业需要认识并理解科技对生产端的影响，并且及时引入新技术，来改进从产品到营销的各个环节。但仅仅这样做是不够的，对于传统企业而言，科技所引发的消费端变革也是需要认真研究的。任何产品和服务都必须适应消费者的需求，如果企业无法及时掌握消费者的科技应用习惯，无法利用消费者熟知的科技来提供服务，势必会在竞争中落败。

近年来，消费者最明显的行为变化就是对智能手机的普遍使用。网上购物早已成为中国消费者的习惯，除此之外，搬家、做菜、洗车、修马桶、理发、美甲等具有线下服务性质的业务，也通过线上线下结合的新方式进入了千家万户。

消费的线上化也带动了移动支付的蓬勃发展，如今国内的移动支付已经进入各个领域。在这样的情况下，如果一家企业不能让用户利用移动支付为业务买单，就已经在技术上落后了。

移动支付的普及减少了现金的使用，便利了消费，也让信用的积累逐渐变成现实，催生了基于信用的服务。例如，去年仅深圳一个城市的信用免押金服务就超过了 15 亿元。如何利用信用为客户提供更多的服务，也是一个需要企业认真思考的问题。

科技也在一定程度上改变着个人工作的形态。例如，远程在线办公模糊了工作场所和其他场所的界线，把任何时间和任何地点都变成了可展开工作的工作环境。与此同时，这种"无孔不入的工作空间"也让办公室与家庭、全职工作者与自由职业者之间的界线变得模糊。与这种趋势相对应，办公空间和资源也逐渐变成了一种可以共享的实物，联合办公空间 WeWork 和优客工场等新公司的崛起就是这方面的最好例证。

学习和教育也正在受到科技的影响，其中的典型莫过于以得到 App 为代表的知识付费的兴起。截至 2016 年年底，中国的知识付费用户已经达到近 5 000 万人，而根据预测，未来知识付费的产业规模有望达到万亿级别。

除了学习以外，我们的日常生活也日益受到新科技的"入侵"。例如，智能语音互动正在逐步占领消费者的客厅，而利用智能音箱对其他家用设备的控制成了智能家居的标配。

总之，在生活、学习、消费的各个领域，技术都正在改变消费者，而这种改变客观上要求为消费者提供服务的企业学会更好地利用技术。技术对消费者的改变是全方位的，企业对此应该有充分的理解。除此之外，企业也应该认识到，技术对消费者的改变是持续性的，因此，如果能够及早理解改变，快速将业务架构在新技术之上，就有机会更好地获得消费者的认同，在市场上占据优势。

知 识 点

1. 在科技军备竞赛时代，传统企业必须掌握科技这一强大武器，才能在激烈的竞争中占据一席之地。

2. 利用科技提升企业价值不仅在产品开发方面，还在生产、仓储物流、营销等企业经营的各个方面。

3. 技术改变了消费者，为消费者提供服务的企业要学会更好地利用技术。技术对消费者的改变是持续性的，理解了这种改变，把自己的业务架构在新的技术上，企业才能够取得市场优势。

第 15 章　个人思维与行动指南

未来已来，活在未来

世界正在加速变化，众多的未来科技正在以超出预期的速度来到我们身边。

2017 年，巴黎市长宣布，希望在 2030 年终止所有汽油车的使用；LG 集团宣布要在波兰建立欧洲最大的电动车电池工厂；壳牌石油公司要收购一家有 3 万个充电点的欧洲充电企业；美国无线电力公司的无线充电技术开始运用到大型汽车厂。所有信息都在告诉我们，电动车的时代即将到来。

机器人正在从演示走向生活。就像当初手机的数量超过人口数量一样，未来机器人的数量也可能会超过人口数量。各大电商企业和快递公司已经开始配备物流机器人，中国不少传统制造业企业也在用机器人替代工人。另外，能够提供互动、娱乐以及陪伴的商业机器人前景也非常广阔；教育中引入机器人辅助教学，也是很快到来的事情。

环保科技正在成为确定的趋势。虽然美国退出了《巴黎协定》，但中国成为环境保护和污染治理的最坚决支持者，而这给太阳能等新能源的发展带来了巨大机遇。未来，中国将建设大量的大型太阳能电站和相对集中的储能设备。中国的山地、荒地很多，而管理尚不够精细，因此更适合采用集中式大规模的太阳能发电方式。如今，中国的很多荒山都披上了蓝黑色的新装，变成了可以创造清洁能源的太阳能电站，这是一个非常可喜的变化。随着科技的进步，太阳能能源的转化效率已经超过20%，与此同时，硅片的制造成本正在不断下降。新能源拥有巨大的发展空间。

从出行到环保的这些例子，除了说明未来已来，也在证明着今日与往日的不同：当代，科技从诞生到落地应用的周期正在变得越来越短，技术从创意到产品的速度也在变得越来越快。此前往往一个时代只有一个趋势，只有一个领域的变革，而如今，科技正在全面地改变着各个领域，其所用时间少则一两年，多则也不过三五年。这个时代，比以往任何时候更让我们体会到"只有变化才是永恒"。

变革带来新的世界，但也会对我们传统的思想形成巨大冲击，导致个人产生无法适应变化的焦虑感。这种焦虑感不只属于普通人，例如，即使像马化腾这样的企业家也在担忧自己不懂新一代年轻人的需求。而哔哩哔哩（Bilibili）这类网站的出现，也确实在印证他的担忧：与这些面向新一代年轻人的娱乐服务网站相比，腾讯公司的确太一本正经了。同样，马云也在担忧阿里巴巴看不见的竞争对手。未来谁可能是阿里巴巴最大的挑战者？在我看来，这个问题的答案或许并非是京东或者亚马逊，而更可能是滴滴之类的新生力量。我们打开脑洞想一想，如果未来汽车实现了完全自动驾驶，那坐在里面的你会干什么？除了工作，也许你可以在车里下单购物，而整个车厢就会变成一个最大的卖场。

当然，我们在本书中一直强调范式转移、科技的快速发展，并不是希望大家变得更为焦虑，相反，这本书旨在帮助你减少对这个不确定时代的疑惑。我们强调要无惧快速的变化，并非出于一种野蛮的勇气，而是因为我们认为，变化其实是有规律的，而遵循非线性发展的未来其实也是可预测的。

那么，我们到底应该如何认知变化的规律，并对未来做出更为确定性的预测？答案很简单，那就是既要了解技术本身，更要对社会的需求和人性有深刻的洞察。

社会归根结底是由基于人性的需求造就的，因此只有对社会需求有着清晰的掌握，才能把握社会的发展趋势，进而取得个人和事业的成功。需求并不直接对应于技术，所以很多成功企业未必是技术领导者。例如脸书，它之所以能够成为一个时代的"王者"，并非源于其拥有最领先的技术，而是因为其对技术的进展和社会需求把握得好。

但技术的作用也不容小觑。正如我们在之前多次提到的，技术也可以影响人的行为，塑造新的消费习惯。可以说，随着人与技术的关系更加密切，技术对人性的放大、缩小、扭曲及还原，都已经达到了一个前所未有的程度。正因如此，我认为未来的需求可以用公式来表示：未来需求 = 人性 × 技术对人性的改变。因此要了解未来，就不仅仅要了解原始的人性,也要掌握各种新技术对人性的影响。

技术对人性的影响已经在方方面面得到体现。例如,技术使人的闲暇时间变长。如今很多国家已经实现了五天工作制,部分国家甚至准备进入四天甚至三天工作制的时代,但 100 年以前,我们的祖辈一年也难得休息上两天。

技术使得我们的梦想越来越容易实现,以旅行为例,原来从中国到美国坐船要三个月,现在坐飞机只需要 12 个小时。技术使我们越来越没有干重复劳动的机会,因为这类工作正在被机器人替代。技术使得独创性的产品或服务越来越容易被全球传播,结果导致创造力的大爆发,而任何人想要取得成功,就必须要掌握一项别人不可比拟的独特技能,具备"长板"。

技术导致人们居住得越来越密集,而创新和丰富生活的需求也使得城市生活越来越有影响力。不过,密集的生活也给个人带来了一定的压力和焦虑感,因此我们又要发明新的技术,以便于使城市生活变得更加快乐。

把握人性走向,了解未来技术,在未来已来的时刻,这是我们每个人都应该研究的问题,而我把这种应对未来的方法叫作"活在未来"。活在未来,就是要抛弃守旧思维,转而把所有的时间、精力都放在对未来有意义的事情上。

活在未来与活在现在以及活在过去截然不同。比如,你利用已有技能打工赚钱,既学不到更多的新技能,也不能积攒资源和信用,那就只是活在现在;如果你做的事情是即将被淘汰的事情,是在消耗自己的资源和信用,那便是活在过去。活在现在的人,找工作会问现在哪类工作最热门,创业会问现在的潮流是什么,但他们其实忘记了，所有今天的热点都需要过去的积累，所有今天的热点也都经历了过去的好多个阶段的发展。活在过去的人，则往往迷信历史经验，却忘记任何经验都必须得到新环境的检验。有经验当然是好的，但必须要适应快速变化的未来环境。

活在未来，也要注意区分层次，不可一概而论。因为未来可以分为短期、中期和长期，我们需要对不同时期的未来采取不同的策略。具体来说，短期的未来就是把你的能力、资源和信用最大化变现的未来，它背后考验的是你对应用的理解。中期的未来是最大化优势叠加，形成更大势能的未来，它背后考验的是你对技术的理解。长期的未来，是建造自己的能力、资源、信用优势的未来，它背后考验的其实是你对社会发展的理解。

知 识 点

1. 众多的未来科技正在以超出预期的速度来到我们身边。此前一个时代往往只有一个趋势，只有一个领域的变革，而如今，科技正在全面地改变着各个领域。这个时代，比以往任何时候更让我们体会到"只有变化才是永恒"。

2. 变革带来新的世界，导致个人产生无法适应变化的焦虑感。但遵循非线性发展规律的未来并非不可预测。要做好对未来的预测，我们既要了解技术本身，更要对社会的需求和人性有深刻的洞察。

3. 随着人与技术的关系更加密切，技术对人性的放大、缩小、扭曲及还原，都已经达到了一个前所未有的程度。因此要了解未来，我们就不仅要了解原始的人性，也要掌握各种新技术对人性的影响。

第 15 章 个人思维与行动指南

中期未来：抓住未来 3~5 年的机会

活在未来可以分为活在三个不同的未来，即短期未来、中期未来和长期未来。对于大多数人而言，短期的机会难以把握，长期的又未必能坚持，因此，最为重要的是中期未来，也就是 3~5 年之后会成为现实的那个未来。

中期未来最重要的是把握行业变革的能力，需要对技术有充分理解。要活在中期的未来里，我们就要聚焦在最有机会，同时自己最熟悉的行业里，并且要具备三种能力：判断未来机会的能力，开发出未来所需相应技能的能力，掌握未来势能的能力。

首先，要具备判断未来机会的能力。从某些角度而言，如今行业的变革和企业的崛起非常像"蝉"的生长轨迹。蝉一般会在树下的土里生活几年甚至十几年，而我们从地面上根本看不到它的存在；但是一旦破土而出，它就"居高声自远"，变得"天下闻名"。行业和企业的机会也与此类似，在为大众所熟知之前，往往也都有 5~10 年的潜伏期。如今大众皆知的特斯拉，实际上成立于 2003 年，比脸书还要早一年，而在 2010 年上市时，特斯拉也还没有制造出全球畅销的电动轿车 Model S。互联网企业的潜伏期可能短一些，但脸书也是直到 2007 年年底至 2008 年年初才为人所知，当时脸书的估值达到了 150 亿美元，并获得了李嘉诚 1.2 亿美元的投资。

如果你是业内人士，你可能"春江水暖鸭先知"，会对处于潜伏期的某些企业或者行业有更早接触和了解。但相对而言，绝大多数人仍然习惯于等到风向明确后才会"跟风"。在这样的情况下，如果你想要活在未来，就必须不追随大众，而要具备一双能分辨早期机会的眼睛。而且，你不仅需要比别人看得清楚，还要具备率先行动的能力。

早日潜伏显然好于追赶潮流，但早日潜伏也并不注定能获得成功，它只说明你可以充分利用后续到来的潮流积蓄远行的能量，而真正的成功则要看你是否能够实打实地把业务做起来。

以人工智能为例。如今人工智能的潮流已来，那些早期布局这一行业的公司都在一定程度上获得了先机，但这并不意味着它们已经获得了成功：行业市场还没有建立起来，各个公司的收入和利润也差强人意。因此，对于那些早期布局人工智能的公司而言，此时最为重要的是兢兢业业地把业务做实，而不是自认为已经功成名就。要成就事业，就必须在潮流没来的时候耐得住寂寞，在潮流到来的时候压得住冲动。

那么，如何判断某个行业的未来机会？这需要从三个层次对行业进行诊断分析：第一要研究行业内技术带来的变化，第二要看行业外技术带来的整体改变，第三则要研究社会需求所带来的变革。我们以生物医药和人工智能两个行业的例子来解释这三个层次的分析方法。

当下，肿瘤免疫治疗无疑是生物医药行业的最热门技术。各种肿瘤免疫治疗新药的出现，以及肿瘤疫苗的发展，都给这个行业带来了新的生机。然而，新进展虽然可喜，但由于人体实在太复杂，人体和环境的互动也极为复杂，因此这些新技术是否能够完全攻克癌症等疾病，目前仍然是个未知数。免疫系统想要清除肿瘤细胞，而肿瘤细胞为了生存和生长也不会坐以待毙，人体内的斗争从来是道高一尺魔高一丈，所以你开发出来的很多新疗法，理论上固然很不错，但一试用却会发现没有那么好的效果，因为肿瘤找到了更有效克制你的方法。

而从整个时代的前沿技术层面来看，我们需要注意的是大数据和人工智能技术在生物医学上的应用机会。利用大数据和人工智能，我们能够基于数据对疾病做出更好的分析，虽然这些分析不一定有助于疾病的治愈，但毫无疑问能够更加精准地协助疾病的诊断。

而在社会需求层面，从整个大健康的角度讲，肿瘤预防和早期发现的意义其实大大高于后期治疗，因为早期肿瘤的患者存活率一般都很高，而早发现早治疗不仅可以降低死亡率，而且可以大大降低医疗费用。正因如此，早期预防和早期治疗也是未来国家支持大健康产业发展的重点方向。

所以，如果我们把生物医药行业内的技术变化、社会整体技术变化以及社会需求统一起来观察，就会得出以下结论：在整个健康产业中，诊断或许会比治疗走得更快，更具机会。未来几年，基于基因测序、游离DNA检测、肿瘤标志物检测等最前沿生物科学技术，充分利用大数据技术和智能可穿戴技术等的诊断业务，会有巨大的发展。它们会和健康管理、云端大数据、健康保险等结合起来，共同改变整个医疗产业的面貌。

另一个是人工智能和机器人产业。从行业内的角度来说，目前人工智能炙手可热，但是也要警惕人工智能的迅速工具化，而作为应对，相关从业者需要尽快促进技术和具体应用的结合。当前的人工智能仍然只是弱人工智能，而非通用人工智能，只能解决某一个领域的问题。除此之外，它仍然局限于有限范围内的完全信息博弈，无法应对我们日常面对的信息不完全状况。因此，这一轮人工智能的技术创新趋势正在减缓。但从另一方面来看，机器人虽然远没有人工智能热，但它和人工智能的结合能使人工智能更容易落地。

从整体技术的高度看，中国的优势并不在于软件（比如多数人工智能算法上并不是由中国最先推出的），而是在于软硬结合的应用领域，尤其是我们反复提及的产业集群能力和开放制造能力。

而从社会的角度来看，劳动力的日渐短缺使制造和物流机器人的需求变得非常明确，而老龄化社会的深入也使服务机器人爆发出巨大的需求潜力。

通过综合三个层次的分析，我们可以得出的结论是，中国的制造优势加上人工智能，再加上应用场景的实际体验，会使中国在全球未来机器人市场成为领先者。

除了要具备对中期未来进行预测的能力和方法，我们也要掌握应对未来所需要的技能。随着人工智能时代的到来，机器人几乎可以替代绝大部分的重复劳动，但是具备如下三种能力的人仍旧是不可替代的：创新力、连接力和领导力。这三者正是我们未来时代所需的最重要技能。

创新力、连接力和领导力听起来很抽象，但掌握这些基本技能的方法却并没有你想象得那么复杂。如果你是技术开发人员，就应该尽量掌握未来所需要的技术，了解新技术的发展动向，并且要和技术高手进行更多互动与切磋。为此,你需要学习最新的人工智能课程,需要掌握谷歌推出的张量流,因为它很有可能变成未来通用的人工智能算法语言,你也需要多关注 GitHub 等技术论坛,增进与同行的交流。如果你是市场人员,就要尽量了解技术能做什么,并且去预测本行业的市场格局变化,做出相应的准备,同时去更多地结识行业内的技术高手。当然,如果你有很丰富的行业经验,能够找到行业痛点,并且能够利用新技术来解决问题,那你很可能就找到并把握了创业或者事业拓展的机会。如果你是管理者或者行业分析人员,就应该尽量明确地阐述清楚行业的问题以及未来行业发展的趋势和方向,然后利用一切机会去布道……这所有的一切,就是我们所说的具备未来所需的创新力、连接力和领导力。

科技范式的转移以及积木式创新的兴起,为更多创新、连接和领导者的出现注入无限可能。积木式创新降低了创新的门槛,让每个人都可能成为下一个世界 500 强的创立者,而你只要学会找到自己的圈子,学会建立自己的生态,找到那些和自己互补的长板,就能够成就自己的事业。未来,我们更需要发挥合作的力量。

当然,良好的心态也是应对未来变革的重要武器之一。未来刚刚现身之时,必然是不完美的,但我们不应该因此而成为未来的批评者,相反,我们要成为未来的建设者和推动者。

举一个我亲身经历的小例子。有一年我邀请云迹科技公司的首席执行官支涛到我们的科技特训营给营员做分享,云迹科技是一家专注于商业服务机器人智能移动产品与应用技术的公司,而我坚信这家公司已经走到了机器人应用的前列。机器人代表着未来发展的方向。但是特训营里的一些学员却不这么认为，其中有一位具有资深酒店行业背景的学员就批评说，目前机器人能做的事情太少，而且很多事情做得也不好。但我认为，尽管现在机器人还不能满足酒店的全部需求，但创业者应该抓住行业机会并成为某个细分领域的先行者，为即将到来的机器人时代做好准备。批评是最容易的，但批评也容易使人错过眼前的机遇。在面对未来时，人不应该只满足于当个批评者，而应该成为真正的推动者。

总而言之，如果你看清了趋势、锻炼了能力、建立了合作生态，并且对未来抱有乐观的期许，那么未来就一定会属于你——因为在你做这些事情的时候就已经活在未来了。

知 识 点

1. 活在未来可以分为活在三个不同的未来，即短期未来、中期未来和长期未来。对于大多数人而言，最为重要的是中期未来，也就是3~5年之后会成为现实的那个未来。

2. 把握中期未来的关键在于聚焦最有机会同时自己又最熟悉的行业，并且要具备三种能力：判断未来机会的能力，开发出未来所需相应技能的能力，掌握未来势能的能力。

3. 良好的心态也是应对未来变革的重要武器之一。未来刚刚现身之时，必然是不完美的，但我们不应该因此成为未来的批评者，相反，我们要成为未来的建设者和推动者。批评是容易的，但批评也容易使人错过机遇。

第 15 章　个人思维与行动指南

长期未来：掌握未来的力量感

产业变化往往酝酿着巨大的机会，因此中期的活在未来就是活在技术趋势带来的产业变化之中。但是，机会的捕捉并非易事，因为它需要人首先具备正确的心态和行为，也就是说，要活在我们所说的长期未来里。

简而言之有三点：一是要了解未来社会，二是有适应未来的心态，三是要把心态转化为行动。

我们先从未来社会说起。未来社会到底是什么样的？这个似乎很难描述，但是有一点是可以肯定的，那就是当今社会是一个指数型增长的社会。指数型增长带来加速变化，因此，当今的世界并不如英国著名作家狄更斯所说，"这是最好的时代，也是最坏的时代"。相反，我们面对的是一个正在加速变化的世界。在这个加速变化的时代里，很多的未来趋势已经显示出强大的影响力，而作为个体，我们需要做的是建立面向未来的世界观，树立起适应加速变化的心态。

指数型增长和加速变化并非坏事。相反，它们在一定程度上激发了我们的创意和想象力。一位哈佛法学院教授曾经说："人类千万不要去做机器能做的事情。"这位教授担心的不是机器抢了人类的饭碗，而是人天生就有生物的惰性，如果不受到外力驱使，我们就总会去做重复性的事情。但是从事重复性的事务并不是人类的竞争力所在。因此，只有剥夺了懒惰的机会，我们才能加快进步的速度，只有摒弃了那些重复劳动的枷锁，我们的自由思想才能真正在天空翱翔。所以我也认为，人工智能其实会使人类的创造力和好奇心得到空前的释放。机器部分取代人类，看似抢了我们的饭碗，实际上它是把我们从压抑天性的重复劳动当中解放了出来，使我们得以去做人真正该做的事情。

除此之外，我们也不要以为未来社会一定美好，相反，我们需要对一些社会问题及其本质了然于胸。例如，未来各种基于人工智能的服务可以极大地便利我们的生活，甚至完全做到个性化，但是我们要清楚，人工智能的背后是冰冷的算法，正是算法决定了我们能看到什么、听到什么，甚至买到什么。我们不能将算法妖魔化，但应该清楚算法虽然无法彻底左右我们，却总是在讨好我们。

我们可以对算法保持警惕，却经常忽略其他各种左右个人行为的设置，其中比较普遍的如"好友过滤"：通过微信朋友圈、微博等社交媒体，你只能看到朋友发送的信息，这相当于朋友帮你做了内容的过滤，你看到的并不是世界的全貌。

算法和好友过滤的叠加对人的影响极大，而且它们也具有两大共性。

第一，它们都是以你为中心来组织内容，令你的自我得到满足，但是也容易导致过度的自我中心化，让你的视野越来越小。你只能看到自己或者朋友感兴趣的信息，而无法接触到其他信息，更不用说了解世界的本来面目。

第二，它们都会形成以兴趣为核心的小圈子。十几年前曾经有书预言未来的世界是平的，但在互联网的不断演进中，世界不但没有越来越平，反而变成了大流行组成的"高峰"和小兴趣组成的"小山岗"。以前以地域来划分的世界的确在变得模糊，但现在以兴趣来划分的世界却变得越加清晰起来。同处于一个兴趣圈子的人相互认同，互相依赖，而且不受地域限制，他们会觉得这就是世界的全部。信仰、认同及价值观变得更加重要。这当然是一件好事，但是价值观互相认同的人在一起也有"一叶障目，不见泰山"的风险，他们很容易忽视差异的存在。

当然，算法和社交媒体的属性虽然给我们带来了困扰，但也不至于完全遮蔽我们。实际上，计算机的发展、互联网的兴起，乃至大数据时代的到来所带来的不仅仅是个性化和一个个社群，它们还使得人类拥有了俯瞰一切的"上帝视角"。上帝视角可以使我们从井底之蛙的境地跳出来，看到整个世界的全貌，也可以进入别人的圈子，从别人的角度看问题。而要想活在长期的未来，就必须在警惕算法和社交的负面效应之余，学会扩展视野，学会从上帝视角和他人视角看待我们的世界和这个世界上的所有问题。

除了需要从更广泛的角度去看清整个世界发展的全貌，我们也需要迅速构建对各个行业的理解。在当下，一个便捷迅速构建行业理解的办法就是咨询专家意见。伯特兰·罗素（Bertrand Russell）有避免接受知识垃圾的三条原则，非常值得我们参考：第一，当专家意见一致的时候，相反的观点不可能为真；第二，当专家意见相左的时候，没有一个观点能被非专家判断为真；第三，当专家都认为一个肯定性的观点缺乏理由的时候，普通人要悬置判断。

专家意见从来没有像今天这样重要。在现代科技发展速度如此之快的情况下，几乎所有领域的专业知识都在变得越来越深邃。因此，对于任何人来说，如果不借助专家的观点，不拿专家当拐杖，就很难构建起自己的专业理解。在这样一个时代，不要寄希望于自己进入某个崭新的领域,从头至尾把相关知识全部掌握,因为以现代知识的密度,这估计得花掉你一辈子的时间。相反,学会鉴别谁是产业里的专家,然后把专家的意见汇总,从而形成你自己的知识体系,这是一个非常重要的基本功。

对专家背景的了解也能够帮助你了解他的学说,更能帮你判断他的价值。所以,我们在了解某项知识的时候,不仅要了解知识本身,还要看这项知识出自谁,这个人的背景情况如何。举例来说,很多经济学或者哲学著作可能晦涩难懂,但是如果你在阅读著作之前,能了解一下作者的背景或者读一本他的传记,知道了他的时代背景和他产生这些思想的根源,你就会发现,他的著作也会因此变得更好理解。

另外,对专家也要做细分。伯特兰·罗素曾经说过,知识是一个有很多房间的迷宫,有两种人在知识这个迷宫中做探索:一种人是打开一个个从来没有人去过的房间探索那些未知的领域;另一种人通过把这些打开的房间的信息收集起来,描绘出迷宫的整体图景。罗素认为,自己就是那个描述迷宫整体图景的人,而当时另一位著名的哲学家维特根斯坦(Wittgenstein)则是那个能够探索一个个未知房间的探索者。

所以我们说,真正深刻的观点其实是那些打开房间的人的观点。如果你要了解某个产业的前沿,你就不应该去看综述,而是要看一篇一篇的论文,因为写这些论文的人才是一个个打开房间的人,而这些论文正是他们的探索成果。综述者为了形成统一意见,容易有过度抽象化的倾向。也就是说,当你要把各个房间的情况描述成一个整体的时候,因为有些房间的信息可能重复,有些甚至可能互相冲突，这时候你就要做抽象化、系统化的整理，而整理的时候很可能舍掉某些事实，甚至可能产生一些谬误。

即使是伟大的作品或很厉害的人也会犯这种过分抽象的错误。例如，行为经济学的鼻祖之一、诺贝尔经济学奖获得者丹尼尔·卡尼曼（Daniel Kahneman）曾经在《思考，快与慢》（Thinking, Fast and Slow）这本书中将人类的思维系统分为快和慢两个体系，我认为，这犯了简单化的错误。因为从认知科学角度上讲，人类的思维系统比这个要复杂得多。同样，我认为，《人类简史》（A Brief History of Humankind）的作者、历史学家尤瓦尔·赫拉利（Yuval Noah Harari）也有类似问题：他并不是直接做认知研究的学者，所以他更强调自己要把别人的系统、别人的结论综合起来做出自己的观点。

只有学会客观判断专家的水平，然后利用专家的研究结果来构建自己的知识体系，咨询专家意见才能称得上是一种足够快捷的学习方法。这也是我强调要有足够的知识积累才能做判断的原因，如果你对专家所言所讲的背景都不清楚，那就难以做到批判吸收，而只能是照单全收。

除了咨询专家意见，我们也要重视不同人的不同观点。完全不同甚至有一点点儿小冲突的观点未必会扰乱我们，相反，来自不同角度的观点其实经常有助于我们理解某些事情的全貌，让我们对事实有更为深入的了解。

我们要善于接受不同的观点，也要敢于提出不同的观点。中国有句老话是"不动笔墨不读书"，我希望在这句后面再加上一句，那就是"不能批判不接受"。如果我们对一个观点不能提出批判意见，则很可能意味着我们只是轻率地接受了这个观点。我们要以批判的方式去了解专家的意见,然后以此构筑自己对未来的理解。

走进未来就像走进迷雾,因为未来具有不确定性,它只有在你走近的过程当中才会逐渐清晰起来。而当你走到足够近的时候,也就是当未来变成现在的时候,一切才会变得一清二楚。但我们不能等到足够近才做出判断,相反我们要学习的是在迷雾当中判断未来的方向。面对不确定性,我们要学会接受矛盾,接受意外,接受自己的不断调整。我们必须具备开放的心态。

四种心态能够帮助我们在面向未来时更具优势。

第一是坚定的心态。如前所述,面向未来如同走入迷雾,几乎没有什么事情是百分之百确定的。但是如果你因为未来不确定就觉得没有办法准备,不能未雨绸缪,那就大错特错了。其实,真正的成功者就是那个在足够理性的基础上做出了判断,并且在判断不能达到百分之百准确的时候大胆下注的勇敢者。所以对未来判断的坚定和你对自己的能力和未来价值的坚定认可,会让你成为一个能够勇敢走下去的人。

很多人会说:"我虽然也想活在未来,但是我既没有钱,也没有技术,更没有其他任何优势,怎么办?"这种想法本身就是有问题的。因为每个人天生是独特的,所以作为个体,你一定要坚定地相信自己的独一无二。

但是,你不能指望别人,而是要依靠自己找到个人的独特优势。自我发掘是你为自己负责任的表现,也是活出尊严的必要部分。

每个人都要找到自己的潜在价值,并且努力实现它。你要坚定地相信自己,相信自己一定能找到自己的独特优势。

第二是热情的心态,就是对新生事物的积极尝试。未来总会变成现在,这是不可改变的规律。但面对未来,我们却有两种可以选择的态度:一种是乐观的态度,愿意积极地去尝试,在未来还没有清晰的时候就成为领先的尝试者;另一种是悲观的态度,因为害怕未来会摧毁自己,所以不断地去躲避,像鸵鸟一样把自己的头埋到沙里。

未来迟早都会到来,那些悲观害怕的人会因为没有采取行动被未来淘汰,而那些积极拥抱未来的人,因为不断尝试新生事物,所以比其他人更懂未来,也更可能成为未来的赢家。

很多人说这是心理学家讲的"自证预言",即你相信你自己能行,未来就能行,你相信你不行,未来可能就失败。这种说法不无道理,姑且交给心理学家去总结。但我认为,当谈论面向未来时,我们必须谨记绝不可纸上谈兵,而是要以成败论英雄。既然成功是我们所追求的目标,我们就应该敢于预测,并且基于预测展开行动。

另外,对未来的热情还体现在我们需要做很多自己没兴趣但又不得不做的事情。没有人愿意做自己不喜欢的事情,但是我们要理解的是,我们之所以要做这些事情,就是为了让自己能有机会做真正喜欢的事情。真正热爱未来的人,即便每天俗务缠身,也会尽全力找到时间投入到自己热爱的事情上,去完成对未来的探索。

身为普通人,没有谁不受杂事的侵扰,而且很多年轻人随着成家立业,杂事也会越来越多。但我们始终要相信,对未来的热爱会支持自己走得更远。因为只有心怀未来的人,才甘心为未来付出更多。

第三是坚持的心态。任何事情的变化都需要时间的积淀，未来的到来也同样如此。有时候你会觉得未来如此之远，真的难以让人忍受。但越是在这种时候，你就越需要坚持。只有坚持更久，走得更远的人，才更可能取得成功。

第四是开放的心态。对于未来，我们需要在大方向上坚持，在细节上不断优化。

企业经营如同驾船航行，既要保证大方向的正确，又要根据水流的情况及时调整行船路线。我们不能因为大方向正确就连撞上礁石也在所不惜。相反，我们必须具备足够的灵活性。未来是一个逐渐清晰的过程，当清晰了的未来和设想不一致的时候，我们应尽快做出调整。

无论对未来抱有什么样的心态或者看法，你若想让自己真正地活在未来，在未来真正地构建起优势，最重要的是每天要有行动。我们说，重视一件事情的体现是付出，尤其是时间上的付出。正如查理·芒格（Charlie Munger）所说，如果你每天坚持，哪怕只比别人多做一点点儿，日积月累下来，你的优势就会非常醒目。其实，巴菲特也只不过是每年比别人多赚了百分之几而已，但是积累下来，他就成了"股神"。

展开行动并没有我们想象的那么复杂。找资料、做分析，甚至看看行业专家在说什么，这些都是行动的一部分，是每个人都可以去做的事情。这些简单的事情可以帮你跨越行动的最低门槛。当然，我们非常容易犯的错误之一就是每天忙在所谓的紧急却不重要的事情上，总是把对未来的规划看成是重要不紧急的事情。要改变这一点，我们就必须要有真正的行动付出，而且要通过各种方式来保证这种付出。例如，你可以向自己或他人做出承诺，可以找志同道合者相互监督和相互切磋，甚至可以做出金钱上的投入。

要想活在未来，就需要给自己制造一种活在未来的浸润感。一方面，我们可以多阅读关于未来的书籍和资料；另一方面，我们也要尽可能多地使用有未来感的产品。很多人喜欢苹果公司的产品，是因为这些产品未来感十足，经常成为 IT 产业的风向标。活在未来，就一定要多去应用未来，体验未来。当我们说无线互联是个大未来的时候，我们也必须多多使用手机里的 App，更多地了解新 App 的新功能。除此之外，结交一样愿意活在未来，或者也活在未来的朋友，跟他们一起切磋讨论、交流互动，这也是给自己制造一种活在未来浸润感的方式。

凡是行动都要有计划。漫无目的地学习注定没有效果，但是一旦确定了目标、制订了计划，并且沿着这个目标按计划努力，就有可能取得成果。当你能够把了解未来、看清趋势变成一个习惯的时候，你才真正地活在了未来。到了那时，你就不用强制自己每天早起一个小时去了解未来相关的知识，每天故意去交活在未来的朋友，因为这些都会成为你下意识去做的事情。孔子 70 岁的时候说自己已经可以"从心所欲不逾矩"，即遵从自己内心的召唤来生活，但是又没有越过某些客观规矩。我认为真正活在未来的人也是如此的，他们满心欢喜，他们每天做的都是活在未来的事，他们并不是被强迫着活在未来，因为这一切都是出于自我的选择。

当你能够通过行动真正活在未来的时候，当你真正能够从活在未来中收获价值、获得成绩的时候，你也就获得了掌握未来的力量感。当你能够活在未来，就不再害怕困难、害怕问题，而是会很高兴碰到新的挑战，碰到新的问题，因为它给了你一个赢得挑战的机会。你会很高兴迎接这个挑战，因为它所体现的，正是你能够掌握未来的力量感。真正活在未来的人是有力量的。

知识点

1. 把握长期未来，首先需要了解社会发展的未来。在这个加速变化的时代里，很多的未来趋势已经显示出强大的影响力，而作为个体，我们需要做的是建立面向未来的世界观，树立起适应加速变化的心态。

2. 除了需要从更广泛的角度去看清整个世界发展的全貌，我们也需要迅速构建对各个行业的理解。在当下，最便捷迅速构建行业理解的办法就是咨询专家意见。我们要以批判的方式去了解专家的意见，然后以此构筑自己对未来的理解。

3. 要想真正地活在未来，获得掌握未来的力量感，最重要的是行动。展开行动并没有我们想象的那么复杂。除了要给自己制造一种活在未来的浸润感，我们的行动也要有计划。

短期未来：把握眼前的机会

如果说长期未来关注的是未来趋势，需要的是心态的确立与长期习惯的养成；短期未来则更关注短期的机遇，其核心是对眼前机会的把握。捕捉眼前的机会既复杂又简单。复杂在于短期机会经常稍纵即逝，而且常具有偶然性。然而，对于能够用心积累生活智慧的人来说，抓住短期未来也并非一件难事。

第15章 个人思维与行动指南

从短期看，活在未来需要掌握三个核心要点：第一，要有对市场信号的敏感性；第二，对产业内幕要有相当程度的了解；第三，要具有实现目标的行动能力。

这里先举两例。

《信号与噪声》（*The Signal and the Noise*）是一本我非常推崇的著作，这本书的作者是美国的预测大师纳特·西尔弗（Nate Silver）。和别人不一样，西尔弗不是一个理论高手，而是一个实践者。实践和理论最大的不同就在于，你要在现实当中去检验自己，要用成败来论英雄。而预测的核心，不仅是把握信号，也要过滤噪声。你会看到市场当中不仅充斥着能够使我们对未来做出判断的前导性信号，同时也充斥着很多噪声，这些噪声会对我们的预测形成干扰。

作为一位知名作者，西尔弗本身显然理解信号和噪声的意义。但是这位大师在预测2016年美国总统大选的时候还是出了错：他没有预测到特朗普最终能够当选总统。在预测出错以后，西尔弗在他自己的网站上写了一篇非常长的文章，分析为什么自己出了错。这篇文章的结论可以归结为一句话：任何预测都要有足够的数据做基础，但因为特朗普不是政治家，没有从政经历，因此西尔弗掌握的相关数据量不够。

现在人工智能已经战胜了世界上最好的人类围棋手，而且据说有机构已经在使用人工智能来进行股票投资。于是有人担心，以后进行股票投资的会不会都是机器人，人类反倒没有一点儿机会了？

据我所知，人工智能在进行股票投资方面的实力确实已经越来越凸显。截至目前，这些技术主要用于短线交易，而且表现确实优于人类——起码从短线交易上看，人类的确要被机器替代了。但是，由于交易数据的缺乏，机器在长线交易方面仍无法与人类匹敌。人工智能尚无法通过数据对一家公司未来是否优秀、成长性是否足够好等问题做出令人满意的回答。

从以上我们可以看出，机器要想得出高准确性的结论，就必须掌握充分的数据。对数据的高度依赖，是人工智能目前的一个鲜明特性。

人类的决策方式与机器有着不同的特征。人类虽然也做分析，但显然更加感性。比如，人类是冒着丧失确定性风险而快速做出模式判断的高手。所谓丧失确定性，通俗点儿说就是"一朝被蛇咬，十年怕井绳"：明明没有看清楚到底是井绳还是蛇，但宁肯先把它判断成蛇，这样就先做出一个"要躲开"的判断。这听起来虽然很不"科学"，但这却是人类通过自然进化而取得的结果。人类能够躲开各种各样的灾祸一直繁衍至今，多少也要归功于这种"不科学"的判断方式。

这其实也说明了人工智能和人脑相比的局限性。从某种意义上来说，人脑是一台具有超低能耗、超高并行能力，并且在极小数据量基础上就可以得出多个不同系统综合结论的超级计算机，是宇宙中已知最复杂的结构。相比之下，发展到今天的人工智能仍和人脑有着不小的差距。而且最关键的是，智能机器是建立在确定性原理上的，但人脑却并非如此。因此，机器若想要和人类竞争，首先要抛弃确定性。

人脑的这种独特优势，使得至今人类仍然是这个世界的主宰。

与此同时，人类在对外界不确定信号的敏感性方面，也远远优于机器。机器已经强大到可以解决很多问题，但是在发现问题方面，人类仍然具有明显的优势。所以，作为人类的我们，必须发挥特长，着重提升捕捉信号、发现问题的能力。因为无论是寻求短期机遇还是长期趋势，这都是至关重要的。

除了能发挥人类的特长，具备一双敏锐的眼睛，短期机会的发现者也往往是产业内幕的掌握者。行业的复杂性决定了经验的重要性，因此一个新手即便眼光再敏锐，也很难发现某些行业的深层奥秘。所以，要想发现眼前机遇，做出精准判断，我们在很多时候都需要将自己浸润到整个产业之中，去了解它的方方面面，甚至还要更多一点知道它的内幕。

做过企业的人都知道，自己看一个企业和外人看一个企业，无论是角度还是结论，往往不完全一样。同样，基于咨询经验，我们深知从内部发现的行业发展规律和外面的分析也截然不同。和行业内的人相比，站在行业外面的分析者，对行业内部的机制等问题的了解其实都是不够的。在企业、行业甚至整个社会中都有很多隐性的规律，有些是大家心照不宣的，有些是大家习惯成自然的，有些是大家默默遵守的，有些甚至是大家都没有意识到的东西，外部人士是很难看到这些的。

因此，要想更多地把握短期机会，我们就一定要摒弃外行人思维，转向内部人士思维。一个行业的产业链结构如何，它的核心控制点在哪，市场当中谁更有话语权……我们对内幕掌握得越多，就越能够接近真相，从而避免错误的判断。例如，当苹果公司推出无线充电手机的时候，各种无线充电新进展的消息也会满天飞。外行人或许对此信以为真，但真正的内行人却知道，这些所谓新进展里很多都是夸大的内容，因为真的技术进步归根到底要看这些技术是否已在业内得到了广泛使用。

当然，这种内幕消息，如果让每个人都能够获得是不现实的，毕竟不是所有人都可以成为内幕的掌控者。在很多时候，掌握内幕的确只是一小部分人的特权。

而敏锐的目光和老到的经验，最终都需要转化为果断的决策与执行能力。一位成功的美国投资人曾说过，成功的人都是敢于作决策的人，他们要顶比常人大得多的压力，要冒比常人大得多的风险；相反，绝大多数人都只会随波逐流，按老规矩办事。

纵观国内外，很多大企业到最后经营不过小企业，原因就在于这些大企业看似人才济济，但其实员工们都唯老板马首是瞻，从来不愿主动承担责任。而真正优秀的企业，内部是充满着勇于承担风险和勇于决策的人才的。

积木式创新的关键也在行动。积木式创新到底能否成功，不是要看有多少人接受这一理念，而是要看有多少企业因为这个理念而发展壮大。我们希望推动科技进一步地改变每个产业，使中国在全球科技当中取得领先。而这一切的关键就是要去"做"。

很多人会说，自己空有志向，但一直没有去做的机会。这个想法本身就存在问题。行动的能力源于自己的开拓，而不是别人的赐予或者施舍。作为一个行动派，最重要的是要想方设法找到行动的机会。

以我自己为例。当年我刚毕业就自己出来创业做咨询，一开始机会也很少，能拿到一个做简单数据收集的订单就谢天谢地了，更别说做什么高端市场咨询和战略咨询了,因为没有人会相信你。那怎么办?我就把初级的咨询机会做成高端的,明明客户只找我要数据,但是我会给他写市场分析和战略分析,如果客户说不需要,我就免费送给他这些服务。经过很多次这样的锻炼后,我逐步获得了客户的信任,他们也开始把更大的项目交给我来做。

因此,最关键的是行动,是去做。做的人无论如何都比站在旁边看的人强。只有亲自做了,付出了,自己的经验和能力才能得到提升,你自己也才能变得更有价值,并为未来的机遇做好准备。

坦率而言,这个世界并不缺乏机会,缺乏的是发现机会的眼光和看到机会以后勇于行动的决心。很多人只是站在那里喊没有机会,结果机会真的到来时,他们却把握不住。

事先的准备是非常重要的。如果你想在未来创业,那现在就要让自己具备管理意识,具备财务意识,具备产品意识。你要去结识相关的人才,这样才能在多个领域找到能帮助自己的人。这也是我们所说的积木式创新——它不要求你是全才,什么都会,但是要求你有一项特长,并且善于去协同他人的特长。

如果你不想或者还没有想去创业,那也没有关系。正如我们在本书中所强调的那样,在这样一个范式转移的时代,即使是企业也都越来越小型化,而每个人也都需要像经营初创公司一样经营好自己的生活。况且,一旦你学会像经营初创公司一样经营自己的生活的时候,你想要创业也就不再是一件难事了。

所以,祝大家都能把自己的人生像事业一样好好经营,祝大家的事业都精彩。

知 识 点

1. 要想抓住近在眼前的机遇，就先要具有对市场信号的敏感性。追求确定性的人工智能需要依赖庞大的数据，一旦缺乏数据，便无法给出精准预测；相反，人类具有的非确定性预测能力，使其更具备发现问题的能力。

2. 行业的复杂性决定了经验的重要性，所以，要想发现眼前机遇，做出精准判断，我们需要将自己浸润到整个产业之中，去了解它的方方面面，甚至还要更多一点知道它的内幕。对内幕掌握得越多，我们就越了解真相。但是在很多时候，掌握内幕的确只是一小部分人的特权。

3. 这个世界并不缺乏机会，缺乏的是发现机会的眼光和看到机会以后勇于行动的决心。只有行动，你才能变得更有价值。未来，每个人都需要像经营初创公司一样经营好自己的生活。